GRIECHENLAND

Auf den Spuren der Antike

KARL ■ MÜLLER

Edessa
Pella
Vergina
Saloniki
Amphipolis
Thrakien
Abdera
Maroneia
Makedonien
Olynth
Korfu
Korfu
Epirus
Dodona
Thessalien
Larissa
Volos
Nekromanteion
Akarnanien, Ätolien
und Phokis
Stratos
Euböa
Orchemenos
Delphi
Böotien
Theben
Eretria
Oropos
Patras
Achaia
Korinth
Eleusis
Athen
Korinth
Elis
Mykene
Kap Sunion
Argolis
Delos
Messenia
Arkadien
Epidauros
Ägina
Kea
Naxos
Sparta
Messene
Lakonien
Melos
Santorin
Knossos
Kreta
Aghia Triada

GRIECHENLAND

AUF DEN SPUREN DER ANTIKE

TEXT
FURIO DURANDO

ÜBERSETZUNG
KARIN-JUTTA HOFMANN

HERAUSGEBER
VALERIA MANFERTO
DE FABIANIS
FABIO BOURBON

GESTALTUNG
CLARA ZANOTTI

COVERGESTALTUNG
ALEXANDER WERZEISER

INHALT

VORWORT SEITE 6

EINLEITUNG SEITE 8
Die Kunst im alten Griechenland

ATHEN SEITE 22

EPIRUS UND KORFU SEITE 46
NEKROMANTEION SEITE 46
KASSOPE SEITE 48
NIKOPOLIS SEITE 50
DODONA SEITE 51
IOANNINA SEITE 52
KORFU SEITE 54

THESSALIEN SEITE 56
NEA ANCHIALOS SEITE 56
DEMETRIAS SEITE 57
VOLOS SEITE 58
SESKLO SEITE 58
PHERAI SEITE 59
LARISSA SEITE 59

MAKEDONIEN SEITE 60
DION SEITE 60
VERGINA SEITE 63
VERIA SEITE 66
LEFKADIA SEITE 66
EDESSA SEITE 66
PELLA SEITE 67
SALONIKI SEITE 70
OLYNTH SEITE 74

THRAKIEN SEITE 76
AMPHIPOLIS SEITE 77
PHILIPPI SEITE 78
KAVALA SEITE 82
ABDERA SEITE 82
MARONEIA SEITE 82

AKARNANIEN, ÄTOLIEN UND PHOKIS SEITE 84
STRATOS SEITE 84
THERMO SEITE 84
OINIADAI SEITE 85
NEA PLEURON SEITE 86
KALYDON SEITE 86
DELPHI SEITE 88

BÖOTIEN UND EUBÖA SEITE 98
CHAIRONEIA SEITE 98
ORCHOMENOS SEITE 98
GLA SEITE 99
THEBEN SEITE 100
LEFKANDI SEITE 102
ERETRIA SEITE 102

ATTIKA UND ÄGINA SEITE 104
KAP SUNION SEITE 105
THORIKOS SEITE 106
BRAURON SEITE 106
MARATHON SEITE 107
RHAMNUS SEITE 107
OROPOS SEITE 107
PHYLE SEITE 107
ELEUSIS SEITE 108
ELEUTHERAI SEITE 113
AIGOSTHENA SEITE 113
ÄGINA SEITE 114

KORINTH UND ARGOLIS SEITE 118
PERACHORA SEITE 118
ISTHMIA SEITE 120
KORINTH SEITE 122
SIKYON SEITE 128
NEMEA SEITE 129
MYKENE SEITE 130
ARGOS SEITE 140
LERNA SEITE 140
TIRYNS SEITE 140
NAFPLION SEITE 141
EPIDAUROS SEITE 142

ACHAIA, ELIS UND MESSENIA SEITE 148
PATRAS SEITE 148
EGHIRA SEITE 148
OLYMPIA SEITE 150
KAIAFAS SEITE 158
VASSES SEITE 158
PYLOS SEITE 158
MESSENE SEITE 160

ARKADIEN UND LAKONIEN SEITE 162
ORCHEMENOS SEITE 162
MANTINEIA SEITE 162
TEGEA SEITE 162
MEGALOPOLIS SEITE 163
LYKOSSOURA SEITE 163
GORTYS SEITE 163
SPARTA SEITE 164
VAFIO SEITE 165
GYTHION SEITE 165

DIE INSELN SEITE 166
KEA SEITE 166
MILOS SEITE 167
DELOS SEITE 168
NAXOS SEITE 182
SANTORIN SEITE 183
RHODOS SEITE 186
KOS SEITE 190
SAMOS SEITE 194

KRETA SEITE 196
GORTYNA SEITE 196
AGHIA DEKA SEITE 198
PHAISTOS SEITE 198
AGHIA TRIADA SEITE 199
KNOSSOS SEITE 200
MALIA SEITE 210
GOURNIA SEITE 211
KATO ZAKROS SEITE 211

GLOSSAR SEITE 212
REGISTER SEITE 213
FOTONACHWEIS SEITE 216

1 Auf der berühmten Löwenterrasse von Delos haben neun Marmorlöwen die Zeiten überdauert.

2 Der Tempel der Athene Aphaia auf Ägina ist eines der elegantesten dorischen Heiligtümer aus archaischer Zeit (510–490 v. Chr.). Die Giebel befinden sich heute allerdings in der Glyptothek in München.

3 Diese Amphore aus der ersten Hälfte des 6. Jh. v. Chr. ziert eine sehr schöne Schwarzfigurenmalerei, eine Kunst, die von den Athenern und Korinthern perfektioniert wurde.

4–5 Dieses Land mit seinen Bergketten, Hügeln und kleinen Ebenen, das auf drei Seiten vom Mittelmeer umgeben ist, gilt als Geburtsstätte der westlichen Kultur.

Via C. Sassone 22/24
13100 Vercelli, Italien

ISBN 3-89893-559-0

Gedruckt in China

Vorwort

Maurizio Forte
Archäologe und leitender Wissenschaftler am Institut für die Anwendung von Technologien auf das kulturelle Erbe der Nationalen Forschungsbehörde in Rom.

Das Verständnis für das Altertum basiert auf visuellem, kulturellem, emotionalem und vor allem auf geografischem Wissen. Wenn wir eine Ausgrabungsstätte besuchen oder eine archäologische Landschaft erforschen, stellen wir uns immer wieder gespannt die gleichen Fragen: Wie kann man das interpretieren? Wer erbaute es? Wer lebte hier? Wie hat sich die Umgebung seitdem verändert? Vor wie langer Zeit wurde es benutzt? Als Nächstes machen wir oft konzeptuelle Assoziationen mit unserem modernen Alltagsleben, wie zum Beispiel: „In jener Zeit taten, sagten, kämpften und bauten sie genauso …" Unsere Interpretation der Vergangenheit wird stets von der Gegenwart beeinflusst, da wir eine kulturelle, typologische und topografische Grammatik benötigen, mit deren Hilfe wir unsere kognitiven Begriffe bilden können, insbesondere bei dem schwierigen intellektuellen Vorgang, nicht mehr existenten oder nur noch teilweise vorhandenen Dingen ein Gesicht zu geben. Dieses Unterfangen der interpretativen „Anastylose" ist keine Fähigkeit des modernen Menschen, sie ist schon lange im menschlichen Gedankengut verankert. Der Anblick von Orten bewirkt, dass wir sie in Gedanken rekonstruieren, sie einordnen, dann zuerst die Erinnerung an einen Ort abrufen, danach an einen Kontext und schließlich an ein bestimmtes Territorium. Wenn dies alles zu unserer Zufriedenheit geschehen ist, sind wir in der Lage, uns in der Geografie einer Landschaft perfekt zurechtzufinden. Unser Spaziergang wird kulturell bereichert und vor allem mit visuellen Informationen voll gepackt.

Dieses Bedürfnis erkannte schon der griechische Geograf Pausanias. Zwischen 160 und 177 schuf er einen Touristenführer zu den Orten und Monumenten Griechenlands oder vielmehr einen Führer zum territorialen Erfassen des antiken Griechenlands. Dieser Bericht ermöglicht uns, den Geist zu verstehen, der den Menschen seit der Antike dazu trieb, sich selbst durch Orte zu beschreiben und sich in der evolutionären Dynamik der historischen Geografie wieder zu erkennen. Vor allem jedoch, Reisen zu unternehmen, wie sie von Furio Durando so wunderbar präsentiert werden. Dieser Führer durch Griechenland von Durando ist ein Werk von großem kulturellen und topografischen Bewusstsein, das exzellente Beschreibungen der Vergangenheit mit faszinierenden und lehrreichen Betrachtungen über die Gegenwart in einer fortlaufenden Erzählung kombiniert, in der Archäologie, Mythen, antike Topografie und modernes Gedankengut eingewoben sind. Die detaillierten topografischen Beschreibungen führen auf 22 Reisen durch ganz Griechenland und decken somit die Regionen von Attika, Argolis, Lakonien, Böotien, Thrakien, Makedonien und Epirus sowie die Inseln Korfu, Ägina, Kea, Milos, Naxos, Delos, Santorin, Kreta, Rhodos, Kos und Samos ab. Neben den kulturellen und künstlerischen Elementen, auf die man während dieser Reisen trifft, erlebt man auch die Gerüche und Düfte der mediterranen Landschaften: Thymian, Oregano, Wacholder und Rosmarin. Nichts entgeht dem aufmerksamen und umsichtigen Reisenden.

Zusätzlich zu den hochinformativen historischen Erzählungen widmet sich der erste Teil dieses Buches der griechischen Kunstgeschichte. Es handelt sich dabei um einen Prolog, der die Eigenheiten der kulturellen Zusammenhänge behandelt, ihre symbolische und repräsentative Formalisierung, die Archäologie der Materialien und den Synkretismus des künstlerischen, politischen und handwerklichen Ausdrucks, ohne dabei zu vergessen, dass im klassischen Griechenland zwischen Kunst und Handwerk nicht unterschieden wurde.

Jede Interpretation ist zunächst einmal ein narratives Erlebnis: Wir sehen, untersuchen und interpretieren auf der Basis unseres Wissens. Dieser herrlich illustrierte Führer bietet weit reichende Informationen. Kein einziges Kapitel und keine Beschreibung, die sich nicht auf zahlreiche andere Textstellen beziehen und den Leser dazu verlocken, sich in die Darstellungen zu vertiefen, um die kulturelle Anthropologie dieser komplexen, künstlerisch so aktiven Zivilisation ganz und gar verstehen zu können, die zugleich die Grundlage für die gesamte Geschichte des Mittelmeerraums bildet. Die beste Definition für dieses Buch ist „Ein Führer durch die kognitive Archäologie Griechenlands", womit ich meine, dass die kognitive Archäologie das Verständnis der Vergangenheit auf Grund von Überlieferungen und so das Gedankengut des Altertums analysiert. Das Verständnis der griechischen Welt in der topologischen Beschreibung wird durch die Augen der Griechen selbst gewonnen. Die im Buch besprochenen Orte sind keine desolaten Ruinen, sondern lebende, bewohnte Territorien, gleichsam Landkarten, die Auskunft über die Geschichte der jeweiligen Landschaft geben.

Dieses Fragment eines Freskos aus dem 8. Jh. stammt aus Mykene und zeigt, welchen Einfluss die kretische Kunst auf die Stadt hatte (Athen, Nationalmuseum)

8 unten Zahlreiche Krüge mit kleinen dicken Griffen wurden in den Werkstätten und Lagerhäusern von Knossos gefunden, dem Stadtpalast auf der Insel Kreta.

DIE KUNST IM ALTEN GRIECHENLAND

Griechenland schuf das Muster, das später im gesamten Mittelmeerraum üblich wurde, sich der künstlerischen Ausdrucksformen der prähistorischen und protohistorischen Kulturen zu bedienen, die vorher das Land bewohnt hatten. Es gibt archäologische Beweise für gewisse Kunstströmungen solcher Perioden, die später in ganz Europa wieder aufgegriffen wurden: der magische Naturalismus der paläolithischen Kunst (bis 7000 v. Chr.) zum Beispiel wurde vom symbolistischen, synthetischen Abstraktionismus der neolithischen und der kalkolithischen Perioden abgelöst (von 7000 bis 4000 v. Chr.). Während der kalkolithischen Zeit entstanden auch die allerersten Siedlungen von demographischer und struktureller Bedeutung (Sesklo, Dimini).

Nach der Ankunft der ersten indoeuropäischen Hellenen in der Bronzezeit entwickelte sich die helladische Zivilisation schnell auf dem Festland und auf den Inseln. Kykladische Skulpturen mit ihrem erstaunlich künstlich-formalen Ausdruck sind die interessantesten Artefakte dieser Zeit und Vorgeschmack auf Meisterwerke Modiglianis und Brancusis.

Als die minoische Thalattokratie (benannt nach Minos, dem mythischen König von Knossos), die in der ersten Hälfte des 2. Jahrtausends v. Chr. die gesamte Ägäis kontrollierte, sich über die kretischen Inseln und das nahe gelegene Thera (Santorin) ausbreitete, ließ sie herrliche Kunstwerke zurück. Die Kreter entwickelten als Erste architektonische Bauweisen und schufen so grandiose Residenzkomplexe sowie Zentren für Kultur, Produktion und Verwaltung. Dies waren die so genannten Palaststädte, die einen komplexen Grundriss und eine Struktur hatten, die an den Nahen Osten und an Ägypten denken lässt, von wo die Kreter ebenfalls den vereinfachenden naturalistischen Stil übernommen hatten, der sich durch ihre gesamte Kunst zieht, vom Schmuck über Skulpturen bis hin zu den Wandmalereien. Während die Kreter die Techniken der Wandmalerei und verschiedene ästhetische Grundsätze von den Ägyptern übernahmen und nur etwas abwandelten, wurde der figurative Naturalismus der kretischen Kunst durch einen überaus feinen Sinn für Farben und die anmutige Darstellungsweise der kretischen Künstler weiterentwickelt.

Die mykenische Zivilisation (20.–17. Jh. v. Chr.), benannt nach Mykene, ihrem historisch und archäologisch bedeutendsten Ort, erfasste den Peloponnes, Attika, Böotien und Thessalien und kam schließlich ab dem 15. Jh. auch nach Kreta. Die Kunst, die sie dort hervorbrachte, war trotz ihres kretischen Ursprungs, dem Naturalismus weniger zugetan. Schmuck, Bronzeskulpturen und Keramiken dieser Periode wirken in ihrem künstlerischen Ausdruck wesentlich zurückhaltender. Im Gegensatz zu den ungeschützten minoischen Palaststädten wurde bei der strengen, kyklopischen Mauerbauweise, mit der die mykenischen Städte befestigt wurden, vor allem auf Funktionalität geachtet. Andererseits waren zum Beispiel die königlichen Paläste, die aus mehreren Flügeln bestanden, um eine Art Zentrum, das Megaron, angeordnet und mit dekorativen Artefakten, Töpferwaren und Möbeln ausgestattet, die minoischem Luxus nicht nachstanden. Ähnlicher Luxus fand sich auch im mykenischen königlichen Tholosgrab, das im 15. und 14. Jh. v. Chr. die alte Grabform verdrängt hatte.

Die mykenische Zivilisation und Kunst erlebten im 12.–11. Jh. v. Chr. einen steten Niedergang. Ständige Übergriffe der Seevölker und das Entstehen einer neuen hellenistischen Linie, der Dorier, hatten das ihre dazu beigetragen. Beinahe überall markierte das griechische Mittelalter, eine Zeit der demographischen und ökonomischen Krisen, den Übergang von der Bronzezeit zur Eisenzeit. Die aristokratischen Clans, die Krieger, Landbesitzer, Viehzüchter und all jene, die für die Versorgung mit Rohstoffen verantwortlich waren, vertrauten von nun an einem *basileus,* einem gewählten Herrscher, der von einem Ältestenrat unterstützt wurde. Nachdem sich im 10. und 9. Jh. v. Chr. die Wirtschaft wieder erholte, gab es in dieser Periode die Gründung der ersten kleinen Siedlungen, die sich später in blühende Städte verwandelten. Die radikalen Veränderungen wurden am meisten in der darstellenden Kunst spürbar. Die Werkstätten in Athen entwickelten neue keramische Formen und eine neue „geometrische“ Sprache, die sich in der abstrakten Dekoration von Vasen mit linearen, geometrischen Elementen und Formen ausdrückte. Die geometrische Kunst entstammte einer Weltanschauung, bei der die Natur als unendliche und komplexe Realität wahrgenommen wurde. Man wollte sie nun nicht einfach nur nachahmen und reproduzieren, sondern in ihrer ganzen Essenz und mit all ihren Gesetzen sowie in ihrer gesamten Formenvielfalt darstellen.

Vom 9. bis zum 8. Jh. v. Chr. bildeten sich überall Poleis (Stadtstaaten), in denen Handwerker sowie Kauf- und Geschäftsleute für stetig wachsenden und zirkulierenden Reichtum sorgten. In späteren Jahrhunderten gerieten die Interessen dieser Klassen mit denen der Aristokratie aneinander, woraus die griechische Kolonialisierung entstand, die mit den Kolonisierungsbestrebungen der Phönizier einherging. Während der geometrischen Periode bestanden private Wohnhäuser aus einem Steinfundament mit einem Aufbau aus ungebrannten Ziegeln in einem Holzrahmen. Der Grundriss alternierte zwischen dem mykenischen Megaron, wie in vornehmen Residenzen und Tempeln üblich, und einer neuen, rationalen Raumaufteilung. Die Metallbearbeitung, wie sie beispielsweise in Kultobjekten überliefert ist, folgte den thematischen Stilrichtungen der Töpferkunst. Besonders in Athen erreichte die Töpferkunst die höchste Stufe mit ihren stilisierten Menschen- und Tierfiguren in kleinen Rahmen, die nicht mit den üblichen abstrakten Motiven verziert waren.

Der Handelsboom, eine Folge der griechischen und phönizischen Abhängigkeit sowohl in merkantiler als auch kolonialer Hinsicht, hatte großen Einfluss auf die Künstler des antiken Griechenlands.

9 links Die Säule zwischen den zwei Löwen im Relief des berühmten Löwentors in Mykene (um 1259 v. Chr.) war vielleicht das Symbol für den Palast als Machtzentrum.

9 rechts Dieses Fresko aus dem 7. Jh. v. Chr. im Westhaus in Akrotiri auf Santorin ist ein schönes Beispiel für kretische Malerei. Es zeigt einen Fischer, der den Göttern ein Opfer bringt (Athen, Nationalmuseum).

10 oben Dieses archaische Relief der ionischen Schule zeigt zwei Tänzer, die sich zum Klang einer Doppelflöte bewegen.

Von 750–725 v. Chr. bis zum Ende des 7. Jh. v. Chr. gelangten zahlreiche künstlerische Produkte und andere Luxuswaren aus dem Orient nach Griechenland und in dessen Kolonien. Meistens handelte es sich dabei um Gegenstände, die von den Aristokraten als Zeichen ihres Reichtums oder als Geschenke gekauft wurden, die Handelsabkommen besiegeln sollten, ja manchmal auch politische Pakte zwischen dem Adel im Westen und im Osten. Die kostbaren Materialien, das verschwenderische Dekor und die thematische Fantasie machten die levantinische Kunst viel attraktiver als den geometrischen Stil mit seinen strengen Regeln. Die levantinische Kunst wurde schließlich zum Vorbild für die griechischen Künstler, die dadurch eine neue, orientalisch inspirierte Stilrichtung schufen (um 725–610 v. Chr.). Man versuchte dabei, die Themen und die Ikonographie der östlichen Kunst dem Bedürfnis anzupassen, Realität oder Abstraktion auf der ausgewogenen Basis von Konzept und Form darzustellen.

Erste Auswirkungen dieses neuen Stils sind an den frühkorinthischen, den frühattischen und den greco-orientalischen Keramiken zu erkennen. Sie weisen funktionelle aber elegante Formen und ein figuratives Dekor in enger Verbindung mit dem Prinzip der kompositorischen Ordnung auf. Die Ausdruckskraft und die solide Ausgewogenheit der Formen zeigen sich vor allem in den kleinen gegossenen Bronzeobjekten.

Das 7. Jh. v. Chr. erlebte die Entstehung der ältesten griechischen Tradition der Steinbildhauerei: die „dädalische" Darstellungsweise, inspiriert von der orientalischen Kunst, mit einer starren Frontalansicht und nur wenigen dekorativen Stereotypen. In dieser Periode entstanden auch Abbilder von Göttern und Menschen in Form von Koroi (Jungen) und Koren (Mädchen), die sich zusehends von den ägyptischen und mesopotamischen Originalen distanzierten und allmählich eine nahezu intime oder latente Lebendigkeit aufwiesen.

Unabhängig davon entwickelte sich in diesem Jahrhundert die frühgriechische Steinarchitektur. Vor allem die Tempel erhielten elegantere und harmonischere Proportionen und wurden mit edlerem oder dauerhafterem Baumaterial errichtet. In der zweiten Hälfte des 7. Jh. v. Chr. entstanden die ersten Grundrisspläne von Tempeln sowie der dorische und der ionische Architekturstil. Die neue Mode, hölzerne Ziergiebel mit mehrfarbigen Lehmplatten zu verkleiden, auf denen religiöse, mythologische oder epische Themen dargestellt waren, zeugt von dem Wunsch, typisch griechische Motive und Werte mit dem gesamten Bauwerk und seinen Zierelementen zu verweben.

Im 6. Jh. v. Chr. wurden die Griechen der Poleis und der Kolonien zum kulturellen Vorbild für die gesamte westliche Welt. Auch das rationale Denken der Menschen, das sich in der Philosophie ausdrückte, der Durst nach theoretischem und angewandtem Wissen, floss in die künstlerische, architektonische und städteplanerische Theorie mit ein. Dies war das Jahrhundert der archaischen Kunst. Man nannte es so, um die Tatsache zu betonen, dass es der formell perfekten klassischen Kunst vorausging, die sich erst im nächsten Jahrhundert entwickeln sollte.

Die Griechen beschäftigten sich intensiv damit, neue technische Lösungen zu finden. Dies lässt sich zum Beispiel bei der Städteplanung nachvollziehen. In den griechischen Kolonien in Süditalien und auf Sizilien entstanden die ersten am Reißbrett geplanten Städte mit logischen und funktionellen Grundrissen. Besondere Sorgfalt verwendete man auf die Standortwahl und das Erscheinungsbild der Tempel und Heiligtümer, die sich innerhalb und außerhalb der Stadtmauern befanden. Ähnlich wie die Kolonien unterzog man auch die griechischen Metropolen, die zwischen dem 9. und dem 7. Jh. v. Chr. zu einer völlig unübersichtlichen Größe herangewachsen waren, städteplanerischen und verschönernden Maßnahmen. Oft wurden diese Arbeiten von großzügigen Herrschern in Auftrag gegeben, die in vielen Städten mit Unterstützung der reichen Kaufleute und Handwerker an die Macht gekommen waren. Dabei konzentrierten sich die Arbeiten hauptsächlich auf die Bereiche, die in den Augen der Bewohner besonders bedeutend waren – die Akropolis beispielsweise, die sozusagen den Gipfel der religiösen Identität der Gemeinde repräsentierte, oder die Agora, Verwaltungs-, Wirtschafts- und Handelszentrum in einem.

Die Ausschmückung der Tempel wurde zusehends üppiger und schöner. Die Tempel, die von den Herrschern der ionischen und kleinasiatischen Inseln in Auftrag gegeben worden waren, perfektionierten den ionischen Stil und beeinflussten die Linien, Dimensionen und Proportionen des dorischen Stils, vor allem in den Kolonien. Das Problem, wie die Tempel bildhauerisch verschönert werden konnten, wurde ebenfalls gelöst: Der dreieckige Raum (Tympanon), der auf der Schmalseite des Tempels durch die beiden Dachschrägen entstand, verführte die Künstler zu Experimenten mit Techniken und Themen. So entstanden Giebel mit ethischen, politischen oder historisch-verherrlichenden Botschaften und mit Motiven, die aus der Mythologie oder der Epik entnommen wurden.

Das 6. Jh. v. Chr. war auch das Goldene Zeitalter von künstlerisch sehr anspruchsvollen panhellenistischen Heiligtümern und öffentlichen Bauwerken mit monumentalen Proportionen. Dazu gehörten riesige Stadien und Theater, die für religiöse Versammlungen sowie für Feste und Wettbewerbe sportlicher, literarischer oder musikalischer Natur benutzt wurden. Die Heiligtümer bildeten die Zentren der religiösen Macht und waren in den Stadtstaaten zugleich Forum für Diskussionen und Debatten über wichtige Themen. In dem Versuch, politischen Einfluss über die Priesterschaft der großen panhellenistischen Heiligtümer (Delphi, Olympia, Delos) zu erlangen, verfielen die Stadtstaaten oft untereinander in einen Wettstreit, wer die schönsten Gebäude und die wertvollsten Kunstwerke in Auftrag gegeben und den größten Anteil der Kriegsbeute an die Heiligtümer abgetreten hatte.

In der Zwischenzeit entfernten sich die archaischen griechischen Bildhauer immer mehr von den orientalischen Ursprüngen und Themen und konzentrierten sich zuse-

11 Ionische Anmut strahlt eine der schönsten Arbeiten des Athener Bildhauers Antenor aus. An der Kore Nr. 680 (um 580 v. Chr.) ist ein Großteil der Originalbemalung erhalten geblieben (Athen, Akropolismuseum).

hends auf lebensgroße menschliche Figuren. Am Anfang noch statisch und plump, entwickelten sich Koren und Koroi zur idealen Darstellung der menschlichen Formen. Dabei ignorierte man jedoch völlig alle individuellen körperlichen Merkmale. Die Konvention forderte, dass Koroi nackt dargestellt werden mussten, während Koren mit eleganten Gewändern angetan waren. Jedes Bildnis musste das Konzept ausdrücken, das in der Jugend das Symbol für die Vollendung eines Lebewesens sah.

Die ersten Koroi mit groben Umrissen und Händen und Füßen, die wie die Glieder einer Puppe angefügt waren, sowie die ersten Koren, die wie menschliche Baumstümpfe mit geschnitzten Kleidern wirkten, bereiteten den Weg für Skulpturen, mit denen eine Vorstellung von Schönheit ausgedrückt werden konnte, die sowohl real als auch ideal war. Obwohl die Darstellung der physischen Merkmale sich stetig verbesserte und auch der Faltenwurf der Kleidung immer naturalistischer wurde, blieben die Gesichter ausdruckslos und somit dem archaischen Stil verhaftet. Diese allmähliche Entwicklung wurde von diversen Bildhauergruppen oder -schulen in unterschiedlichen Regionen vorangetrieben, die jeweils ihre eigenen Elemente in eine Skulptur mit einbrachten. Die lebendigen Interpretationen der dorischen, peloponnesischen und kretischen „Schulen" und die Neigung, sich im Ausdruck auf Anmut zu konzentrieren, wie man es auf den ionischen Inseln und in Kleinasien fand, vereinigten sich und wurden eins mit der attischen Strömung, die die archaische Ausdrucksweise perfektionierte. Als Beispiel dafür dienen die Werke des athenischen Bildhauers Antenor.

Eine ebensolche Suche nach künstlerischer Unabhängigkeit, aber auch nach Aus-

12 Diese Apollostatue stammt vom Westgiebel des Zeustempels in Olympia (um 460 v. Chr.) und ist ein Meisterwerk der protoklassischen Bildhauerei (Olympia, Archäologisches Museum).

drucksmöglichkeiten für ein künstlerisches Ideal, das von den orientalischen Ursprüngen abwich, fand beim Dekorieren von Gefäßen statt. Die Vasenmalerei wirft ein wenig Licht auf die großartige Tradition der griechischen Wand- und Tafelmalerei, von der keine Spuren die Zeiten überdauert haben. Nach über einem Jahrhundert der konkurrenzlosen künstlerischen und kommerziellen Hegemonie sank die Produktion in den korinthischen Werkstätten in der zweiten Hälfte des 6. Jh. v. Chr. angesichts der technischen, qualitativen und thematischen Überlegenheit der attischen Schwarzfiguren-Vasen, die in alle Welt exportiert wurden. In den letzten 30 Jahren des Jahrhunderts brachten einige avantgardistische Werkstätten die Rotfiguren-Technik auf. Dies gab den Künstlern die Gelegenheit, in noch freieren Ausdrucksmöglichkeiten zu schwelgen: Anatomie, Kleidung, Ornamente und Waffen der Figuren wurde detaillierter, die Pose sehr viel glaubwürdiger. Im Gegensatz zur Schwarzfiguren-Technik, für die man einen Grabstichel benötigte, wurde die rote Technik mit dünnen Pinseln ausgeführt, mit denen man wesentlich feiner malen konnte. Abgesehen von den äußerst wertvollen Vasen der Künstler, die so stolz auf ihre Arbeit waren, dass sie ihr Werk signierten, waren auch preiswertere Vasen von mittlerer bis geringer Qualität im Handel, die in Massen in den Werkstätten produziert wurden.

Zu Beginn des 5. Jh. v. Chr. erlebte Griechenland dramatische Umwälzungen. Auf Grund von Expansionsbestrebungen kam es zwischen den größeren Poleis (Athen, Sparta, Korinth, Argos) zu Rivalitäten. Die Griechen in Kleinasien hatten schon ihre Unabhängigkeit an die Perser abtreten müssen, und als die Metropolen die westlichen

13 links Die strenge Anmut der Kunst des Exekias ist an dieser attischen Amphore gut erkennbar (um 540 v. Chr.). Sie zeigt das Duell zwischen Achill und Penthesilea, der Amazonenkönigin, dargestellt (London, Britisches Museum).

13 rechts Der Hals dieser Rotfiguren-Vase ist mit Darstellungen des Duells zwischen Hektor und Achill dekoriert (Ende 6. Jh. v. Chr.).

Kolonien verloren, geriet die schwache politische Einheit noch mehr ins Wanken.

In der Zwischenzeit entstand in Athen eine Regierungsform mit überraschenden Neuerungen. Die athenische Demokratie basierte auf der Gleichberechtigung aller Bürger. Das Regieren der Polis übernahm die Versammlung des Demos („Volk“) und seine frei gewählten Repräsentanten, aber die aggressive militärische Haltung, die Athen einnahm, um seine wirtschaftliche und politische Vormacht zu erhalten, erregte den Unwillen der oligarchischen Aristokraten und Tyrannen, die über das restliche Griechenland herrschten. Die attische Metropole jedoch steigerte ihr Prestige sowie ihren politischen und wirtschaftlichen Einfluss im Mittelmeerraum, da die junge demokratische Polis zwei Versuche der Perser, in Griechenland einzufallen, abgewehrt hatte (490–480 v. Chr.). Diese Siege markierten die Dämmerung des Goldenen Zeitalters in der griechischen Kunst und Kultur.

Die griechische Kunst in der ersten Hälfte des 5. Jh. v. Chr., die von einigen Kunsthistorikern als „streng“, von anderen als „protoklassisch“ bezeichnet wird, folgte der griechischen Philosophie, von der sie sowohl Unterstützung als auch Inspirationen erhielt. Ziel war es, den idealen und perfekten Ausdruck des Seins zu finden, der dennoch fassettenreich, dynamisch, und ewig sein sollte. Man versuchte, eine Form zu entwickeln, in der all dies in einem harmonischen und rationalen Ganzen vereinigt sein sollte. In jener Zeit entstand das Konzept, dass Schönheit die perfekte Balance zwischen Form und Inhalt war, was zu der Schlussfolgerung führte, dass ästhetische Schönheit auch die innere oder moralische Schönheit ausdrückte.

Auf dem Gebiet der Städteplanung galt Hippodamos aus Milet als Meister der Harmonie. Sein Schema beruhte auf einem Gitterraster. Es beinhaltete funktionale Elemente auf der Basis logischer Kriterien, die noch heute in Gebrauch sind. Auch die Planung der Städte Milet und Piräus folgte diesen Regeln. Diese Periode war auch durch intensive architektonische Aktivitäten in der griechischen Welt gekennzeichnet. Zwar gab es keine bahnbrechenden Neuerungen, aber die mathematischen und proportionalen Kriterien der Tempel wurden weiter ausgearbeitet und zeugen von einem neu erwachten Sinn für Dimensionen. Vor allem der grandiose dorische Tempel des Zeus Olympios ist erwähnenswert, der im panhellenistischen Heiligtum von Olympia stand.

Der neue Stil der protoklassischen Bildhauerei hatte sich schon in den Statuen am Ostgiebel des Tempels der Athene Aphaia in Ägina angekündigt. Etwa um 480 v. Chr. zeigte sich an den Karyatiden die Tendenz, ideale Schönheit als Ausdruck der Einheit und perfekten Harmonie des Seins wiederzugeben. Davon zeugen Arbeiten aus den Athener Werkstätten von Kritios und Nesiotes, wie zum Beispiel die Statue des Epheben.

14 rechts Die Auriga von Delphi ist ein seltenes Beispiel für eine protoklassische Bronzestatue (478–474 v. Chr.). Sie war eine Gabe des Tyrannen Polyzelos von Gela an Apollo im Gedenken an den Sieg seines Pferdes (Delphi, Archäologisches Museum).

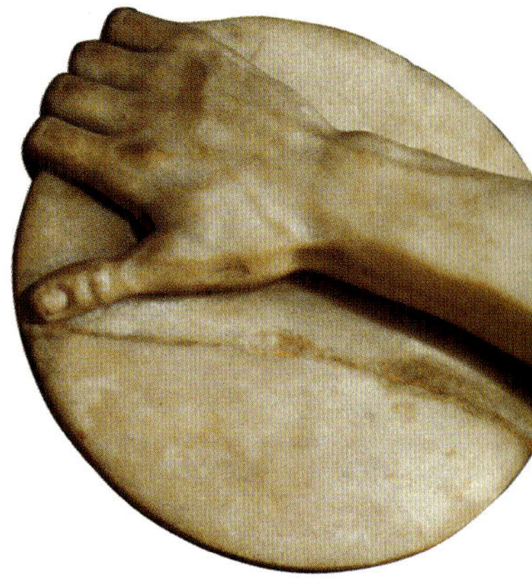

Seite an Seite mit den Marmorstatuen entwickelte sich auch die Tradition der Bronzeskulpturen. Leider sind nur Kopien dieser Meisterwerke erhalten, ausgeführt von talentierten Künstlern, die jahrhundertelang im Auftrag der zahlreichen Sammler griechischer und römischer Kunst tätig waren.

Die größten Schulen für Bronzekunst waren in Argos, Sicione und Tarent. Die schnelle Verbreitung des protoklassischen Stils im hellenisierten Italien erkennt man an dem hohen künstlerischen Wert der Arbeiten aus jener Zeit, wie etwa an der berühmten Auriga-Gruppe in Delphi, einer Votivgabe des Herrschers Polyzelos von Gela. Dies war vermutlich das Werk eines Künstlers aus einer der griechischen Kolonien in Italien. Noch vor der Mitte des Jahrhunderts ging ein anonymer Künstler weiter auf dem Weg zur Perfektion, indem er die Bronzestatue des Zeus von Kap

14 links Der berühmte Ephebe von Kritios (490–480 v. Chr.) ist das erste Beispiel für den Bruch mit den strengen Konventionen der archaischen Bildhauerei (Athen, Akropolismuseum).

14–15 Diese schöne römische Marmorkopie sorgt dafür, dass der Ruhm einer der innovativsten und berühmtesten Bronzestatuen nicht verblasst: des Diskuswerfers von Myron (450 v. Chr.) (Rom, Römisches Nationalmuseum).

15 Geschaffen, um absolute Perfektion auf Grund mathematischer Proportionen zu verkörpern: Dies ist der Speerträger von Polykleitos (um 450 v. Chr.), dem Autor des ersten Traktats über Bildhauerei in der Geschichte (Neapel, Nationalmuseum).

Artemision schuf. Dieses Werk markiert die „Entdeckung" der Bewegung und zeigt, dass die Frontalansicht des menschlichen Körpers überholt war. Noch bedeutsamer sind allerdings die Arbeiten des Meisters von Olympia, eines unbekannten Bildhauers, der die Giebel und Metopen des herrlichen Zeustempels schuf. Die protoklassische Kunst erreichte um 450 v. Chr. ihren Höhepunkt mit den Meisterwerken des großen Myron, der den berühmten Diskuswerfer schuf, eine Statue, in der die Bewegung des Körpers Formen darstellt, die ganz im Sinne der heraklitischen Philosophie jener Zeit waren. Ebenfalls ein großartiger Bronzebildhauer war Polykleitos; er war der Erste, der ein Modell für die perfekte mathematische und proportionale Darstellung des menschlichen Körpers schuf. Sehr gut ist dies in seiner bekanntesten Figur, dem Speerwerfer, zu erkennen. Die attischen Rotfiguren-Keramiken jener Zeit entsprachen der Tradition der protoklassischen Wand- und Tafelmalerei, von der heute nichts mehr übrig ist. Alles, was man heute noch weiß, ist, dass der bekannteste Künstler jener Tradition sein Augenmerk auf die Raumaufteilung und die Perspektive richtete.

In der zweiten Hälfte des 5. Jh. v. Chr. erlangte Athen die absolute kulturelle Oberherrschaft. Die erfolgreichen theoretischen und praktischen Experimente der Architekten, Bildhauer, Maler und Keramiker gipfelten schließlich in der universellen griechischen Weltanschauung, wie sie sich in der unnachahmlichen Stilrichtung äußerte, die wir „Klassik" nennen. Athen war die Heimat der größten Philosophen, Wissenschaftler und Künstler jener Zeit.

In dem wechselvollen Klima, in dem die wirtschaftliche und kulturelle Herrschaft Athens ihren Gipfel erreichte, die Demokratie jedoch auf imperialistische Ambitionen reduziert wurde, was letztendlich zum Peloponnesischen Krieg

16 oben Die zehn Stämme – die Basis der athenischen Demokratie – sind in diesem festlichen Umzug mit 60 Reitern auf der Nordseite des ionischen Frieses am Parthenon dargestellt.

und Kallimachos, und auch in den attischen Grabstelen, die zwischen dem 5. und dem Ende des 4. Jh. v. Chr. entstanden.

Auch die Malerei entwickelte sich in großen Schritten. Der Realismus erhielt Unterstützung vonseiten der Theorie: Zwei große Philosophen, Anaxagoras und Demokrit, schrieben theoretische Traktate über die Perspektive, die nicht nur die Maler Agatharchos, Panainos, Apollodor, Zeuxis und Parrhasios beeinflussten, sondern auch

führte, versuchte der Staatsmann Perikles der Stadt ein neues Gesicht zu verleihen, indem er die funktionalen Bedürfnisse der Bevölkerung mit dem ehrgeizigen Wunsch nach einer unübertroffenen Verschönerung der Stadt verband. Perikles wollte sowohl die Identität Athens als auch die politischen, ethischen, religiösen und kulturellen Werte des freien Volkes der Stadt in eine angemessene architektonische und künstlerische Sprache übersetzen lassen, die die ganze Welt verstehen konnte. Unmengen von Rohstoffen wurden in die Agora investiert, aber auch in die Wohnviertel, den Hafen und in den Straßenbau. Den Mittelpunkt von Perikles' Projekt aber bildete die Akropolis. Die Oberaufsicht über ihren Bau war Phidias anvertraut worden, dem größten Künstler des Altertums. Ihm zur Seite standen hoch talentierte Mitarbeiter, darunter die brillantesten Architekten, aber auch viele fähige junge Künstler.

Der Parthenon-Tempel, der Athene Parthenos (Jungfrau Athene) gewidmet und allgemein als das schönste Beispiel altgriechischer Architektur geschätzt, ist ein Entwurf von Kallikrates und Iktinos, die mit ihren mathematischen Berechnungen und Entwürfen der Stadtgöttin ein Heim voller Harmonie und Eleganz schufen. Gleichzeitig wurden hier zum ersten Mal die dorische und die ionische Stilrichtung kombiniert, was die architektonische Ästhetik noch jahrhundertelang beeinflussen sollte. Der anmutige ionische Tempel der Athene Nike basierte auf einer alten Zeichnung des Kallikrates. Mnesikles wurde damit beauftragt, die Propyläen zu erbauen, jenes riesige Torgebäude am Eingang des heiligen Hügels. Man vermutet, dass Mnesikles auch das Erechtheion entwarf, einen dem Poseidon geweihten Tempelkomplex, der als Juwel des ionischen Stils gilt. Die Architekten des Parthenons beeinflussten den Bau vieler Heiligtümer in Athen und anderorts, wie man am prachtvollen und nach wie vor intakten Hephaistos-Tempel mitten in Athen sehen kann, am Poseidon-Tempel in Kap Sunion sowie am Tempel des Apollo Epikourios in Vasses (Arkadien).

Das größte künstlerische Genie des Jahrhunderts war der Athener Phidias, der die kolossalen chryselephantinen (aus Gold und Elfenbein bestehenden) Kultfiguren für die inneren Schreine des Parthenons und des Tempels des Zeus von Olympia schuf. Leider sind diese Wunder der antiken Kunst verloren gegangen. Die rigorosen Proportionen, die Polykleitos schuf, wurden durch eine Vielzahl von Linien und Rhythmen bereichert, was den „idealisierten Realismus" betonte, der die Essenz des Klassizismus darstellt. Die perfekten Körper und prachtvoll drapierten Gewänder der Statuen auf den Giebeln des Parthenons und dessen ionischer Fries zeigen – wie auch eine Vielzahl anderer Werke des Polykleitos – absolute Schönheit, losgelöst von allen Einschränkungen, allein dazu bestimmt, innere und äußere Perfektion auszudrücken.

Die Kunst des Phidias wurde theoretisch wie in der Ausführung von exzellenten Schülern des Meisters noch mehrere Dekaden lang fortgeführt, aber am Ende des Jahrhunderts entwickelte sich die Tendenz, stärker den Menschen in der Verbindung mit seiner Umwelt und die damit verbundenen Aspekte zu untersuchen. Die Neigung, Empfindungen auszudrücken, zeigt sich in den Arbeiten von Alkamenes, Agorakritos

Phidias, der neben seiner Tätigkeit als Bildhauer und Architekt auch ein anerkannter Maler war. Allerdings ist keines dieser Bilder erhalten. Die Verwendung von perspektivischen Linien, Verkürzungen und Schattierungen verlieh den Figuren Substanz und Dynamik. Man findet diese Darstellungsweise auch in der attischen Keramik jener Zeit, vor allem in den Arbeiten des unbekannten Malers des Achill sowie bei Polygnotos dem Jüngeren und bei Meidias.

Im 4. Jh. v. Chr. war Griechenland, das sich gerade vom Peloponnesischen Krieg erholte, zwischen Alt und Neu hin- und hergerissen, was man auch an zahlreichen lokalen Konflikten erkennt, die unter der jeweiligen Hegemonie von Sparta, Theben oder Athen nicht gelöst wurden. Auch der politische Einfluss regionaler Bündnisse brachte keine Stabilität. 338 v. Chr. gewann Philipp II. für das makedonische Reich die Schlacht bei Chaironeia, setzte damit der Unabhängigkeit

16–17 Der Giebel auf der Westseite des Parthenons zeigt noch immer zwei Figuren, die schwer beschädigt sind und vermutlich aus dem Hofstaat des Poseidon stammen. Auf der Metope sind Kampfszenen zwischen Griechen und Amazonen dargestellt.

der griechischen Poleis, aber auch ihren gegenseitigen Rivalitäten, ein Ende und begann damit einen Prozess noch nie da gewesener politischer und kultureller Einheit.

Der Peloponnesische Krieg und die darauf folgenden Konflikte zwischen den Poleis hatten dazu beigetragen, dass all die Werte, die Jahrhunderte lang gültig gewesen waren, plötzlich infrage gestellt wurden. Der Verlust des Gefühls, zu einer Gemeinschaft, also dem Stadtstaat, zu gehören, die völlige Desillusionierung und Ungewissheit über das weitere Schicksal führten zu einer einseitigen Weltanschauung, zu Individualismus, Persönlichkeitskult und einer Verdunklung der Ratio in einem Meer irrationaler Empfindungen, die keine Philosophie beherrschen konnte.

Was die Religion anbelangte, hatten Kriege, Hungersnöte und Epidemien den Menschen mit großer Einsamkeit konfrontiert: Die Götter waren nicht länger die übermenschliche, beruhigende, logische Projektion des perfekten Daseins, sondern sie reflektierten die Zerbrechlichkeit aller Dinge in den Händen des Schicksals und wurden Ziel ritueller Anbetung, oberflächlichen Aberglaubens und ungläubigen Terrors.

In dieser letzten Phase der klassischen Kunst und Architektur reflektierte vor allem die Städteplanung die Anstrengungen, die Philosophen, Politiker und Städteplaner unternahmen, um ein harmonisches Verhältnis zwischen der Stadt und ihrer Umgebung herzustellen, und gleichzeitig die wirtschaftlichen, sozialen und kulturellen Bedürfnisse der Gemeinschaft und des Einzelnen zu respektieren. Die Gedanken der Philosophen wandten sich universalen und wissenschaftlichen Modellen zu, wie denen des Hippokrates, der die Wichtigkeit der Gesundheit betonte, oder denen des Plato, der sich mit etwas befasste, was man heute „Einflüsse der Umwelt" nennen würde. Ein weiterer Neuerer war Aristoteles, der aus seinem tief greifenden Verständnis der sich ändernden Realitäten in Hellas ein städteplanerisches Modell entwickelte, das den Gitterplan des Hippodamos mit empirischen Prinzipien kombinierte, die man in den Kolonien entdeckt hatte. Die Städteplanung stützte sich vor allem auf das Modell des Hippodamos mit einigen Abänderungen, je nach den Beschaffenheiten des jeweiligen Gebietes, und sie hatte die Tendenz, öffentliche Gebäude spektakulär und theatralisch zu gestalten.

Die Wohngebäude zeugten davon, dass den privaten Aspekten des Lebens große Aufmerksamkeit bei der Planung gewidmet wurde. Sie basierten auf einer rationalen und funktionalen Standardform, die jeweils in großen Wohnvierteln realisiert wurde. Alle Gebäude, die mit dem öffentlichen Leben zu tun hatten, gruppierten sich jedoch nach wie vor um das Theater, dem Wahrzeichen aller griechischen Städte, das immer häufiger aus Stein erbaut wurde, tausende von Zuschauern fasste und oft über eine nahezu perfekte Akustik verfügte. Die Monumentalarchitektur hielt sich noch immer an die Richtlinien, die in den letzten 30 Jahren des vorherigen Jahrhunderts aufgestellt worden waren: elegante Formen, harmonische Proportionen und Kombinationen.

Die grundlegende Desorientierung der Griechen dieser Zeit zeigt sich auch in Bildhauerei und Malerei. Die griechischen Bildhauer begannen, Aspekte menschlicher existenzieller Erfahrungen auszudrücken, die sich verändernden Manifestationen des Unterbewusstseins, das irrationale innere Universum, das die immer größer werdende, schmerzliche Distanz zwischen Mensch und Gott markierte. Pathos war das alles dominierende Hauptmerkmal in der Kunst großer Meister wie Kephisodotos, Praxiteles, Skopas, Bryaxis, Timotheos, Leochares und Lysippus. Diese Künstler, deren Wurzeln in der Post-Phidias-Tradition lagen, versuchten, Momente einzufangen, die die Vergänglichkeit von allem symbolisierten. Sie modellierten Trunkenheit und Schmerz, Zärtlichkeit und Zorn und folgten nicht länger festen Idealen oder Regeln. Aber dies war noch nicht die letzte Stufe der griechischen Kunst.

Philipp II. fiel 336 v. Chr. im Theater von Aigai einem Attentat zum Opfer und sein jüngerer Sohn Alexander III. folgte ihm als Herrscher nach (336–323 v. Chr.). Er erhielt schon bald den Beinamen *Megas* („der Große"). Er wandelte den ursprünglichen Plan seines Vaters ab, die Griechen in Kleinasien von der Herrschaft der Perser zu befreien, und eroberte stattdessen das gesamte tausendjährige Reich des Königs der Könige, dessen riesige Provinzen von Ägypten nach Syrien, von Ionien nach Mesopotamien reichten. Er ging sogar so weit, die entfernten Gebiete am Kaspischen Meer und am Indus zu erobern, wobei er auf dem

18 Diese goldene Larnax enthielt die Knochen von Philipp II. von Makedonien (gest. 336 v. Chr.) (Saloniki, Archäologisches Museum).

18–19 Diese Krone aus Blattgold mit Myrtheblättern und -blüten (350–340 v. Chr.) gehörte Kleopatra, der letzten Gemahlin von Philipp II. (Saloniki, Archäologisches Museum).

19 Diese Büste Alexanders des Großen ist eine römische Kopie aus dem 1. Jh. v. Chr. Das Original schuf Lysippus um 330 v. Chr. für die Stadt Ephesus (Kopenhagen, Ny Carlsberg Glyptothek).

Weg dorthin Dutzende von Städten mit dem Namen „Alexandria“ gründete. Alexanders wahre Größe zeigte sich jedoch in dem politischen Ziel, ein universales griechisches Reich zu erschaffen, das nicht wegen seiner Stammesgeschichte, sondern auf Grund seiner gemeinsamen Zivilisation und Kultur zur Identität fand.

Unter Philipp II. und Alexander dem Großen erreichte Makedonien das kulturelle und künstlerische Niveau des übrigen Griechenland. Makedonische Architekten hatten der alten Monumentalarchitektur neues Leben eingehaucht, wie der Königspalast in Aigai belegt. Dieses prunkvolle Bauwerk basiert im Grunde auf einem metrischen, rationalen Entwurf der Architekten, die auch eine neue Bauweise für die Grabstätten einführten. Der Grabkomplex enthält etwa 70 dieser Gräber, darunter auch das von Philipp II. Die Gräber weisen Rundkammern und eine auf Kragsteine gestützte Gewölbedecke auf, außerdem Wandmalereien und monumentale Fassaden, deren Verzierungen eine harmonische Kombination aus Ornamenten, Skulpturen, Malereien, dorischen und ionischen Elementen darstellen und damit dem Geschmack jener Zeit entsprachen. Die Goldarbeiten jener Periode, vor allem die kostbare Grabausstattung Philipps II., sind mit ihren detailliert ausgearbeiteten figurativen und ornamentalen Kombinationen von überwältigender Schönheit.

Die Malereien in einigen Gräbern der Region, aber ebenso die polychromen Mosaike aus Flusskieselsteinen von Pella, zeugen von der großen griechischen Maltradition des 4. Jh. v. Chr., die von Meistern wie Zeuxis und Apelles nach Makedonien gebracht wurde. Beide Künstler tendierten als Erste zum lebensnahen Realismus, wobei Apelles besonders von dem visionären und sentimentalen Geist jener Zeit inspiriert war. Der größte Bildhauer dieser Periode war Lysippus, der seinen Ruhm vor allem seinen Arbeiten am makedonischen Hof verdankte. Seine Statue von Alexander dem Großen war das erste authentische Porträt in der westlichen Kunst. Sie zeigt einen sterblichen Halbgott, bei dem sich Willenskraft und Gefühl, göttliche Gnade und Verstand in vergänglicher, wundersamer Harmonie vereinigen. Alle Arbeiten von Lysippus belegen die Suche nach Pathos kombiniert mit der heroischen Verherrlichung der Menschlichkeit auf der

20 Die Skulptur der Venus (Aphrodite) von Milos stammt von einem unbekannten Künstlers und erinnert an die Werke von Praxiteles und Lysippus. Sie ist ein Juwel der hellenistischen Kunst aus der zweiten Hälfte des 2. Jh. v. Chr. (Paris, Louvre).

21 Die Figur der Nike (um 190 v. Chr.) stand an der Stirnseite eines steinernen Schiffes im Zentrum eines Brunnens im Heiligtum der Großen Götter in Samothrake, das den Sieg von Rhodos gegen Antiochos III. von Syrien verherrlichte (Paris, Louvre).

Basis der Harmonielehre des Polykleitos. Auf diese Weise schuf Lysippus eine Ausdrucksform, die viele Künstler seiner Zeit beeinflusste.

Die blühende und kulturell fruchtbare Periode zur Zeit Alexanders des Großen bis zur römischen Eroberung Ägyptens ist als die Griechische Zeit (332–30 v. Chr.) bekannt. Im 19. Jahrhundert prägte der deutsche Historiker J. G. Droysen den Ausdruck „Hellenismus“, mit dem er das beeindruckende und noch weiterhin andauernde Phänomen der weltweiten Verbreitung der griechischen Zivilisation und Kultur bezeichnen wollte, die sich in der Übernahme und Abänderung der griechischen Sprache und Religion, der politischen Modelle, der Bräuche, der Kultur und der Kunst in sämtlichen Regionen äußerte, die von der makedonischen Expansion betroffen waren.

Die architektonischen und künstlerischen Schöpfungen dieser Periode verherrlichen nicht mehr die Werte der bürgerlichen Poleis, sondern die absolute und beinahe göttliche Macht der herrschenden Monarchien. Hinzu kam die politisch harmlose und weniger extravagante Zurschaustellung einer Klasse von reichen Händlern und Kaufleuten in einer unpolitischen Zeit. Dennoch gab es auf den Gebieten der Philosophie, der Wissenschaft und der Literatur Fortschritte, ganz zu schweigen von der Kunst, die viele Werke von höchster Qualität hervorbrachte. Zu den besonderen Eigenschaften dieser Periode zählten eine demütige Haltung gegenüber der Vergangenheit, Offenheit gegenüber Forschung und Wissen, Vitalität und große Mobilität, die in bisher ungekanntem Ausmaß zum Austausch von Ideen, kulturellen Modellen und Kunstwerken führten. Zudem waren die Künstler politisch neutral und bedienten auch Kunden, deren Gesellschaft oder Ansichten sie nicht notwendigerweise teilen mussten. Die bedeutendste Revolution im Hellenismus bestand jedoch darin, dass die Griechen und die hellenisierten Barbaren durch die Verwendung einer gemeinsamen Sprache (Koine) eine universale Kultur entwickelten, ohne bereits existierende regionale Besonderheiten zu verdrängen.

In der Städteplanung wurde das Modell des Hippodamos der Nachfrage nach spektakulären und monumentalen Gebäuden angepasst, die die Philanthropie, aber auch die absolute Macht der Herrscher im makedonischen Reich zur Schau stellen wollte. Hellenistische Städte waren im Grunde riesige Theater voll ausschweifender Architektur, mit befestigten Mauern, die eigentlich zu dick waren, riesigen Bereichen für das öffentliche Leben und architektonischen Meisterwerken mit monumentalen Proportionen, die noch heute zu den Weltwundern zählen. Nachdem sich die privaten Wohngebäude von dem strengen Vorbild aus den Stadtstaaten gelöst hatten, nahmen sie völlig eigenständige Formen an und wurden jeweils zu einer Einheit, die mit Mosaiken und Wandmalereien sowie mit prächtigen Möbeln ausgestattet war.

Die hellenistische Kunst erregte noch lange die Gemüter der Kritiker. So versuchte zum Beispiel in den 20-Jahren des 20. Jh. der Deutsche W. Klein die Begriffe „Barock" und „Rokoko" auf die hellenistische Kunst zwischen dem 3. und dem 1. Jh. v. Chr. anzuwenden. Nach dieser Sichtweise wäre dem Barock die heroische Größe und Leidenschaft des Kunststils von Pergamus zuzuschreiben, während sich das Rokoko auf die Kunst der Insel Rhodos und Alexandrias bezöge, da hier eine gewisse thematische „Frivolität" sowie ein ständiges Experimentieren mit Farbeffekten zu erkennen ist.

Auch wenn bestimmte Schulen oder Strömungen mit den großen Zentren in Alexanders zerfallendem Reich in Verbindung gebracht werden, müssen sie doch im Licht der Auswirkungen des kulturellen und künstlerischen Polyzentrismus betrachtet werden. Ein weiterer zu berücksichtigender Faktor ist, dass es tausende von Künstlern gab, die unbefangen aus alten und zeitgenössischen Quellen schöpften und ihre persönlichen Kreationen mit „Zitaten" der großen Meister oder mit Stilrichtungen des 5. und 4. Jh. v. Chr. anreicherten. Außerdem sollte man sich vor Augen führen, dass es in der hellenistischen Kunst mehr oder weniger überall die für sie typischen Zeiten großer Empfindsamkeit, Ausdruckskraft und Schönheit der Formen gab, die allerdings mit solchen wechselten, in denen die Arbeiten eine unerwartete Nüchternheit zeigten, die dem Klassizismus sehr zugetan war.

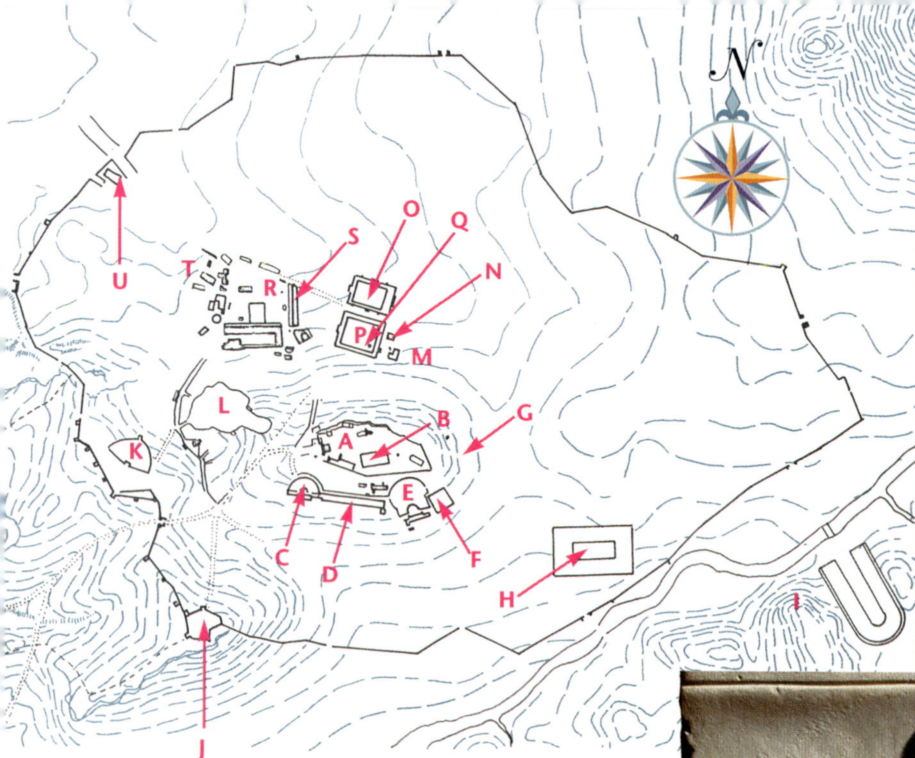

ATHEN

A AKROPOLIS	H TEMPEL DES ZEUS OLYMPIOS	O HADRIANS-BIBLIOTHEK
B PARTHENON	I STADION DES HERODES	P RÖMISCHE AGORA
C ODEION DES HERODES ATTIKUS	J MONUMENT DES PHILOPAPPOS	Q TURM DER WINDE
D STOA EUMENES' II.	K EKKLESIASTERION	R GRIECHISCHE AGORA
E THEATER DES DIONYSOS	L HÜGEL AREOPAGUS	S STOA ATTALOS' II.
F ODEION DES PERIKLES	M AGORANOMION	T TEMPEL DES EPHESTUS
G MONUMENT DES LYSIKRATES	N ÖFFENTLICHE LATRINE	U DIPYLON-KERAMEIKOS-NEKROPOLE

ATHEN

Das archäologische Erbe Athens ist von fundamentaler Bedeutung für jeden, der die Geschichte der altgriechischen Kunst und Zivilisation kennen lernen will.

Die Reise zu den Museen und archäologischen Stätten, die hier beschrieben wird, erfordert mehr Zeit und Mühe als die üblichen Besichtigungsfahrten für Massentouristen, die meist nur kurz die populärsten und am leichtesten zugänglichen Orte anfahren. Wer Athen kennt und sich erst einmal an das Chaos in der Stadt gewöhnt hat, weiß, wie schwer es ist, den unzähligen Verlockungen zu widerstehen, die Archäologie, Natur und Kunst für den echten Griechenlandfreund hier bereithalten.

22 Man nimmt an, dass die Stele der „Denkenden Athene" (460 v. Chr.) bei Sportwettkämpfen auf die Bahn des Siegers gestellt wurde (Athen, Akropolismuseum).

22–23 *Der Blick auf die Akropolis vom Hügel Philopappos aus ist bei Sonnenuntergang besonders schön, weil dann die weißen Marmorgebäude rosig erstrahlen.*

Akropolis

1 Heiliger Weg
2 Boulé-Tor
3 Agrippa-Monument
4 Propyläen
5 Pinakothek
6 Tempel der Athene Nike
7 Heiligtum der Artemis Brauronia
8 Chalkotheke
9 Parthenon
10 Tempel von Roma und Augustus
11 Erechtheion
12 Odeion des Herodes Attikus
13 Stoa Eumenes' II.
14 Dionysos-Theater
15 Heiligtum des Dionysos
16 Odeion des Perikles

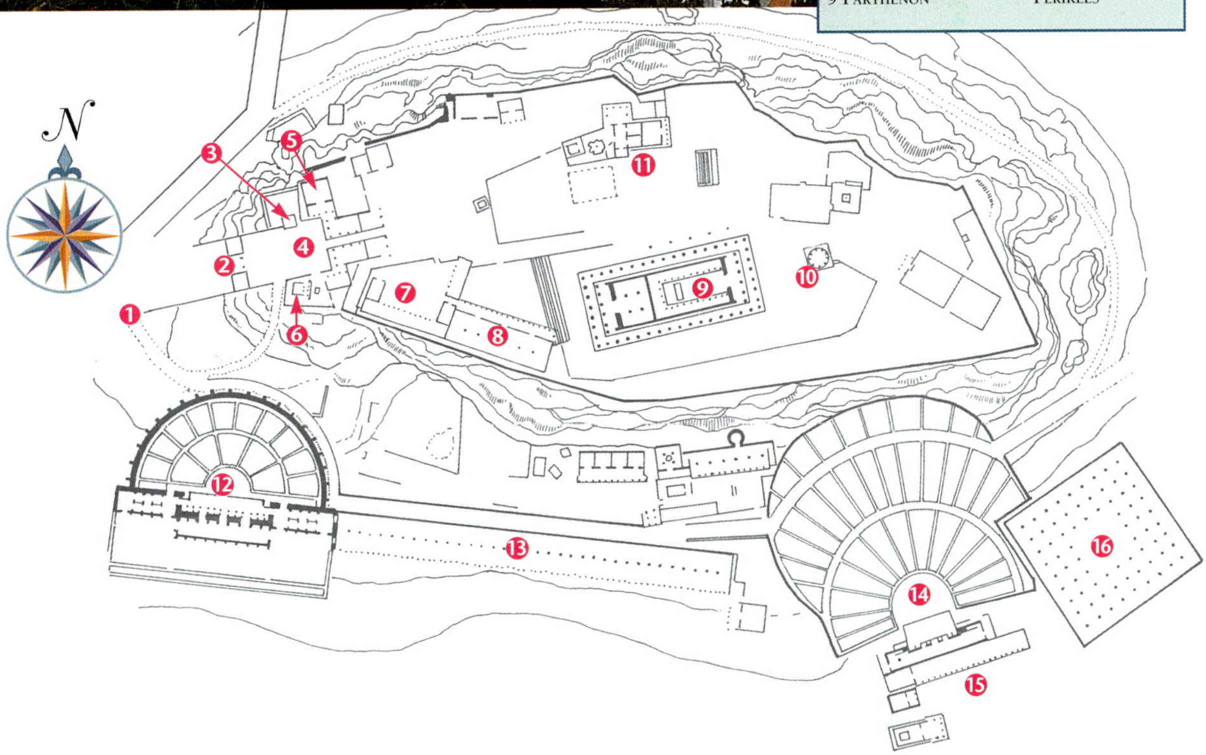

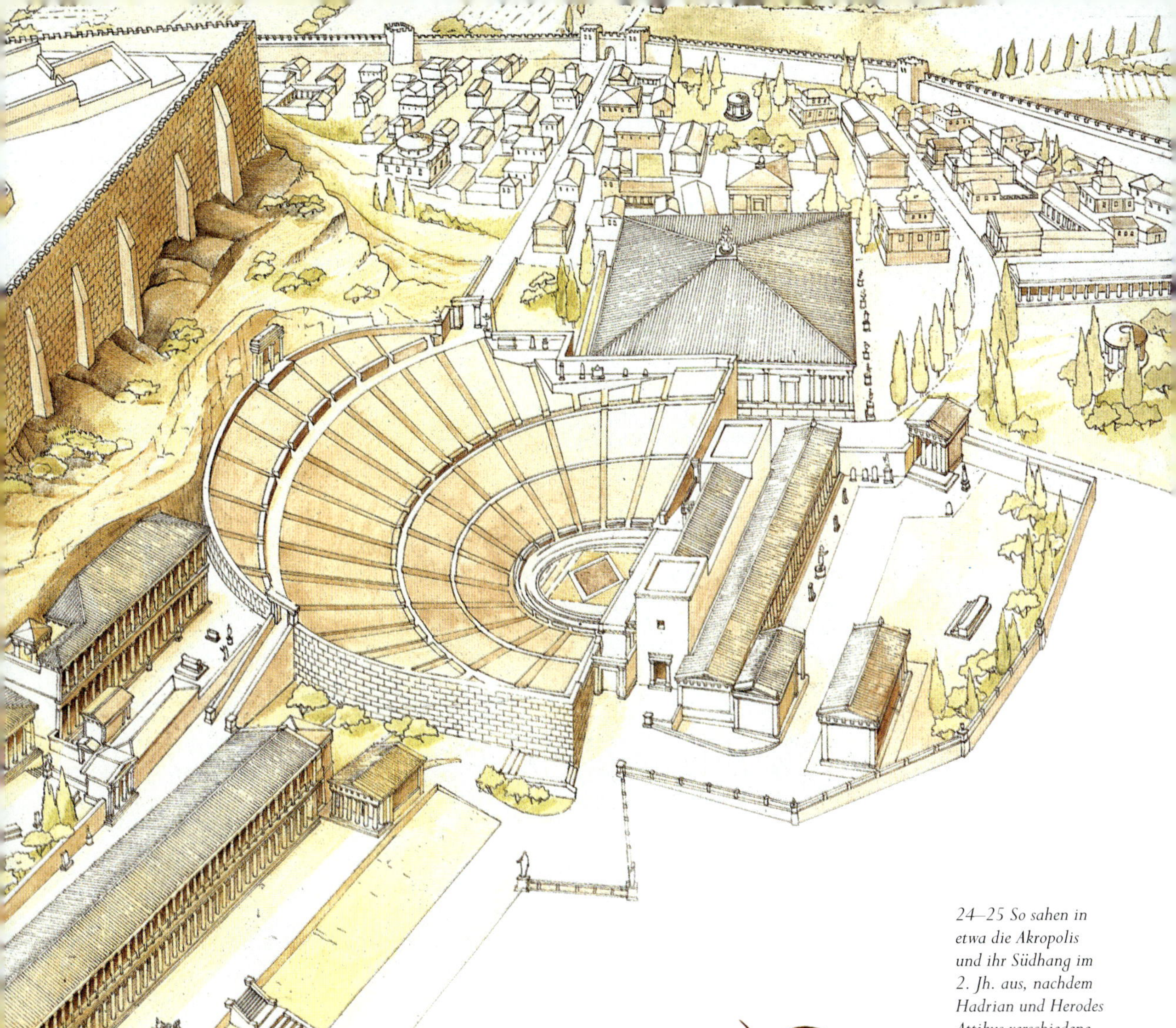

24–25 So sahen in etwa die Akropolis und ihr Südhang im 2. Jh. aus, nachdem Hadrian und Herodes Attikus verschiedene architektonische und künstlerische Veränderungen vorgenommen hatten.

Die Akropolis ist der erste Haltepunkt auf der Tour durch Athen. Auf dem felsigen Hügel stand früher ein mykenischer Palast, umgeben von kyklopischen Mauern. Heute findet man hier die Überreste des größten monumentalen und künstlerischen Komplexes der Welt. Ein Meisterwerk aus der Zeit des Perikles. Der Hügel, der mit Marmormauern in isodomischer Bauweise befestigt ist (5. Jh. v. Chr.), kann von Westen her über den Heiligen Weg (1) bestiegen werden, den auch die Prozession bei den Panathenäen nahm. Die gewundene alte Straße, die einen herrlichen Blick auf die Propyläen (Eingangsgebäude) bietet, wird am Boulé-Tor (2) unterbrochen, das einst zu den Stadtmauern gehörte, die 267 nach dem Einfall der Heruler errichtet worden waren. Von diesem Punkt an wurde die Straße nachträglich begradigt, sodass die steilen Treppen, auf einer Achse mit den Propyläen, den Effekt des monumentalen Eingangs zu Athens Heiligtum noch stärker akzentuierten.

Zur Linken steht das große Fundament des Agrippa-Monuments (3), eines Admirals und Schwiegersohns von Kaiser Augustus. Die Propyläen (4) wurden zwischen

26 *Das Boulé-Tor in der Schutzmauer. Diese Mauer sollte die Akropolis vor dem Eindringen der Heruler 267 bewahren. 1852 wurde sie von einem französischen Architekten freigelegt.*

437 und 432 v. Chr. von Mnesikles entworfen und stehen an der Stelle eines alten und bescheideneren Eingangsgebäudes.

Die Propyläen sind sehr gut erhalten, mit einem Stylobat aus blauem eleusinischen Marmor und einem Aufbau aus pentelischem Marmor. Entwurf und Konstruktion zeigen eine proportionale und ästhetische Harmonie mit dem Tempel der Göttin Athene. Die Propyläen wurden auf einem

keilförmigen Felsens errichtet, dessen Schroffheit geschickt kaschiert wurde, sodass ihre Funktion durch diese erhabene Position betont wird. Der Entwurf zeugt von Mnesikles' architektonischem Genius. Ein dorischer Hexastylos öffnete sich zu einer langen Eingangspassage, die dreimal von zwei Reihen schlanker ionischer Säulen unterbrochen wurde. Die Rückwand hatte fünf Türen und fünf Treppen und in der Mitte einen Weg für Fahrzeuge.

Kunstvolle Malereien schufen den Eindruck eines Kassettengewölbes. Auf der Ostseite öffnete sich ein weiterer Hexastylos, symmetrisch zum ersten, zu einer riesigen Bronzestatue der Athene Promachos, Athene als Kriegerin, von Phidias und oben rechts zu einem Blick auf den Parthenon. Das Gebäude besitzt zwei Seitenflügel mit Säulengängen. Der Südflügel diente nur als Zierde, obwohl er mit der südwestlichen Bastion *(pyrgos)* verbunden war. Der Nordflügel war als Bankettsaal entworfen worden, wurde jedoch später in eine Pinakothek (5) umgewandelt, in der Votivgemälde für die Göttin gelagert wurden. Man kann nur versuchen, sich vorzustellen, wie es aussah, wenn die unglaublichen Mengen an Kunstwerken, die Athene geweiht waren, für die antiken Besucher in einer Reihe von den Propyläen bis zu dem offenen Bereich davor ausgestellt waren. Weitere Kunstwerke begruben die Athener im so genannten persischen Schutt, als sie die Akropolis nach deren Plünderung und Entweihung im Jahr 480 v. Chr. reinigten. Am südwestlichen *pyrgos* steht der kleine ionische Tempel der Athene Nike (6), Athene als Siegesgöttin. Er wurde zwischen 460 und 450 v. Chr. von Kallikrates, dem Architekten des Parthenons, entworfen, um den Sieg über die Perser zu verherrlichen. Das Bauwerk wurde 449 v. Chr. begonnen, aber erst 425 oder 421 v. Chr. fertig gestellt. Der Tempel aus pentelischem Marmor beherbergte eine Kultstatue, die Athene als flügellose Siegerin oder Nike Aptera darstellte, in der Hoffnung, der Sieg würde so nie aus Athen fliegen. Das Bauwerk erinnerte auch an die Athener, die in der ersten Phase des Peloponnesischen Krieges gefallen waren. Der Tempel soll mithilfe der Anastylose, der vollständigen Demontage des Bauwerks, wieder aufgebaut werden. Das Gebäude zeigt trotz des Verlustes von Giebel, Akroterien (Giebelverzierungen) und Teilen des ionischen Frieses proportionale Ausgewogenheit. Die Schönheit und Anmut dieses Heiligtums drückt sich auch in den kunstvoll gearbeiteten Säulen und den Überresten des Frieses aus, der aus den Werkstät-

ten des Agorakritos stammt. Er stellt auf der Vorderseite die Versammlung der olympischen Götter dar und auf der Nord- und Südseite Kriegsszenen zwischen Griechen und Persern. Weitere Kampfszenen zwischen Athenern und mit den Persern verbündeten Griechen zieren die Westseite. Das kleine Temenos (innerstes Heiligtum) ist von einer marmornen Schutzwand umgeben, welche die Gläubigen abschirmte. Diese Wand ist mit Reliefs verziert, die eine Prozession des personifizierten Sieges darstellt, der sich Athene Nike nähert, während die Göttin ein Opfer beobachtet.

Östlich vom *pyrgos* stehen die Fundamente des Heiligtums der Artemis Brauronia (7) und der *Chalkotheke* (8), einem Raum für die Bronzestatuen, die der Göttin dargebracht wurden (um 450 v. Chr.). Ein trapezförmiger Platz, der sich an der diagonalen Achse zwischen Parthenon und Propyläen orientierte, befand sich vor den Treppen, die zur Westseite des Tempels

27 oben Der kleine ionische Tempel der Athene Nike wirkt sehr elegant. Er wurde in der ersten Phase des Peloponnesischen Krieges nach einem Entwurf des Kallikrates erbaut, einem der Architekten des Parthenons.

27 unten Die Ostseite der Propyläen ist wesentlich besser erhalten als die Westseite. Mnesikles entwarf diesen Ehrfurcht einflößenden Zugang zur Akropolis mit klaren, auf das Wesentliche beschränkten Proportionen.

26–27 Die steile Treppenflucht, die zum Eingang der Akropolis führt, wird im Westen von den Propyläen und von der nahe gelegenen Pinakothek dominiert. Es handelt sich dabei um eine Arbeit des athenischen Architekten Mnesikles (437–433 v. Chr.).

der Athene Parthenos führten. Dieser Platz war, so berichtet Pausanias in seinem „Führer durch Griechenland" (2. Jh.), von herrlichen Kunstwerken gesäumt.

Der Parthenon (9), das größte Meisterwerk der griechischen Architektur, bestand aus pentelischem (Gebäude) und parischem (Skulpturen) Marmor und wurde an der Stelle eines älteren Tempels errichtet, des *Hekatompedon*. Ein erster Versuch des Wiederaufbaus wurde abgebrochen, als die Perser die Akropolis plünderten. Einige Wissenschaftler glauben, dass noch ein zweites Projekt unter Kimon dem perikleischen Bauwerk voranging, das die politische, bürgerliche und religiöse Identität Athens symbolisierte. Zwischen 448 und 438 v. Chr. von den Architekten Kallikrates und Iktinos erbaut steht der Parthenon noch heute in all seiner Pracht, trotz seiner bewegten Vergangenheit. Nach dem Edikt von Theodosius I. war er von den Christen geplündert worden, im 6. Jh. hatte man ihn in eine Kirche umgewandelt, im 15. Jh. in eine Moschee und im 17. Jh. in ein Munitionslager. Allerdings entzündete eine Kanonenkugel das darin gelagerte Schießpulver und die darauf folgende Explosion jagte die Südseite des Gebäudes in die Luft. Der britische Kunsthändler Lord Bruce of Elgin raubte dem Parthenon seine letzten Skulpturen und verkaufte sie an das Britische Museum in London. Der Parthenon ist ein imposanter (ca. 70 x 31 m) dorischer Peripteros (Tempel mit umlaufendem Säulengang) mit acht Säulen an der Frontseite (Oktastylos). Seine Bauweise und die dekorativen Elemente basieren auf ausgeklügelten mathematischen Berechnungen. Die Architekten erreichten ihr Ziel, Harmonie als Essenz für absolute Schönheit einzusetzen, in jeder Hinsicht. Kallikrates und Iktinos verwendeten stets die konstante Maßeinheit von 10 attischen Fuß (19,24 cm). Sie nutzten das proportionale Verhältnis von 4 : 9 zwischen Länge

28 oben Die Proportionen und die kompositorische Harmonie des Peristyls am Parthenon sind noch immer gut zu erkennen.

28 unten Eine der besterhaltenen Metopen, die den Kampf zwischen Griechen und Zentauren darstellen, befindet sich an der Südseite des Parthenons.

28–29 Das Chiaroscuro der dorischen Kolonnade des Parthenons ergibt sich aus dem geschickten Einsatz von Proportionen und optischen Korrekturen.

29 oben Diese Nahaufnahme zeigt die Nordwestseite des Parthenons, an der noch Teile der Originalskulpturen von Phidias erhalten sind.

und Breite und zwischen Höhe und Breite. Dasselbe Verhältnis besteht auch zwischen dem Basisdurchmesser der Säulen und dem Zwischenraum zwischen den Säulen. Die Architekten mischten die Linien der strengen dorischen Ordnung mit der Anmut der ionischen. Das Peristyl (8 x 17 Säulen) umgibt eine Cella (das Tempelinnere), die in zwei nicht miteinander verbundene Bereiche geteilt ist, die sich wiederum in einen Pronaos (Vorhalle) und einen Opisthodomos (rückwärtiger Raum) öffnen. Im größeren Teil der Cella (im Osten) umgab eine doppelte Reihe dorischer Säulen von drei Seiten das Marmorpodest, auf dem früher die 12 m hohe chryselephantine Statue der Athene Parthenos stand, ein Meisterwerk des Phidias (438 v. Chr.) Die kleinere Cella (im Westen) war der eigentliche Parthenon oder „die Halle der Jungfrauen". Vielleicht hieß sie deshalb so, weil athenische Jungfrauen hier der Göttin dienten. Diese Cella wird von vier ionischen Säulen geschmückt.

29 unten Diese römische Kopie, bekannt als Athena del Varvakion, ist nur eine farblose Imitation der Statue der Athene Parthenos, die Phidias für die Cella des Tempels schuf.

30 Dieser eindrucksvolle Pferdekopf vom Ostgiebel des Parthenons stammt von der Mondquadriga, die die Geburt der Athene verkündete (London, Britisches Museum).

30–31 oben Diese figürliche Darstellung der Flüsse Ilyssos und Kephisos in Attika stammt vom Westgiebel des Parthenons und ist ebenfalls ein Werk des Phidias.

30–31 unten Die Skulpturengruppe vom Ostgiebel des Parthenons stellt die Göttinnen Hestia, Dione und Aphrodite dar und zeigt besonders schön die für Phidias typische Technik der Gewanddrapierung (London, Britisches Museum).

Die Dekoration des Tempels (438–432 v. Chr.) wurde von Phidias entworfen und teilweise ausgeführt. Dazu zählten unter anderem die floralen Akroterien, die Giebel, der dorische Fries am Peristyl und der ionische Fries an den äußeren Wänden der Cella. Der östliche Giebel stellt die Geburt der Athene aus dem Kopf des Zeus dar, wobei die anderen Götter zusehen. Am Westgiebel ist der mythische Disput zwischen Athene und Poseidon über den Besitz Attikas zur Zeit des Königs Kekrops zu sehen. Die 92 Metopen des dorischen Frieses zeigen vier Versionen des Kampfes zwischen Gut und Böse, Recht und Unrecht, Zivilisation und Barbarentum unter Verwendung der üblichen epischen und

mythologischen Metaphern. Der Fries auf der Ostseite stellt eine Schlacht zwischen Göttern und Riesen dar, der im Süden eine Schlacht zwischen Menschen und Zentauren sowie andere attische Mythen. Der Fries im Westen zeigt eine Schlacht zwischen Amazonen und der im Norden die Zerstörung Trojas. Der ionische Fries der Cella, eine Neuerung in der griechischen Kunst, zeigt verschiedene Phasen (Sportwettkämpfe und Paraden) der Panathenäen zu Ehren Athenes, ein Symbol des Bundes zwischen den Einwohnern Athens und der Göttin.

31 Diese Hydrienträger in der panathenischen Bürgerprozession stammen von der Nordseite des ionischen Frieses an der Cella des Parthenons (Athen, Akropolismuseum).

In einer Linie mit der Ostseite des Tempels liegen die Überreste eines kleinen Rundtempels ohne Cella (10), der der Göttin Roma (der Patronin von Rom) und Kaiser Augustus geweiht war.

Das letzte Bauwerk auf dem Rundgang durch die Akropolis ist das Erechtheion (11), wie man den Tempel der Athene Polias (Patronin der Stadt) jahrhundertelang nannte. Erechtheus war sowohl der Name eines Königs aus der attischen Mythologie als auch einer der Namen von Poseidon („der Schüttler"). Der Tempel entstand zwischen 421 und 407 oder 405 v. Chr. und ersetzte den alten Tempel der Schutzgöttin (6. Jh. v. Chr.). Das Erechtheion wurde von Mnesikles nach einem ungewöhnlichen Plan entworfen, weil die Bedürfnisse verschiedener Kulte erfüllt werden sollten, von denen einige in älteste Zeiten zurückdatierten. Mit seinen eleganten ionischen Merkmalen (Säulen mit Echinus und Voluten sowie wunderbar erhaltene Kassettendecken) zählt das Erechtheion zu den schönsten Tempeln der klassischen Antike. Durch den östlichen Pronaos mit seinen sechs Säulen erreichte man eine der zwei Cellae, die andere war über die nördliche Vorhalle zugänglich. Der jeweilige genaue Bereich der vielen Kulte in diesen Cellae ist nicht bekannt. Die hölzerne Kultstatue der Athene

32 oben links Blick auf den nördlichen Bereich der Akropolis: Das marmorne Erechtheion (5. Jh. v. Chr.), das Poseidon und Athene Polias geweiht war, steht unmittelbar neben den wenigen erhaltenen Überresten des archaischen Tempels.

Polias, die Altäre von Poseidon Erechtheus, Zeus, Hypatos und Hephaistos sowie die Gräber von Erechtheus und Kekrops, um nur ein paar der wichtigsten zu nennen, müssen alle hier untergebracht gewesen sein. Ein Loch im Dach der nördlichen Vorhalle markiert die Stelle, an der Erechtheus durch einen Blitz des Zeus getötet wurde. Um das gesamte Gebäude verlief ein ionischer Fries mit einem Hintergrund aus blauem eleusinischem Marmor sowie eindrucksvollen Reliefdarstellungen von attischen Mythen aus pentelischem Marmor. Ein weiter eingegrenzter Bereich, das *Pandroseion*, zu Ehren einer attischen Heldin im Westen des Erechtheions erbaut, beschützte den heiligen Olivenbaum, den Athene nach ihrem Sieg über Poseidon den Athenern schenkte. Bemerkenswert sind auch die Karyatiden (weibliche Gewandstatuen anstelle von Säulen) an der so genannten Korenhalle des Erechtheions, die das Grab des Kekrops beherbergte. Die sechs Frauenfiguren in ionischen Gewändern sind nur Kopien. Ein Original wird im Britischen Museum aufbewahrt, die anderen befinden sich im Akropolismuseum, das auch eine außergewöhnliche Sammlung von Kunstobjekten besitzt: Giebelstatuen, Koroi und andere Votivgaben sowie Meisterwerken des Phidias und seiner

32 unten links Die sechs ionischen Säulen an der Frontseite des Pronaos des Erechtheions, das erst kürzlich aus Originalmaterialien wieder aufgebaut wurde, weisen Kapitelle mit eleganten Voluten und einem kunstvollen Band aus Palmblättern und Ovalen auf.

32 rechts Laut Vitruvius repräsentierten die Karyatiden die edlen Damen von Karyes in Arkadien, die dazu gezwungen wurden, elegante Kleider zu tragen, nachdem sie versklavt worden waren, weil ihre Stadt die feindlichen Perser unterstützt hatte.

32–33 Die elegante ionische Semi-Kolonnade auf der Westseite des Erechtheions zeigt die architektonische Komplexität des Gebäudes, das von Pausanias als „Doppelbau" definiert wurde.

Schüler, vor allem von Gebäuden der Akropolis.

Wenn man die Akropolis auf dem Heiligen Weg verlässt und den Peripatos nimmt, den Pfad, der um die Akropolis verläuft, lohnt es sich, eine Pause einzulegen. Der erste Halt führt zum Odeion des Herodes Attikus (12), einem Theaterkomplex, den der reiche Herodes im Jahr 161 zum Andenken an seine Frau Annia Regilla erbauen ließ. In früheren Zeiten besaß das Odeion ein Dach aus libanesischem Zedernholz, der teuersten Holzart der Antike. Das halbrunde Bauwerk hat einen Durchmesser von 86 m und befindet sich in exzellentem Zustand. Es ist mit Marmor verkleidet und durch einen Treppenaufgang in zwei Bereiche unterteilt. Orchester- und Bühnenbereich mit dem Marmorfußboden und der dreistöckigen römischen Skene sind ebenfalls sehr gut erhalten. Die wenig eindrucksvollen Überreste der langen Stoa (Säulenhalle) Eumenes' II. (13) bilden eine 163 m lange Kolonnade, die zum berühmtesten Theater der Antike führt, dem Dionysos-Theater (14). Die Stoa war vermutlich im 2. Jh. v. Chr. erbaut worden, um den Zuschauern bei schlechtem Wetter Schutz zu bieten. Das Theater selbst stammt aus dem 5. Jh. v. Chr. und war Schauplatz der Großen Dionysien, die zu Ehren der Gottheit in dem Heiligtum (15) vor dem Theater abgehalten wurden. Die heutigen Ruinen gehen auf 330 v. Chr., das Jahr seines Wiederaufbaus, zurück sowie auf während der Griechischen und der Römischen Zeit vorgenommene Verbesserungen.

Im Gegensatz dazu ist heute nur noch wenig zu sehen vom Odeion des Perikles (16) aus dem Jahr 445 v. Chr., einer über 4000 m² großen Konzerthalle. Sie ähnelte dem Telesterion in Eleusis, das 86 v. Chr. von Silla zerstört, kurz danach jedoch wieder aufgebaut wurde.

34 oben Die grünen und archäologisch sehr interessanten Hügel Pnyka, Mouseion und Philopappos grüßen von fern das Odeion des Herodes Attikus am Fuße der Akropolis.

34 unten links Die Ruinen der Stoa Eumenes' II., die als Materiallieferant für die Mauern des Valerian dienten (350–360), überlassen das Bestimmen von Größe und Schönheit des Originalbauwerks der Fantasie des Betrachters.

34 unten rechts Die dionysischen Reliefs, die das marmorne Proszenium des Theaters zierten, entstanden unter Kaiser Hadrian in dem für diese Zeit typischen klassischen Stil.

34–35 Das Theater des Dionysos Eleuthereos stammt aus der Zeit um 330 v. Chr. Seine architektonischen Merkmale galten schon bald als Standard für alle Theatergebäude.

35 unten links Der bärtige Silen, eine mythologische Figur aus dem dionysischen Gefolge, nimmt seine Rolle als Stütze im Proszenium offenbar sehr ernst. Die Arbeit stammt aus der ersten Hälfte des 2. Jh.

35 unten rechts Jedes Dekor in dem Theater, das Dionysos geweiht war, erinnert an dessen Rolle als Schutzgottheit. Dieses Relief ist ein weiteres Beispiel aus der Zeit Hadrians und stammt aus dem Proszenium.

36 oben Die ersten Olympischen Spiele der Neuzeit fanden in einer genauen Rekonstruktion des Stadions des Herodes Attikus (140–144) statt, das über dem Stadion des Lykurg (330 v. Chr.) für die Panathenäen errichtet worden war.

36–37 Der Tempel des Zeus Olympios wurde erst im 2. Jh. fertig gestellt. Er gilt als eines der letzten Beispiele für den architektonischen Gigantismus der Klassik und war eindeutig von osthellenistischen Modellen inspiriert.

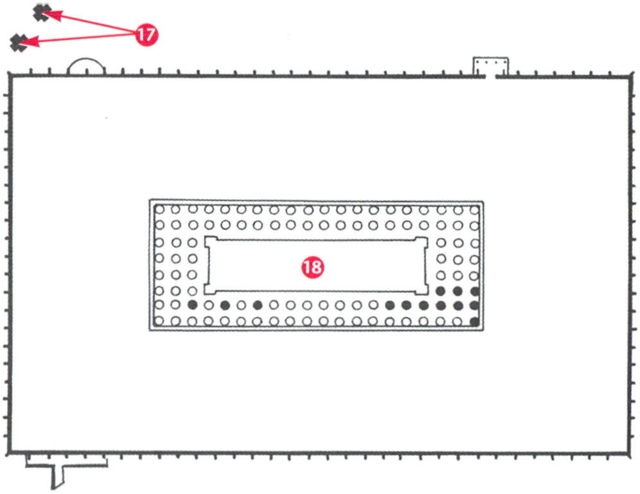

DAS OLYMPIEION

17 HADRIANSBOGEN
18 TEMPEL DES ZEUS OLYMPIOS

36 unten Dieses Monument, heute im Herzen der Plaka, sollte an den reichen Lysikrates erinnern, der 335 v. Chr. die Dionysien finanzierte.

37 oben Die Fragmente der kolossalen Kapitelle des Olympieions liegen rund um den Tempel verstreut. Das heilige Innere des Tempels war ursprünglich mit Dutzenden von Kunstwerken aus griechischen Städten geschmückt.

37 unten Ein ungewöhnlicher Anblick der Süd- und Ostseite der Akropolis. Im Vordergrund steht der Hadriansbogen, die symbolische Grenze zwischen der historischen Stadt und der Stadt, die unter Hadrian erblühte.

Design und schuf den größten korinthischen Tempel der Antike (110 x 44 m).

Nur noch die etwa 15 Säulen der Süd- und der Ostseite des Tempels erinnern heute an den Wald aus Säulen, der hier einst stand, aber selbst diese wenigen Exemplare vermitteln einen Eindruck von der Größe und Eleganz des Gebäudes, in dem Hadrian den imperialen Kult mit dem des Zeus verbinden wollte, und daher im Tempel eine Statue des Göttervaters aus Gold und Elfenbein aufstellen ließ.

Der Tempel liegt im Herzen der *Neapolis,* der „neuen Stadt", in der sich mehrere religiöse Monumentalbauwerke und prunkvolle Residenzen befunden haben. An dieser Stelle sollte man einen Abstecher zum Stadion des Herodes Attikus aus den Jahren 140–144 machen, das 1896 anlässlich der ersten Olympischen Spiele der Neuzeit originalgetreu auf dem Ardit-

Entlang der Dionisiou-Areopaghitou-Straße im Südosten der Akropolis liegt das archäologische Gebiet des Olympieions. Es beginnt am großen zweistöckigen Hadriansbogen (17), der die Grenze zwischen der historischen „Stadt des Theseus" und der „Stadt des Hadrian" symbolisieren sollte, wie die Inschrift über dem Tonnengewölbe besagt. Zwischen 125 und 138 erfuhr Athen einer Reihe städteplanerischer Reformen und Verschönerungen. So wurde im Jahr 132 eines der ältesten religiösen Bauwerke, der Kolossaltempel des Zeus Olympios (18), fertig gestellt und eingeweiht. Von diesem Bauwerk stehen noch heute Teile in dem breiten Temenos, das durch eine frontseitig mit sechs Säulen (Hexastylos) ausgestattete Eingangshalle betreten werden konnte. Obwohl der Tempel bereits im 6. Jh. v. Chr. in seinen Proportionen grandios war, wurde er einige Dekaden später von den Peisistratiden neu angelegt, die sich für ein makrotektonisches Bauwerk nach asiatischen Richtlinien entschieden hatten, um die Überlegenheit ihrer östlich orientierten Weltanschauung zu betonen. Antiochos IV. von Syrien ließ den Tempel ebenfalls umändern und beauftragte damit den römischen Architekten Marcus Cossutius (175–164 v. Chr.). Danach verfeinerte ein unbekannter Architekt das toshügel nachgebaut wurde. Der Komplex aus pentelischem Marmor fasste einst 50 000 Zuschauer.

An der Ostseite der Akropolis findet man am Rand der Plaka das Monument des Lysikrates (G) aus dem Jahr 335 v. Chr., ein elegantes, pseudomonopterales, korinthisches Bauwerk auf einer hohen Säulenplatte mit Mauern und Verzierungen aus pentelischem und hymettischem Marmor sowie Reliefs mit Dionysosmotiven, darunter auch die berühmte Sage der Verwandlung von Piraten in Delphine.

Die engen Straßen der Plaka führen zum Ausgrabungsort der römischen Agora (Marktplatz), der man sich von der Mar-

38 oben links Blick auf die römische Agora von Osten: Zwischen türkischen und byzantinischen Überresten stehen die Überreste der eleganten inneren Kolonnaden. Im Hintergrund die westlichen Propyläen.

38 unten links Schon in der Antike lag die Agora etwas tiefer als die sie umgebenden Straßen (hier der Blick von der Ostseite). Ihr Fundament aus poros *war mit pentelischem und hymettischem Marmor gepflastert.*

38 oben rechts. Die spärlichen Überreste der monumentalen Hadriansbibliothek, reichen nicht aus, um sich eine exakte Vorstellung von ihrem Design und ihrer reichen Dekoration zu machen zu können.

kou-Avriliou-Straße nähert. Unter anderem wurde hier eine große (ca. 170 m²) öffentliche Latrine für die Besucher des nahe gelegenen Marktplatzes freigelegt. Zu diesem Gebäude gehört eine große Halle mit Marmorfußboden und einem zentralen Atrium, das Licht und Luft hereinließ. An den Wänden befanden sich marmorne Sitze sowie eine Abflussrinne.

Der Turm der Winde, ein Schmuckstück späthellenistischer Architektur, ist ein achteckiges Bauwerk mit zwei Eingangshallen, eine im Nordwesten, die andere im Nordosten. Der Turm wurde im 1. Jh. v. Chr. von Andronikos von Kyrrha erbaut und diente als hydraulische Uhr sowie als Windanzeiger. In seinem Inneren befand sich ein Mechanismus, der die Stunden anzeigte, indem er die Höhe des Wassers maß, das von einem kleinen Tank herabtropfte. Eine bronzene Wetterfahne auf dem achteckigen Dach des Gebäudes zeigte die Richtung an, aus der der Wind wehte. Die Reliefs unterhalb des Daches stellen die kalten Winde in Form von bekleideten und die warmen Winde als halb nackte Figuren dar.

Vor den kläglichen Überresten des *Agoranomions,* einer Art Marktaufseherbüro, stehen die drei dorischen Säulen der Propyläen (ähnlich wie das beeindruckende Eingangstor im Westen), die sich zur römischen Agora mit ihren Säulengängen öffnen. Im Westen, Norden und Osten des Platzes reihten sich auf einer Fläche von 9500 m² Geschäfte aneinander. Die kostbaren Marmorarbeiten und -bauwerke waren Teil des Verschönerungsprogramms von Kaiser Hadrian.

Die Hadriansbibliothek aus dem Jahr 132 befindet sich nördlich der römischen

39 unten links Die westlichen Propyläen der römischen Agora bestehen aus pentelischem Marmor, verziert mit einem klassischen Fries aus Metopen und Triglyphen.

39 unten rechts Die Personifizierung des Libeccio-Windes an der Südwestseite des „Turms der Winde" wirkt trotz ihres etwas unnahbaren klassischen Stils, den der unbekannte neoattische Künstler wählte, sehr anmutig.

38–39 Der Turm der Winde, der im 1. Jh. v. Chr. eine astronomische Uhr beherbergte und die Windrichtung anzeigte, diente unter den Türken als Koranschule. Er hebt sich von den Ruinen der Portikus in der großen römischen Agora ab.

Agora und ist, wie der Name bereits andeutet, ein weiterer Komplex aus der Zeit Hadrians. Sie befindet sich genau im Mittelpunkt der „Stadt des Theseus". Ihre herrliche korinthische Fassade, der dreisäulige Propyläen vorgebaut waren, zeigt zum Areosweg. Wenn man heute die Ruinen besucht, kann man sich kaum vorstellen, mit welch marmorner Pracht dieses große forumähnliche Gebäude verziert war, das mit seinen vier Portiken an den Templus Pacis erinnert, der unter Kaiser Flavius in Rom erbaut wurde. Der Hof mit einem langen *natatio* (Bassin) in der Mitte war von 100 Säulen umgeben. Östlich davon, in der Mitte, befand sich die Bibliothekshalle mit Nischen, in denen Papyrusrollen und Pergamente aufbewahrt wurden. In den mittleren Nischen

standen allerdings vermutlich Statuen von Gottheiten und Kaisern. Die seitlichen Räume waren für philosophische Diskussionen, Rhetorikunterricht und Studien gedacht.

Gegenüber vom Monastirakiou-Platz führt die *Ermou,* eine große Einkaufsstraße, zum Ausgrabungsort des Kerameikos, des größten Begräbnisplatzes der antiken Stadt. Dieser Friedhof liegt außerhalb des berühmten Dipylonen („Doppeltor") der Mauer des Themistokles, wo sich einst das Töpferviertel *(Kerameis)* befand. Er war vom 12. Jh. v. Chr. bis in die römische Kaiserzeit in Gebrauch.

Die archaische, klassische und hellenistische Agora an der Nordseite des Areopagus war der Sitz des Gerichtshofs. Im Westen des Eingangs zum *Thissio* (19), allerdings etwas höher, befindet sich das *Kolonos Agoreos,* ein alter Versammlungsort für Tagelöhner auf der Suche nach Arbeit, mit zahlreichen Kupfer- und Bronzewerkstätten. Hier steht auch – relativ intakt, da er in eine christliche Kirche umgewandelt worden war – der dorische Tempel des Hephaistos (mit Hexastylos), allgemein bekannt als Theseion (20). Er wurde, vielleicht unter Kimon, in der ersten Hälfte des 5. Jh. v. Chr. entworfen, aber zur selben Zeit wie der Parthenon erbaut. Der Tempel besteht aus pentelischem Marmor, ist 32 x 14 m groß und verfügt über ein Peristyl von 6 x 13 Säulen. Grundriss und Bauweise stellen eine Kombination aus frühklassischer Architektur und Elementen des Parthenons dar. Während beispielsweise Pronaos und Opisthodomos sehr tief sind, ähnelt die Cella der des Parthenons. Vom Giebel und den Akroterien, die im Allgemeinen Alkamenes zugeschrieben werden, sind nur wenige Fragmente erhalten.

40–41 Die Ruinen des römischen Odeions, von Agrippa erbaut, und der Altar des Zeus Agoraios können vom Fuß des Tempels des Hephaistos an der Westseite der Agora überblickt werden.

40 unten links Dieses Fragment einer männlichen Statue aus dem Gebiet des Odeions des Agrippa an der Westseite der Agora ist klassizistisch geprägt.

40 unten rechts Die Stoa Attalos' II. wurde von 1953 bis 1956 wieder aufgebaut und zeigt hellenistische Architektur in ihrer ganzen Pracht. In diesem Gebäude befindet sich heute das Agoramuseum.

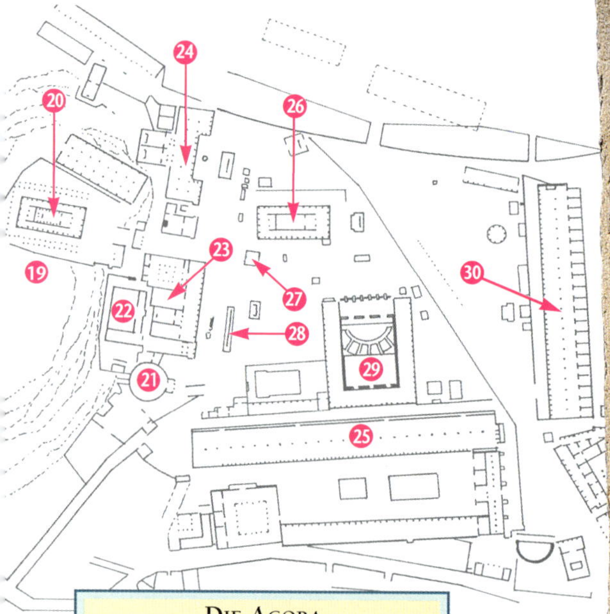

DIE AGORA

19 Eingang zum Thissio
20 Tempel des Hephaistos (Theseion)
21 Tholos
22 Buleuterion
23 Metroon
24 Stoa des Zeus Eleutherios
25 Stoa
26 Arestempel
27 Sockel der Statue Hadrians
28 Sockel der Eponymen
29 Gymnasion und Odeion des Agrippa
30 Stoa Attalos' II.

41 oben rechts Einige Gelehrte glauben, dass der Tempel des Hephaistos (440 v. Chr.) ein Entwurf desselben Architekten ist, der den Parthenon plante.

41 unten Der Name des Hügels Philopappos stammt von den Ruinen im Vordergrund. Einst stand hier das Grabmal des Konsuls Gajus Julius Antiochos Philopappos, eines Wohltäters Athens.

Die 18 Metopen an der Ostseite und an den Enden der langen benachbarten Seiten sowie die übrige skulpturale Dekoration sind aus parischem Marmor. Sie stellen die Heldentaten des Herakles und des Theseus dar und entsprechen dem Stil des Phidias ebenso wie der ionische Fries an Pronaos und Opisthodomos, der Theseus und einen Zentauren im Kampf zeigt.

Auf dem Weg, der vom Tempel aus nach Süden führt, liegen die Ruinen der Tholos (21), die als Sitz der 50 Prytanen der Stadt diente. Das runde Gebäude mit dem konischen Dach wurde 465 v. Chr. erbaut, jedoch in der Römerzeit umgestaltet. In der Nähe stehen die Überreste des Buleuterions (22), der Ratsversammlung von Athen, eine Art Halbrund innerhalb eines rechteckigen Bauwerks, aus dem 5. Jh. v. Chr. Davor liegt das *Metroon* (23) aus der Zeit der Umgestaltung durch den König von Pergamon im 2. Jh. v. Chr. Dieses Gebäude verfügt über eine lange Portikus, die sich in verschiedene Räume öffnete, darunter auch das Archiv des Stadtrates. Der Platz wird im Westen, Süden und Norden von den bescheidenen Überresten bekannter klassischer und hellenistischer Gebäude gesäumt, wie zum Beispiel von herrlichen Säulenhallen (24–25), vom Arestempel (26) sowie von Votiv- und Gedenkmonumenten (27–28), erbaut von den größten Künstlern der Antike. Erwähnenswert sind die Ruinen der bedeutendsten römischen Bauwerke in Athen, des Gymnasions und des Odeions des Agrippa (29). Das Odeion datiert aus dem Jahr 15 v. Chr. und ist mit dem Gymnasion verbunden, einer Philosophenschule aus dem 4. Jh.

Auf der Ostseite des Platzes steht die moderne Rekonstruktion (ausgeführt von der amerikanischen Archäologenschule von Athen) der großen Stoa (30), die Attalos II. von Pergamon im 2. Jh. v. Chr. hatte erbauen lassen. Heute ist darin das Agoramuseum mit seiner herausragenden Sammlung archaischer, klassischer und hellenistischer Artefakte untergebracht.

Man sollte nicht versäumen, den archäologischen Stätten der Hügel westlich der Akropolis einen Besuch abzustatten. Der Mouseion (Hügel der Musen) ist ebenso hoch wie die Akropolis und wird von der Kirche des Aghios Dimitrios Lombardiaris aus erklommen. Um 115 erbauten die Athener auf diesem Hügel (der auch einen herrlichen Blick auf die Stadt bietet) ein Grabmal für den Bürger und Wohltäter Gajus Julius Antiochos Philopappos, einen seleukidischen Gelehrten, der römischer Konsul war. Von dem ursprünglich quadratischen Gebäude aus pentelischem Marmor ist nur die konkave Fassade erhalten, die nach Nordosten zur Akropolis ausgerichtet ist. Die Reliefs im unteren Bereich stellen Philopappos auf dem vierspännigen Wagen des Konsuls dar, gefolgt von Beamten und einem Diener. Im oberen Bereich, abgetrennt durch korinthische Säulen, die Nischen flankieren und lateinische Epigramme tragen, ist die Statue des Philopappos (in der Mitte) in philosophischer Pose zu sehen, die von seinem Vater, König Antiochos IV. von Commagene (links) und seinem Vorfahren Seleukos I. Nikator, dem Gründer des Seleukidenreiches (rechts), eingerahmt wird.

Von der kleinen Kirche geht es weiter zur *Pnyka* (in der Antike *Pnyx*), die 1000 Jahre lang der Sitz der Ekklesia war, der Volksversammlung des demokratischen Athens. Der Ort birgt die Erinnerung an bedeutende historische Ereignisse. Hier zum Beispiel richteten die größten Politiker Athens, darunter Themistokles, Aristides, Kimon und Perikles, das Wort an ihre Zuhörer, die sich im Halbrund des Gebäudes zusammendrängten. Die Überreste des Bauwerks, stammen aus der Zeit des Wiederaufbaus bzw. des Umbaus, der in zwei Phasen durchgeführt wurde (404 und 330 v. Chr.). Die beiden Säulenhallen im Süden dienten vermutlich den Bürgern bei schlechtem Wetter als Schutz.

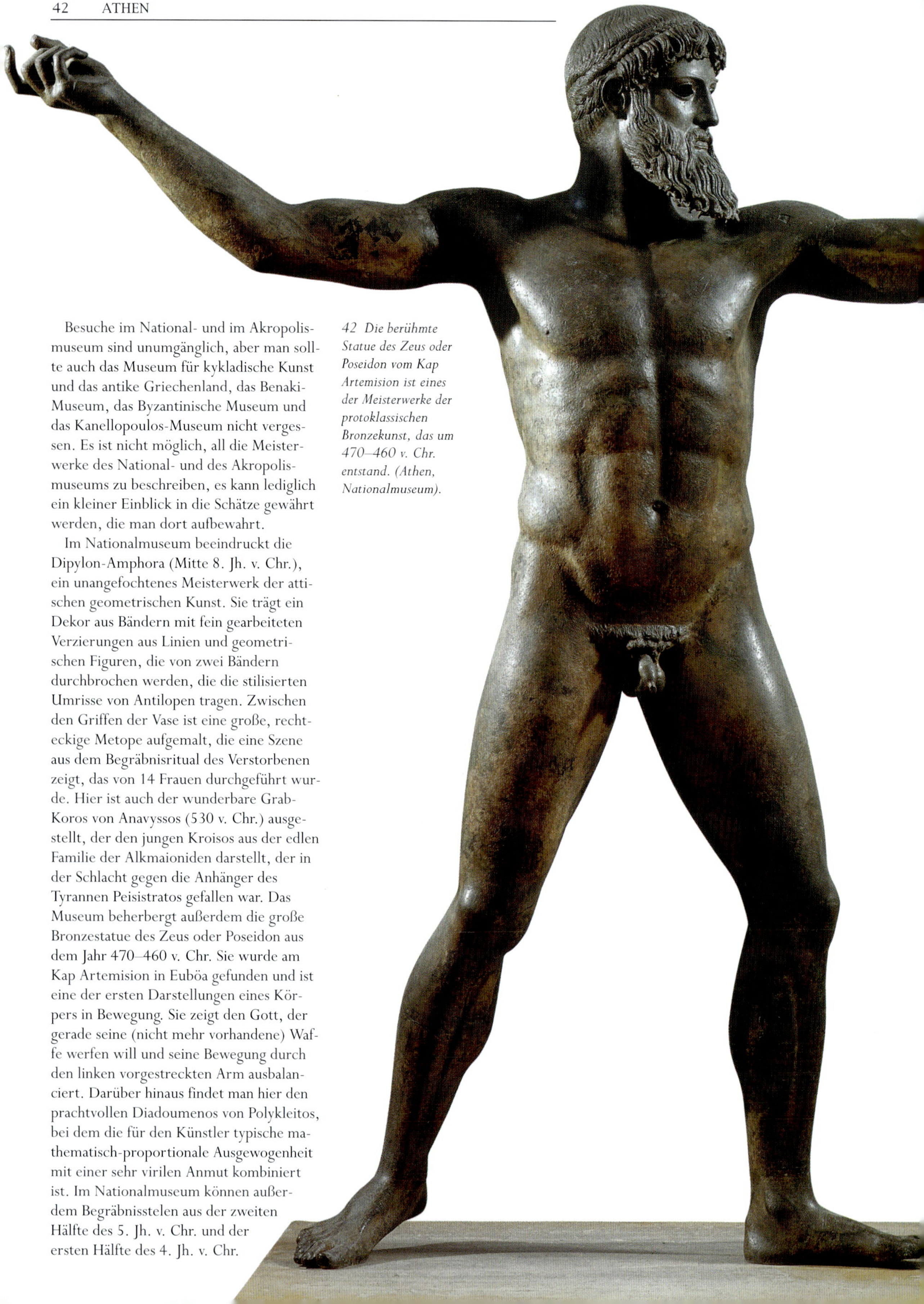

Besuche im National- und im Akropolismuseum sind unumgänglich, aber man sollte auch das Museum für kykladische Kunst und das antike Griechenland, das Benaki-Museum, das Byzantinische Museum und das Kanellopoulos-Museum nicht vergessen. Es ist nicht möglich, all die Meisterwerke des National- und des Akropolismuseums zu beschreiben, es kann lediglich ein kleiner Einblick in die Schätze gewährt werden, die man dort aufbewahrt.

Im Nationalmuseum beeindruckt die Dipylon-Amphora (Mitte 8. Jh. v. Chr.), ein unangefochtenes Meisterwerk der attischen geometrischen Kunst. Sie trägt ein Dekor aus Bändern mit fein gearbeiteten Verzierungen aus Linien und geometrischen Figuren, die von zwei Bändern durchbrochen werden, die die stilisierten Umrisse von Antilopen tragen. Zwischen den Griffen der Vase ist eine große, rechteckige Metope aufgemalt, die eine Szene aus dem Begräbnisritual des Verstorbenen zeigt, das von 14 Frauen durchgeführt wurde. Hier ist auch der wunderbare Grab-Koros von Anavyssos (530 v. Chr.) ausgestellt, der den jungen Kroisos aus der edlen Familie der Alkmaioniden darstellt, der in der Schlacht gegen die Anhänger des Tyrannen Peisistratos gefallen war. Das Museum beherbergt außerdem die große Bronzestatue des Zeus oder Poseidon aus dem Jahr 470–460 v. Chr. Sie wurde am Kap Artemision in Euböa gefunden und ist eine der ersten Darstellungen eines Körpers in Bewegung. Sie zeigt den Gott, der gerade seine (nicht mehr vorhandene) Waffe werfen will und seine Bewegung durch den linken vorgestreckten Arm ausbalanciert. Darüber hinaus findet man hier den prachtvollen Diadoumenos von Polykleitos, bei dem die für den Künstler typische mathematisch-proportionale Ausgewogenheit mit einer sehr virilen Anmut kombiniert ist. Im Nationalmuseum können außerdem Begräbnisstelen aus der zweiten Hälfte des 5. Jh. v. Chr. und der ersten Hälfte des 4. Jh. v. Chr.

42 Die berühmte Statue des Zeus oder Poseidon vom Kap Artemision ist eines der Meisterwerke der protoklassischen Bronzekunst, das um 470–460 v. Chr. entstand. (Athen, Nationalmuseum).

43 links Eine der ältesten Skulpturen, die man im „persischen Schutt“ entdeckte, ist der Moschophoros (570–560 v. Chr.). Die Statue stellt Rhombos dar, der ein Opferkalb auf den Schultern trägt (Athen, Akropolismuseum).

43 rechts Dieser anmutige attische Koros aus Anavyssos (um 530 v. Chr.) stellt den edlen Kroisos dar, ein Mitglied der Alkmaioniden-Familie. Er fiel in der Schlacht gegen den Tyrannen Peisistratos (Athen, Nationalmuseum).

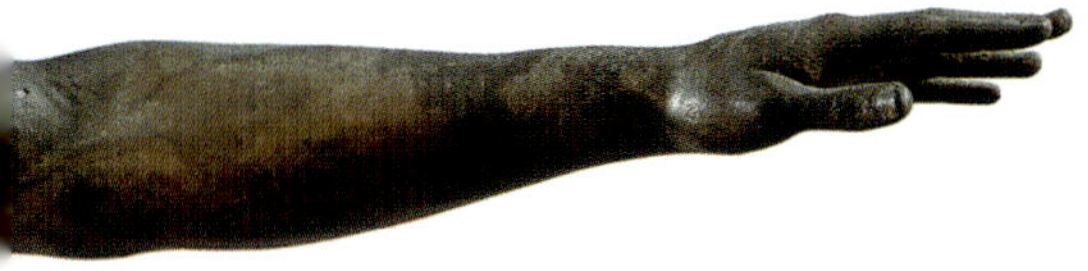

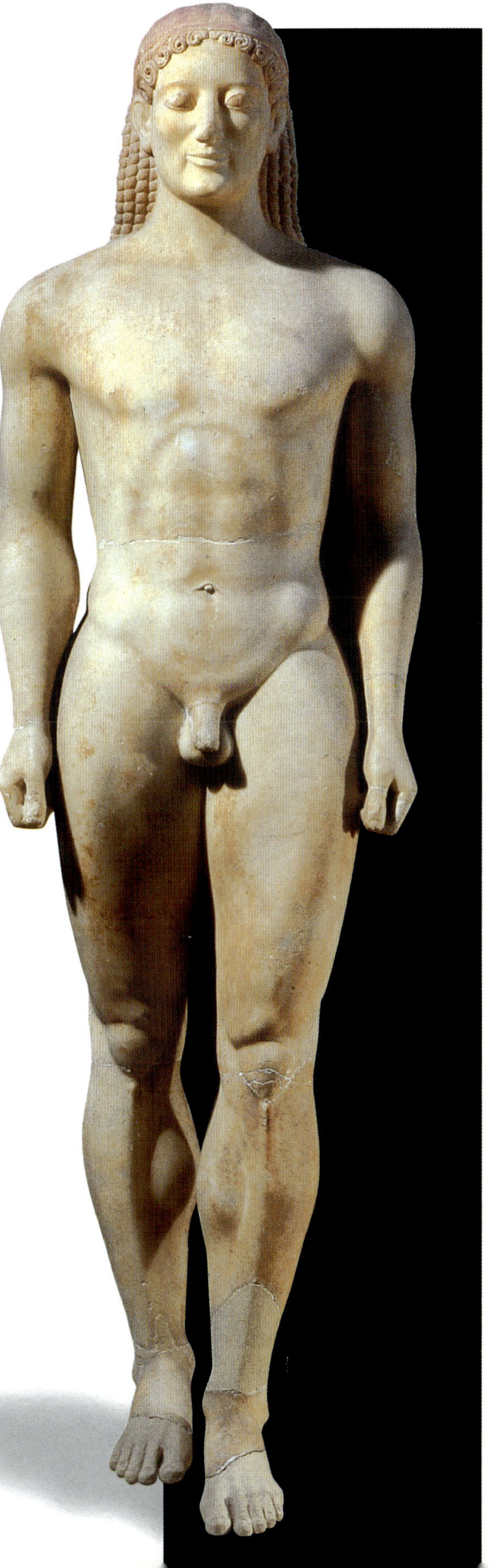

44 unten rechts Die Vasensammlung im Nationalmuseum beherbergt auch seltene Grabgefäße mit weißem Hintergrund für Salböl aus der zweiten Hälfte des 5. Jh. v. Chr.

45 Dieser Kopf, bekannt unter dem Namen Hygieia von Tegea (um 370 v. Chr.), zeugt von der sensiblen künstlerischen Ausdrucksweise des Bildhauers Praxiteles (Athen, Nationalmuseum).

mit bewegenden Abschiedsszenen (wie die berühmte Stele des Hegeso) und mit einer dramatischen Verherrlichung von Kriegsgeschehnissen (wie bei der Stele des Dexileos) bewundert werden sowie die wunderbaren Skulpturen des Skopas und des Timotheos aus Tegea und aus Epidaurus. Auch die Meisterwerke der hellenistischen Bronzeplastik sollte man sich ansehen: den Reiter vom Kap Artemision, den Epheben von Antikythira und das Porträt eines Boxers von Sylanion. Im oberen Stockwerk kann man weitere berühmte Kunstwerke bestaunen, wie zum Beispiel die Maske des Agamemnon und andere Goldarbeiten aus Mykene, den Zyklus minoischer Fresken aus Akrotiri sowie eine fast endlose Sammlung griechischer Tongefäße aus allen Zeitaltern. Im Akropolismuseum sind archaische Koren zu sehen, darunter die Werke von Antenor, außerdem die ionischen Friese des Parthenons, aus deren Formen und Verzierungen die Handschrift des Phidias spricht.

44 oben links Dieser Kopf des „blonden Epheben" (um 480 v. Chr.) ist ein herrliches Exemplar protoklassischer Bildhauerkunst (Athen, Akropolismuseum).

44 unten links Diese römische Marmorkopie der Bronzeskulptur (430–410 v. Chr.) des Polykleitos zeigt den Athleten Diadoumenos, der sein Haar zurückbindet (Athen, Nationalmuseum).

EPIRUS UND KORFU

46 rechts Die Kirche im Kloster Aghios Ioannis Prodromos (Johannes der Täufer) blickt auf die Ruinen des Nekromanteions herab. Man erkennt die Ruinen des Gottesdienstraumes (11), den die Priester während der Zeremonien benutzten.

46 links Dies ist einer der nördlichen Räume im Nekromanteion. Wie beim Rest des Orakelkomplexes ist auch hier die polygonale megalithische Bauweise der archaischen Periode (typisch für die Architektur in Epirus) gut sichtbar.

Obwohl die Region Epirus schon in der Mittelsteinzeit bewohnt war, lag sie lange Zeit am Rand der griechischen Geschichte. Abgesehen von den Heiligtümern in Dodona und Ephyra (das Nekromanteion) gibt es in Epirus wenig Zeugnisse von einem kulturellen Austausch mit dem Griechenland der Poleis. Im 4. Jh. v. Chr. jedoch brachte die Dynastie der Molosser, die über hundert Jahre lang die herrschende Macht im Land waren, Epirus politisch und kulturell in die hellenische Welt. 233 v. Chr. wurde Epirus eine eigenständige Republik. 146 v. Chr. gliederten sie die Römer an ihre Provinz Macedonia und 27 v. Chr. an ihre Provinz Achaia an.

Epirus hat eine faszinierende Landschaft. Die Ebenen an der Küste im Norden von Igoumenitsa kontrastieren mit der felsigen Gegend im Süden, an der vor allem die Klippen und unbewohnten Inseln bemerkenswert sind. Weiter im Landesinneren flacht das Pindosgebirge ab zu niedrigeren, sanfteren Hügeln, die stellenweise mit einer üppigen Vegetation bewachsen sind. Dank der vielen Ströme und Quellen gibt es hier großflächige Wälder, während andere Teile des Region kahl und steinig sind, abgeweidet von Viehherden und vom Menschen entwaldet. In weniger als einer Stunde erreicht man den fischreichen Ioannina-See, dessen Blau im Sonnenlicht verheißungsvoll glitzert. Ioannina ist die malerische Hauptstadt von Epirus. Hier findet man noch immer die Spuren der osmanischen und byzantinischen Eroberer.

Wenn man von Igoumenitsa aus startet, Parga und die Bucht von Ammoudia hinter sich lässt, sollte man dem letzten Arm des Acheron folgen, in der griechischen Mythologie der Fluss in die Unterwelt, an dessen Ufern heute dichte Wälder stehen und auch Landwirtschaft betrieben wird.

Fährt man auf der Autobahn E5-S, stößt man ganz in der Nähe des Dorfes Messopotamos auf die Ruinen des **NEKROMANTEIONS,** des Heiligtums des Totenorakels. In der Antike stand es auf einem Hügel und überblickte den Acheron an der Stelle, an der er sich mit zwei anderen, ebenfalls mythischen Flüssen vereinigte, dem

Kokitos und dem Phlegetontes, nicht weit entfernt von der Stadt Ephyra, in deren Herrschaftsbereich das Heiligtum lag. Die Ruinen von Ephyra sind ganz in der Nähe auf dem Hügel Kastri zu finden. Die Mythologie erzählt, dass hier, an den westlichen Grenzen der Welt, die Sterblichen im Vestibül des Unterweltpalastes von Hades und Persephone die Seelen der Toten über die Zukunft befragen konnten. Heute gehen die Ruinen dieses kulturellen Komplexes, der auf Ende des 4., Anfang des 3. Jh. v. Chr. datiert wird, teilweise über in die des Klosters von Aghios Ioannis Prodromos (Johannes der Täufer); sie sind für die Öffentlichkeit zugänglich. Das archaische Erscheinungsbild, das durch die imposante Bauweise mit polygonalem Kyklopenmauerwerk entsteht, sollte die Aura althergebrachter Heiligkeit betonen.

Das in zwei Stockwerken errichtete Heiligtum wurde um einen großen Bereich im Mittelpunkt erbaut, in dem sich das Orakel befand. Der Weg, den die heutigen Besucher begehen, ist derselbe, dem auch die antiken Pilger folgten. Das Heiligtum wird durch einen Hof (1) im Norden betreten, dann folgt man zwei Korridoren (2–3) und gelangt in drei Kammern (4–6). Hier musste man sich einst Reinigungsritualen unterziehen und konnte ein spezielles Mahl mit Bohnen und vielleicht auch Halluzinogene zu sich nehmen (die Ephyräer waren in der Antike berühmt für ihr Wissen über Gift und Medizin). Nach diesem Ritual ging der Pilger durch eine schmale Tür und warf einen Stein in den angrenzenden Raum (7). Ein Steinhaufen zeugt heute noch von dem Brauch, durch Steinewerfen das Böse abzuwenden. Danach ging der Pilger durch einen langen Korridor (8) in den Ostteil des Komplexes, wo er den Göttern der Unterwelt eine Gabe darbrachte und schließlich das eigentliche Heiligtum betrat. Den Zugang bildete ein kurzes finsteres Labyrinth (9), das für die nötige Andacht des Rat Suchenden sorgte.

47 links Die Atmosphäre des großen unterirdischen Raumes im Nekromanteion sollte geheimnisvoll und beängstigend wirken. Hier führten die Priester die Anrufungsriten an die Geister der Toten durch.

47 rechts Nahe der nordöstlichen Ecke des acherontischen Heiligtums befand sich der Raum (auf dem Foto links), in den die Pilger Steine warfen, um auf diese Weise das Böse zu vertreiben.

Die rechteckige mittlere Halle (10) war auf beiden Seiten von Bereichen umgeben, die nur für die Priester bestimmt waren (11–12). Hier wurden die Opfergaben aufbewahrt. Die großen Tonkrüge für diesen Zweck stehen noch heute dort. In der Halle führten die Priester vor dem Pilger eine magisch-religiöse Farce auf. Mit primitiven, aber geistreichen Effekten wie zum Beispiel einem Kran, mit dessen Hilfe die „bleichen Geister der Toten“ zum Schweben gebracht wurden, sowie mit zahlreichen Geheimtüren in den 3 m dicken Gewölbewänden, blickten „die Toten“ in die Zukunft, erklärten Geheimnisse und gaben den Pilgern Ratschläge, aber erst nachdem die Priester die Opfergaben und Geschenke eingesammelt hatten. Eine künstliche Krypta unter der Halle, deren Decke 15 lange Bogen aus *poros* (eine Art poröser Kalkstein) stützten, diente als Halle des Hades.

Neben dem komplexen Grundriss zählen die zahlreichen Gewölbebogen zu den interessantesten architektonischen Aspekten des *Manteions* (Orakelsitz). Sie verfügen zum Teil über große Spannweiten und sind im archaischen Stil in polygonaler, megalithischer und pseudoionischer Bauweise ausgeführt. Alles diente dazu, bei den Pilgern bestimmte Stimmungen zu erzeugen.

NEKROMANTEION

- 1 HOF
- 2–3 KORRIDORE
- 4–6 KAMMERN FÜR RITUELLE REINIGUNGEN
- 7 STEINRAUM
- 8 KORRIDOR
- 9 LABYRINTH
- 10 MITTLERE HALLE
- 11–12 BEREICH DER ANBETUNG

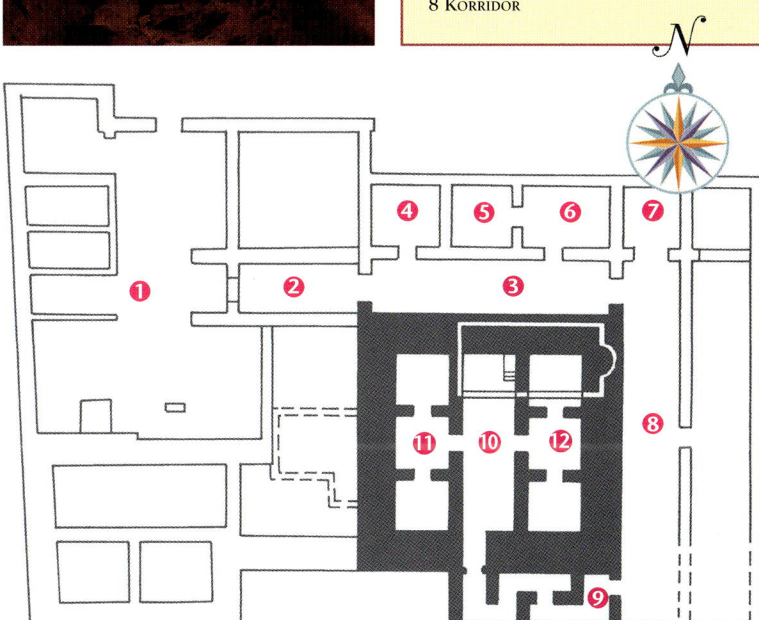

48 links Die Aufnahme von einer der Nebenstraßen von Kassope zeigt, wie genau die Pflastersteine verlegt wurden, damit sich keine Pfützen bilden konnten.

Von Messopotamos führt die Reise ins Landesinnere nach Kanalaki und von dort nach Zalongo. Dieser Ort erlangte durch das Massaker, das die Türken im Jahr 1822 unter Ali Pascha hier anrichteten, traurige Berühmtheit. Die Straße führt anschließend weiter nach Archea Kassopi, und von dort über eine kurze Straße zu den Ruinen des antiken **KASSOPE,** das Anfang des 4. Jh. v. Chr., vermutlich als Zusammenschluss mehrerer ländlicher Siedlungen, gegründet worden war. Der Ort wurde später zum politischen, administrativen und wirtschaftlichen Mittelpunkt der Region, wobei sich sein Status noch erhöhte, nachdem er zum Protektorat der Molosser geworden war.

Kassope ist ein herrliches, aber beinahe in Vergessenheit geratenes Beispiel für eine Stadt mit Gittergrundriss nach dem

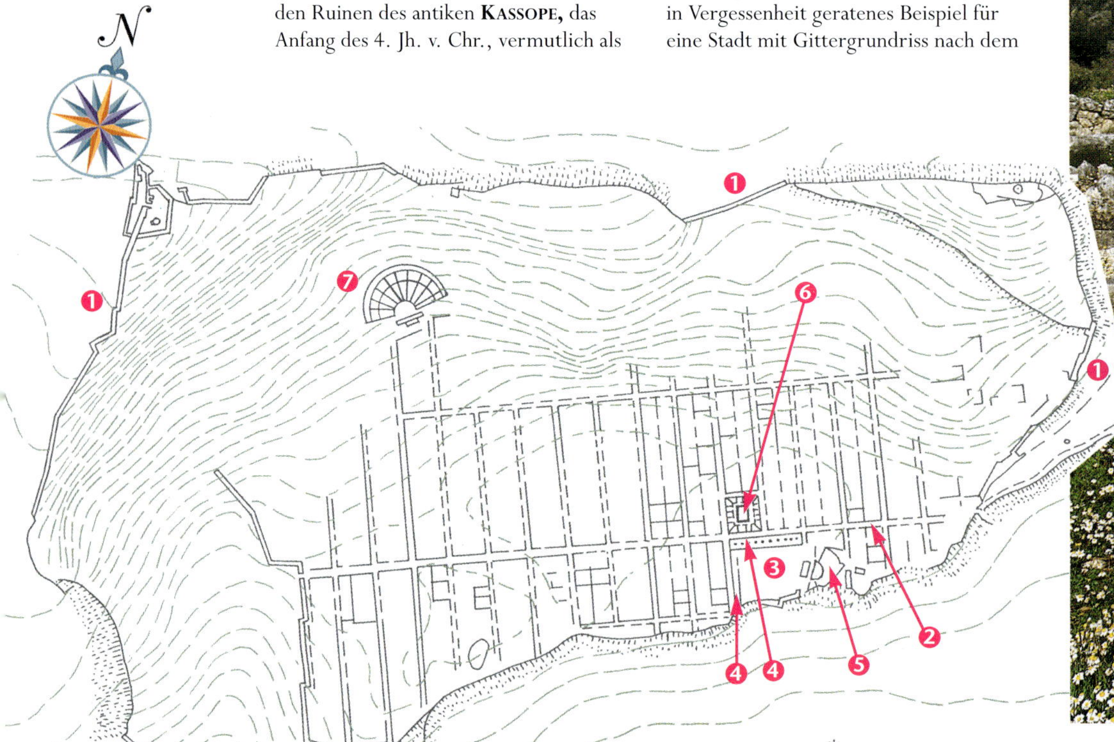

48 rechts Das Katagogion in Kassope war eine Art Hotel für wichtige Gäste der Stadt und verfügte über 17 Räume, die sich um einen großen Hof gruppierten.

48–49 Die Agora von Kassope lag am Südrand des Plateaus, auf dem die Stadt erbaut war. Die umgebenden Hügel und Felsen bildeten einen natürlichen Schutzwall.

49 unten links Auch in Kassope wurde die archaische polygonale Bauweise angewendet: Dieses Foto zeigt die Nordwestseite des Katagogions im Herzen der alten Stadt.

49 unten rechts Eine Reihe von steinernen Bänken mit Stützen in Form von Löwenbeinen in der Nähe der Agora. Die Form ist für die Griechische Zeit typisch.

Modell des Hippodamos, mit kleinen Abwandlungen aus den westgriechischen Kolonien und einigen Zugeständnissen an die damalige Neigung, monumentale Größe zur Schau zu stellen. Diese Neigung verdeutlicht auch die Lage der Stadt auf einer riesigen Naturterrasse über der Bucht von Nikopolis und dem Golf von Amvrakikos.

Die Stadtmauern (1) folgen in der Regel den natürlichen Konturen des Plateaus und umschließen die Häuserblöcke, die sich aus dem gitterförmigen Grundriss der Stadt ergeben. Jeder dieser Blöcke war 100 attische Fuß lang und auf der Ost-West-Achse über die beiden gepflasterten Hauptstraßen zugänglich, die im rechten Winkel von 20 kleineren Straßen unterbrochen wurden. Die gepflasterten Straßen verfügten über Regenwasserabflüsse und Stufen, um das ansteigende Gelände auszugleichen.

Kurz nach dem Eingang zu dieser archäologischen Stätte liegt an der südlichen *plateia* (2) eine 100 m x 80 m große Agora (3), die ursprünglich im Norden und im Westen von einer Portikus begrenzt wurde. Östlich davon erkennt man die Ruinen des Buleuterions (5), eines kleinen, halbrunden, überdachten „Theaters" für 2000 Zuschauer. Es diente nicht nur als Konzerthalle (Odeion), sondern auch als Versammlungsort des Stadtrates.

Hinter den Stoen (4) liegen die interessanten Überreste des *Katagogions* (6), einer Art Herberge, die 360–350 v. Chr. erbaut wurde. Es handelte sich dabei um ein großes, fast quadratisches Gebäude (33 m x 30 m), das zugleich Prytaneion (Versammlungshaus der Prytanen) und Hotel war. Das Gebäude verfügte über 17 Zimmer, die nicht miteinander verbunden waren und sich um ein Peristyl mit dorischen Säulen gruppierten.

Das eigentliche Theater (7), das 7000 Zuschauer fasste, entstand zwischen 300 und 250 v. Chr. Es liegt etwas abseits der Stadt und ist über zwei Straßen zugänglich.

Nicht ganz einfach ist es dagegen, sich Zugang zum Kammergrab im makedonischen Stil (8) zu verschaffen, das als *Vassilospitos* („königliches Haus") bekannt und im Süden der Stadt zu finden ist.

50 links Blick auf die Ausgrabungsstätte in Nikopolis. Man sieht die Basilika B, deren Marmorportal noch immer steht und den Übergang vom Narthex ins Innere des Gebäudes markiert.

NIKOPOLIS

1 HÜGEL MICHALITSI UND HEILIGTUM
2 THEATER
3 STADION
4 THERMEN
5 NORDTOR
6 MAUERN DES JUSTINIAN (BYZANTINISCH)
7 MAUERN DES AUGUSTUS
8 BASILIKA B
9 BASILIKA A
10 ODEION
11 ARCHÄOLOGISCHES MUSEUM

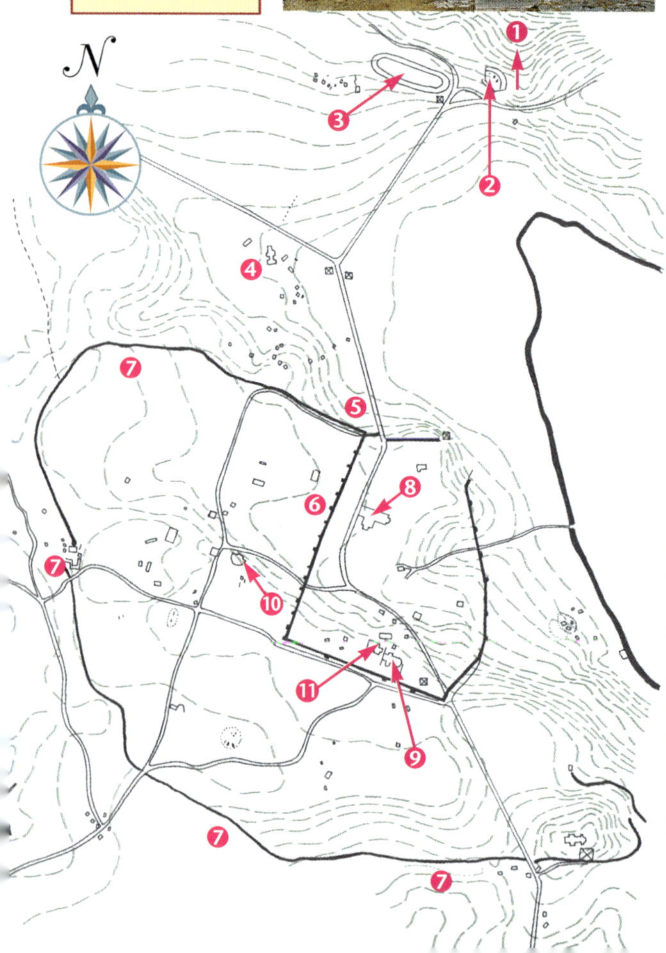

NIKOPOLIS oder Aktia Nikopolis wurde 30 v. Chr. von Oktavian, gegründet, um seinen Sieg über Marcus Antonius und Kleopatra VII. von Ägypten zu feiern. Er schenkte den Kriegsveteranen und den Bewohnern der wichtigsten Städte von Akarnania und Epirus das umliegende Land als Lohn für ihren Einsatz . Nikopolis hatte seine Blütezeit zwischen dem 1. und dem 3. Jh.

Der Besuch in Nikopolis sollte an den Südhängen des Hügels Michalitsi (1) beginnen, auf denen Augustus im Heiligtum des Apollo, zu dem auch ein heiliger Hain gehört, sein Siegesdenkmal errichten ließ. Das Denkmal besteht aus einer künstlich angelegten Terrasse, umgeben von einer Mauer. An der Südseite dieser Mauer hängte man die Rammsporne der Schiffe von Marcus Antonius auf und weihte sie Neptun und Mars. Weiter unten, in der Nähe der Straße, liegen das Theater (2), 1. Jh. v. Chr. bis 2. Jh. n. Chr., und das Stadion (3) aus dem 1. Jh. v. Chr. Der Grundbau des Theaters besteht aus Steinen und Mörtel, der stellenweise zerfällt und in Brocken zwischen hohem Gestrüpp liegt. Das Stadion ist im Stil eines Amphitheaters mit zwei Kehren erbaut und im wuchernden Gestrüpp kaum noch zu erkennen. Hier fanden alle vier Jahre die *Aktia* statt, die Spiele im Andenken an den Sieg im Jahr 31 v. Chr. Die spärlichen Überreste der Thermen (4) kann man außer Acht lassen und gleich weiter nach Süden zum Nordtor der Mauern des Justinian (5) gehen. Wenn man hier dem Pfad entlang der Mauer folgt, kann man das byzantinische und das augusteische Verteidigungssystem miteinander vergleichen und die hohen Mauern, Türme und Stadttore bewundern. Außerdem lädt die größte frühchristliche Basilika des byzantinischen Nikopolis zu einem Besuch ein. Sie ist als Basilika B (8) oder als Alkyson-Basilika (550–600) bekannt und verfügt

über fünf Seitenschiffe, ein Querhaus, einen Narthex, eine Portikus und über Weihwasserbrunnen. Nach kurzem Fußmarsch erreicht man die Basilika A (9), die dem heiligen Demetrius geweiht war (525–550 v. Chr.). Bemerkenswert ist vor allem das Mosaik auf dem Boden des Hauptschiffs, das die Erde darstellt, umgeben vom Ozean.

Anschließend sollte man die Abkürzung nehmen, die entlang der Westseite der Mauern des Justinian führt, um schnell das prachtvoll restaurierte Odeion (10) zu erreichen, eine spätimperialistische Konzerthalle, sowie das kleine Archäologische Museum (11), in dem ein runder frühchristlicher Altar mit Mosaiken aus Gold und Glas zu besichtigen ist (5. Jh.).

50 rechts Das römische Odeion in Nikopolis gehört zu den interessantesten Konzerthallen in ganz Griechenland. Es war ursprünglich überdacht, wurde sorgfältig restauriert und kann heute wieder genutzt werden.

50–51 Der Blick von einem der oberen Ränge im Theater von Dodona reicht über die Eichenwälder bis zum Pindosgebirge. Man sollte sich diesen Ausblick auf keinen Fall entgehen lassen.

51 Die Veränderungen, die man in der römischen Kaiserzeit vornahm, sind am Orchestergraben und an der Skene des Theaters in Dodona gut zu erkennen. Sie wurden vorgenommen, um Gladiatoren- und Tierkämpfe auf der Bühne durchführen zu können.

Von Nikopolis folgt man dem Tal des Louros aufwärts in Richtung Ioannina. Unterwegs lohnt sich ein kleiner Abstecher zur Perle der epirotischen Stätten, dem religiösen Zentrum **DODONA.** Hier steht ein überaus bedeutendes Heiligtum, in dem sich das Orakel des Zeus befand. Es datiert aus der mykenische Periode (16. Jh. v. Chr.) und hatte seine Blütezeit zwischen dem 4. und dem 3. Jh. v. Chr. Im Jahr 167 v. Chr. wurde es von den Römern zerstört. Der Zeuskult ersetzte den vorher ausgeübten Geakult, die Anbetung der Mutter Erde. Das Orakel sprach durch eine heilige Eiche. Das Rascheln ihrer Blätter im Wind wurde von den *Selloi,* den Priestern des Heiligtums, interpretiert. Sie waren Mystiker und Nachfahren uralter Familien, die sich der Aufrechterhaltung traditioneller Rituale verschrieben hatten, wie zum Beispiel auf nacktem Boden zu schlafen und sich nie-

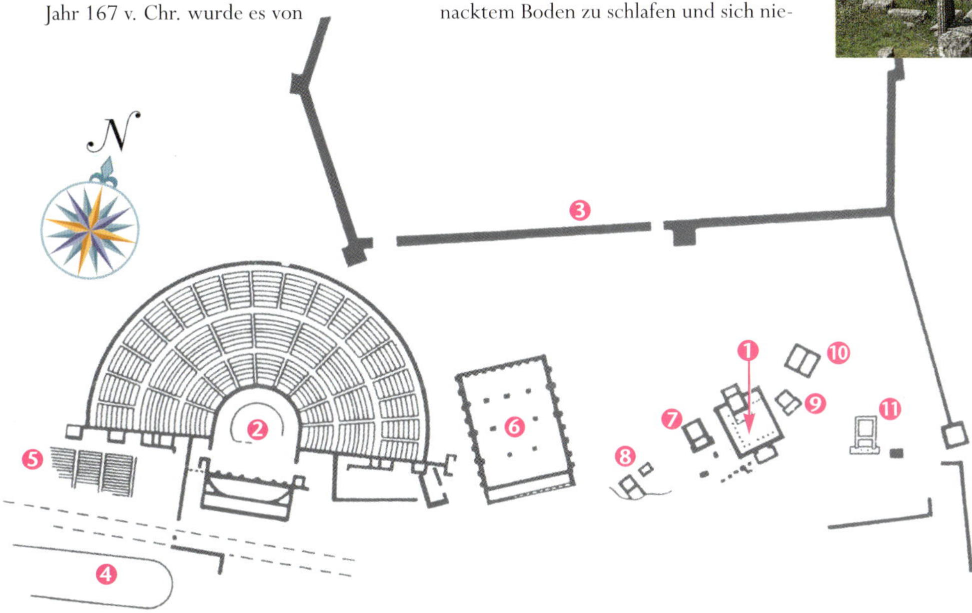

DODONA

1 Tempel des Zeus
2 Theater
3 Südmauer der Akropolis
4 Stadion
5 Reste der Sitzreihen des Stadions
6 Buleuterion
7 Tempel der Aphrodite
8 Tempel der Gea-Temis
9 Tempel der Dione
10 Neuer Tempel der Dione
11 Tempel des Herakles

mals die Füße zu waschen. Als Antwort auf die Fragen der Rat Suchenden interpretierten die *Selloi* unter anderem das Gurren und den Flug der heiligen Tauben, die in der Eiche nisteten, sowie den Klang eines Bronzegongs, der im 4. Jh. v. Chr. auf Korfu hergestellt worden war.

Vom Bau des Tempels des Zeus (1) sind fünf Phasen dokumentiert, die vom 7. Jh. v. Chr. bis zum 1. Jh. n. Chr. reichen. Die heute zu sehenden Ruinen datieren größtenteils aus der Zeit um 219 v. Chr. Zu jener Zeit bestand der Komplex aus einem Temenos (heiliger Bezirk), der sich in einen ionischen Propylon (Vorhof) mit sechs Säulen an der Frontseite öffnete und einem kleinen Tempel gegenüberstand, der über einen ionischen Tetrastylos mit einem Adyton (Allerheiligstes) verfügte. Die ionische Portikus auf der Nord-, West- und Südseite datiert aus der Zeit des Pyrrhus (frühes 3. Jh. v. Chr.) und sollte das alte Orakel ehren. Erstaunlicherweise steht noch immer eine Eiche an der Stelle, an der einst der heilige Baum den Gläubigen Weissagungen machte.

Dodona verdankt seinen Bekanntheitsgrad jedoch in erster Linie dem prächtigen Theater (2). Im 3. Jh. v. Chr. von Pyrrhos I. erbaut, wurde es nur wenige Dekaden später von Philipp V. renoviert und Mitte des 2. Jh. v. Chr. abermals umgebaut. Die halbrund angelegten Sitzreihen für die Zuschauer sind in den Hügel gebaut. Sie werden horizontal durch drei Korridore und vertikal durch zehn Treppenaufgängen gegliedert und konnten 18 000 Zuschauer fassen. Noch heute stehen die zum Teil über 20 m hohen, massiven Mauern aus Kalkstein in isodomischer Quadersteinbauweise. Von der Bühne ist nur wenig erhalten. Sie wurde mehrere Male zerstört und wieder aufgebaut, bis die Römer sie schließlich in ein Halbrund verwandelten, in dem auch Hetzjagden und Gladiatorenkämpfe stattfanden.

Das Stadion (4), das Ende des 3. Jh. v. Chr. entstand, lehnt sich zum Teil an die westliche Stützmauer des Theaters und wird von 20 stufenförmigen Sitzreihen (5) umgeben. Gegenüber vom Theater befindet sich das Buleuterion (6), das epirotische Parlament, das aus einem imposanten Hypostylos im ionischen Stil besteht, dem eine dorische Portikus vorgebaut wurde. Dieses Bauwerk entstand zwischen dem 3. und dem 2. Jh. v. Chr.

Weniger attraktiv für den Besucher sind die Ruinen einiger kleiner Heiligtümer rund um den Tempel des Zeus, die Aphrodite (7), Gea-Temis (8), Dione (9) und Herakles (11) geweiht waren.

Das Archäologische Museum in **Ioannina** dagegen lohnt einen Besuch, da es eine relativ exakte Übersicht über die Geschichte dieser Region bietet, von prähistorischen Zeiten bis hin zur byzantinischen Epoche. Außerdem befindet sich dort eine Sammlung religiöser Objekte aus den Heiligtümern von Dodona und dem Nekromanteion, wie zum Beispiel sehr seltene Bleiplatten, auf denen bis zum 7. Jh. v. Chr. die Fragen an das Zeusorakel festgehalten wurden.

52 Im Stadion von Dodona fanden Pferderennen und athletische Wettkämpfe statt. 20 der Sitzreihen sind hier sehr gut erhalten.

52–53 Einer der heiligen Eichenbäume neben dem Tempel des Zeus. Es gibt an diesem Ort keine interessanten Ruinen, dennoch geht von ihm eine große Faszination aus.

53 links Die Fundamente des Prytaneions, Sitz der Prytanen und zugleich Heiligtum, wurden freigelegt. Das Bauwerk wird auf das 3. Jh. v. Chr. datiert.

53 rechts Das Buleuterion (Parlament) der Epiroten stand nahe der Ostseite des Theaters. Eine Säule der dorischen Portikus steht noch heute.

Gemäß der Überlieferung ist das wunderschöne **Korfu** die mythische Insel Scheria, die Heimat der Phäaken, deren König Alkinoos den schiffbrüchigen Odysseus auf seinem Heimweg nach Ithaka aufnahm und pflegte.

Chersikrates aus dem mächtigen korinthischen Adelsgeschlecht der Bacchiaden gründete im Jahr 734 v. Chr. auf dieser Insel die Handelskolonie Kerkyra. Schon bald löste diese sich jedoch von Korinth und erlebte im 7. und 6. Jh. v. Chr. ihre Blütezeit. Nach einer Reihe blutiger Bürgerkriege im 6. und 5. Jh. v. Chr. kehrten nach der Eroberung durch die Römer 219 v. Chr. wieder Ruhe und Wohlstand ein.

54 oben Mit seiner runden Form und ursprünglich von einer Löwenstatue gekrönt, gilt das Kenotaph des Menekrates als ältestes der griechischen Welt (um 600 v. Chr.).

54 Mitte und unten Eines der ältesten Giebelreliefs der Antike stammt von der Westseite des Artemisions auf Korfu (590–580 v. Chr.). Die Furcht einflößende Maske der Medusa ist äußerst ausdrucksstark

Zu den archäologischen Höhepunkten im historischen Stadtkern zählen das runde Fundament des Kenotaphs des Menekrates (600 v. Chr.), die Ruinen der frühchristlichen Basilika der Paleopolis („alte Stadt"), die im 5. Jh. mit Baumaterial aus klassischen Bauwerken auf der alten Agora errichtet wurde, sowie das Fundament des Artemisions (590–580 v. Chr.). Letzteres gilt als Meilenstein der archaischen griechischen Architektur. Es handelt sich dabei um einen pseudodipteralen Oktastylos mit strengen, aber harmonischen Proportionen, einer langen dreischiffigen Cella sowie Pronaos und Opisthodomos mit Distylos. Das Artemision birgt eines der ältesten und seltensten Beispiele für Skulpturendekoration am Giebel. Die Reliefplatten des Westgiebels, die sich heute im örtlichen Archäologischen Museum befinden, stellen die Medusa auf der Flucht dar (in der kniendrennenden Haltung, die man oft in der archaischen Kunst sieht), flankiert von zwei sich duckenden Panthern, von deren Klauen sich Pegasus und das Monster Chrysaor, das Kind der Medusa, erheben. Die Plastiken in der Nähe der Ecken zeigen auf der linken Seite den Tod des Priamos durch die Hand des Neoptolemos und auf der rechten Seite Zeus im Kampf mit einem rebellischen Riesen.

54–55 Der dorische Tempel mit sechssäuliger Front im archäologischen Park der Paleopolis wird auf das 6. bis 5. Jh. v. Chr. datiert und kann vermutlich dem Kult der Hera Akraia („Die Beschützerin des Hügels") zugeordnet werden.

55 unten Der Plan des Artemisions zeigt, dass der Architekt versuchte, Größe und Weite zu erzeugen, indem er zum Beispiel die Kolonnade zweimal so weit entfernt wie üblich von den Mauern errichtete.

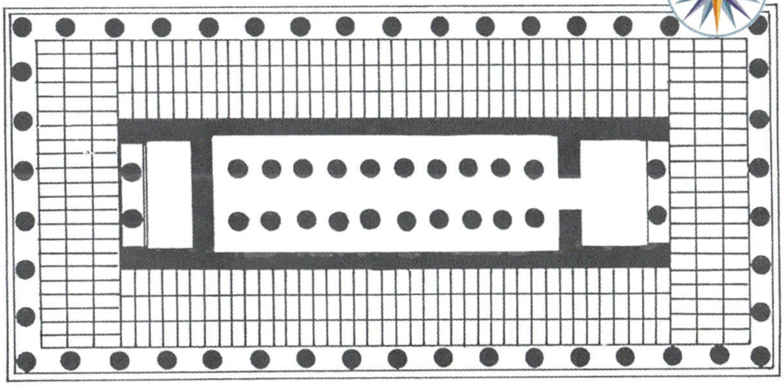

Von den gefallenen Giganten in den Ecken ist nur noch wenig erhalten. Die fehlende Ausgewogenheit in Komposition und Proportion schmälert die Ausdruckskraft dieser Skulpturen aus den frühesten Zeiten griechischer Giebeldekoration nicht im Geringsten.

Auch der steinerne Löwe, der das Fundament des Kenotaphs des Menekrates zierte, sollte besichtigt werden. Er gilt als bislang ältestes bekanntes Beispiel der griechischen Grabplastik.

THESSALIEN

Von Ioannina in Epirus führt die Autobahn E92 zum nördlich gelegenen Pindosgebirge und zum Berg Lakmos. Hinter Metsovon am Katara-Pass (1705 m) erreicht man Thessalien und durchquert die Region Meteora mit ihren weltberühmten Klöstern, die auf schwer zugänglichen Felsen erbaut sind.

Die Tour durch diese Region beginnt in **TRIKALA,** dem antiken Trikke. Zwischen dem Hauptplatz und der Kirche Aghios Nikolaos (heiliger Nikolaus) befindet sich die Ruine des berühmten Heiligtums des Asklepios, das im 3. Jh. v. Chr. erbaut und in der mittleren römischen Kaiserzeit restauriert wurde; bemerkenswert ist vor allem das schöne Mosaik.

Auf der Straße nach Volos kommt man nach **FARSALA.** Bei dieser Stadt handelt es sich vermutlich um das antike Phthia aus Homers Ilias. Außerdem fand in der Nähe die Schlacht zwischen Pompejus und Julius Cäsar im Jahr 48 v. Chr. statt. Nicht weit entfernt liegt Kynos Kephalai, Schauplatz eines römischen Sieges über die Makedonier 197 v. Chr.

56 Der Park von Nea Anchialos beherbergt die Ruinen von acht Kultgebäuden und von einem Bischofspalast, die aus dem 4. bis 6. Jh. datieren.

56–57 In der Agora von Pyrasos (Nea Anchialos) fand man Reste eines römischen Badehauses aus der mittleren Kaiserzeit. Das Foto zeigt Keramiksäulen, die den Fußboden eines Kaldariums stützten.

57 links Sarkophag aus der mittleren Kaiserzeit, verziert mit Girlanden und runden Ornamenten.

57 rechts Ionische Säule mit byzantinischem Kämpfer aus den Ruinen der frühchristlichen Basilika in Konstantinopel.

In der Nähe von Mikrothive, nach der Kreuzung mit der E75, sollte man auch die Ausgrabungsstätte in **PHTHIOTIDES THEBAI** besuchen, einer Stadt aus der klassischen und Griechischen Zeit, die 217 v. Chr. von Philipp V. von Makedonien zerstört wurde. Überraschend intakt sind die Stadtmauern mit 40 Türmen, die von der Akropolis hinab in die Ebene führen. Sie umschließen die Ruinen der Häuser und öffentlichen Gebäude.

Auch der archäologische Park von **NEA ANCHIALOS** lohnt einen Besuch. Er liegt nur 4 km entfernt an der Küste und beherbergt die Ruinen der archaischen und klassischen Stadt Pyrasos. Noch in den ersten Jahrhunderten nach der Christianisierung war Pyrasos eine blühende Stadt, da sie zur Diözese gemacht worden war. Diese Ruinen machen Nea Anchialos heute zum bedeutendsten frühchristlichen Ausgrabungsort Griechenlands. Nach einem Blick auf den beinahe kreisrunden natürlichen Hafen, von dem aus der relativ niedrige Hügel der Akropolis von Pyrasos gut sichtbar ist, fährt man weiter zur Basilika B. Diese Basilika wurde gegen Ende des 5. Jh. erbaut und in der ersten Hälfte des 6. Jh.

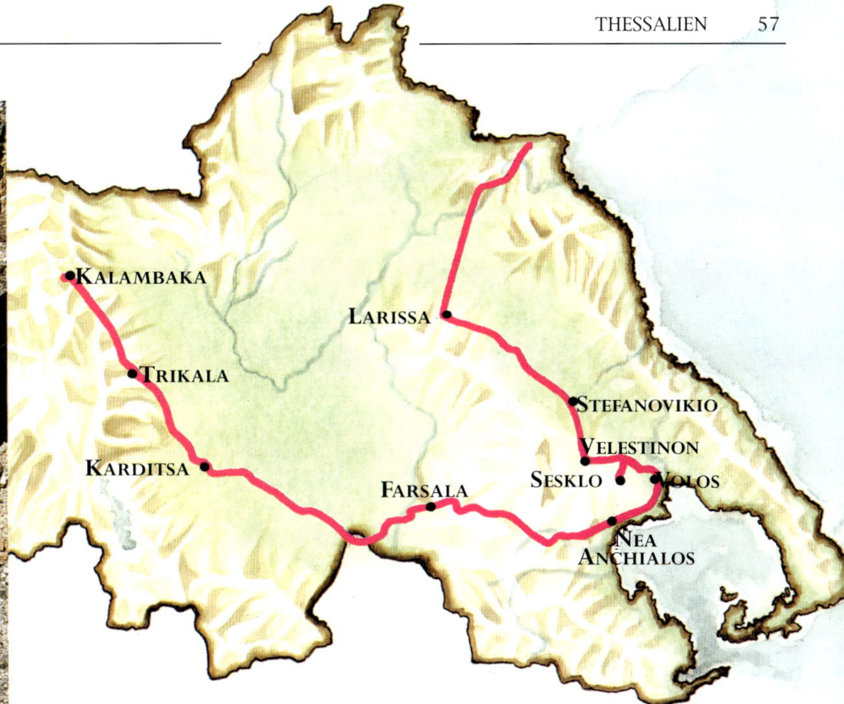

unter Bischof Elipdios von dem Architekten Stephanos erweitert (so besagt es die Inschrift im Atrium). Die Basilika besitzt einen Narthex und ein Baptisterium mit Sitzen für die Priester im *synthronon* zu beiden Seiten des Bischofsthrons. Westlich davon, zu Füßen der Akropolis, liegen in verschiedenen Schichten die Ruinen eines ausgedehnten öffentlichen Gebäudekomplexes. Einige von ihnen befinden sich oberhalb der alten Agora. Bemerkenswert sind die ungewöhnlichen Thermalbäder mit rundem Grundriss und 18 Badewannen, die in Reihen angeordneten sind, sowie die imposanten quadratischen Gebäude, die von Bogen aus der Zeit Kaiser Justinians umgeben sind.

Etwa 250 m in südwestlicher Richtung erreicht man, wenn man die Überreste einer gepflasterten Straße, flankiert von Portiken und Werkstätten, passiert hat, die Ruinen der Basilika A aus dem 5. Jh. Die Basilika verfügte über drei Kirchenschiffe, eine Eingangshalle, einen Narthex und ein Atrium, besaß aber auch ein Baptisterium mit Mosaikinschriften, die den Namen Aghios Dimitrios (heiliger Demetrius) enthalten, weshalb man davon ausgeht, dass die Basilika ihm geweiht war. Direkt daneben findet man die Ruinen eines imposanten Badehauses, das vielleicht ursprünglich an die nahe gelegene Villa aus dem 5. Jh. angegliedert war. Weniger interessant sind dagegen die spärlichen Überreste des bischöflichen Palastes. 100 m weiter westlich stößt man auf die Basilika C, eine frühchristliche Kathedrale in Phthiotides Thebai. Diese Kirche birgt unter anderem die Ruinen von drei älteren Kirchen (etwa zwischen 350 und 532), mit Fragmenten eines Mosaikfußbodens und eines Baptisteriums. Man kann die Route außerhalb der Stadtmauern beenden, indem man den im Südwesten gelegenen Park der Basilika F besichtigt, die 431 im Auftrag von Bischof Martyrios erbaut wurde, wie aus den Mosaikinschriften am Altar hervorgeht.

Die Ruinen von **DEMETRIAS,** der Stadt, die 294 v. Chr. von Demetrios I. Poliorketes gegründet wurde, liegen direkt hinter Volos. Demetrias, die letzte Stadt einer Reihe von Städten, die seit mykenischer Zeit den Golf von Pagasai kontrolliert hatten, war oftmals Schauplatz dra-

matischer Schlachten, vor allem zur Zeit der Eroberung Griechenlands durch die Römer und während der Mithridatischen Kriege. Bis ins 4. Jh. blieb sie eine lebhafte Hafenstadt, geschützt durch eine 13 km lange, doppelt befestigte Mauer. Noch heute stehen große Teile dieser Mauer sowie 76 der ehemals 175 rechteckigen Türme. Vom nördlichen Teil der Stadtmauer sollte man die Straße nehmen, die zum Hafen führt und den niedrigen Hügel Pefkakia erklimmen, der vom Neolithikum bis zur mykenischen Zeit bewohnt war, wie man anhand der Häuserruinen feststellen konnte.

Von hier aus geht es weiter zu der Ebene, in der Poliorketes seine Stadt erbaute.

Der westliche Bereich wurde dabei vom Königspalast dominiert, der wegen des unebenen Bodens auf Terrassen errichtet worden war. Das rechteckige Gebäude mit den quadratischen Türmen an allen vier Ecken thronte über der Agora. Als Besucher kann man durch die rasterförmig angelegten Straßen schlendern, die Häuserblöcke mit einer Größe von 100 m x 50 m entstehen ließen. Auf dem Rückweg zur modernen Straße sollte man sich auch das Theater ansehen (3. Jh. v. Chr. bis 4. Jh. n. Chr.), die Bogen des römischen Aquädukts und vor allem die Ruinen des Mausoleums, das vermutlich die

Form eines Schiffes hatte und in dem Demetrios I. Poliorketes begraben werden wollte.

Das Archäologische Museum von **Volos** beherbergt eine umfangreiche Sammlung von Gegenständen der helladisch-mykenischen Zivilisation (Grabbeigaben) aber auch spätklassischen und hellenistischen Schmuck. Es ist außerdem berühmt für seine einzigartige Serie bemalter Grabstelen vom Friedhof von Demetrias, die seit 87 v. Chr. zur Befestigung der Stadtmauer zweckentfremdet worden waren.

Die Tour geht weiter nach Larissa, aber schon wenige Kilometer nach Volos sieht man auf der linken Seite die neolithische Grabungsstätte **Dimini** (3900–3000 v. Chr.). An diesem Ort sind später bescheidene helladische und mykenische Siedlungen entstanden. Zwei große, spätmykenische Rundgräber sind für Besichtigungen geöffnet. Außerdem wurden Spuren von bis zu sechs konzentrischen Befestigungsmauern identifiziert, die von vier schmalen Durchgängen unterbrochen wurden. Die Überreste der kleinen neolithischen Behausungen scharen sich in Gruppen von drei oder vier um einen gemeinsamen Hof, eine im Mittelmeerraum weit verbreitete Anordnung. Das interessanteste Gebäude jedoch ist das helladische Megaron, ein herrschaftliches Gebäude in rechteckiger Form mit einer zentralen Kammer, einem Distylos und einem kleinen Hinterzimmer, bei dem es sich um das älteste seiner Art in der griechischen Architektur handelt.

Nur wenige Kilometer nach dem Abstecher nach Dimini liegt, wieder zur Linken, die Ausfahrt nach **Sesklo,** der ältesten neolithischen Siedlung Griechenlands, die seit 7000 v. Chr. bewohnt war. Im 5. Jahrtausend v. Chr. war Sesklo bereits eine Stadt mit über 500 Häusern, gut befestigt durch Mauern und Terrassen. 4400 v. Chr. wurde Sesklo durch ein Feuer zerstört; die Ruinen liefern viele Informationen über diese Periode großen Wohlstands. Als besonders sehenswert gelten das kleine Megaron mit drei Räumen, das große Megaron, das erst nach dem Brand errichtet wurde (3900 v.

58 links Auch wenn sie auf den ersten Blick nicht sehr spektakulär wirken, sind die Ausgrabungsstätten in Sesklo, der ältesten neolithischen Siedlung Griechenlands, für die Kenntnis der hellenistischen Frühgeschichte von außerordentlicher Bedeutung.

58 rechts Die imposanten Ruinen der großen Festung, die Demetrios I. Poliorketes zu Beginn des 3. Jh. v. Chr. am Hügel Goritsa (nahe Volos) errichten ließ.

58–59 Diese Krone aus Blattgold mit Eichen- und Lorbeerblättern wird auf das 4.–3. Jh. v. Chr. datiert. Man hat sie in einem Prinzengrab im archäologischen Gebiet von Demetrias entdeckt (Volos, Archäologisches Museum).

59 oben Blick auf die Überreste der einheitlich geplanten Häuserblöcke von Demetrias an den Hängen des kleinen Hügels Pefkakia.

59 unten Das jüngere der beiden Theater in Larissa aus dem 2. Jh. v. Chr. muss, wie viele andere griechische Gebäude, dringend restauriert werden.

Chr.) und dem Megaron A in Dimini ähnelt, und das Haus des Töpfers, dessen raue Lehmwände auf dem Steinfundament noch heute teilweise erhalten sind.

Auf dem Weg nach Larissa kann man in Velestinon die Mauern von **Pherai** besichtigen, einer mächtigen mykenischen und archaischen Stadt, die im 4. Jh. v. Chr. eine Blütezeit erlebte. Etwa zu jener Zeit entstanden auch die Mauern mit den rechteckigen Türmen. Weitere faszinierende Stadtmauern gibt es in Petra zu sehen, in der Nähe des kleinen Dorfes Stefanovikio, an der alten Straße nach Larissa. Diese mykenischen Mauern, in megalithischer polygonaler Bauweise errichtet und ähnlich dick wie die Mauern von Tirinto, erstrecken sich über 4 km. Die Identität der dazugehörigen Stadt ist noch nicht eindeutig geklärt.

Larissa war vor allem zwischen dem 7. und dem 4. Jh. v. Chr. die bedeutendste Polis von Thessalien. Die Stadt hat ein kleines Archäologisches Museum und zwei antike Theater. Das Theater am Südhang der Akropolis besitzt eine interessante Skene mit dorischen Halbsäulen. Das andere hat eine Skene mit Paraskenia sowie ansteigende Sitzreihen mit einem Durchmesser von fast 30 m.

Die Reise führt weiter in Richtung Makedonien und in das schattige grüne Tal von **Tempe** (Tembi). Der römische Kaiser Hadrian war so begeistert von dem Tal, dass er es teilweise in seiner Villa in Tivoli künstlich nachbauen ließ. Die Autobahn E75, die durch das Tal führt, bringt den Besucher zum Fuß des Berges Olymp, im Altertum Sitz der griechischen Götter. Zumeist in Wolken gehüllt wirkt er sehr geheimnisvoll und verzaubert.

Makedonien

Makedonien, die größte griechische Provinz, ist eine bergige und hügelige Region mit nur wenigen Ebenen, die durch den Überfluss an Wasser äußerst fruchtbar und ertragreich sind. Außer auf der Halbinsel Chalkidike verfügt die Küste Makedoniens kaum über natürliche Häfen, dafür jedoch über endlos lange Sandstrände.

Makedonien, ehemals die Heimat Philipps II. und Alexanders des Großen sowie die Wiege des ersten universalen Reiches der Weltgeschichte, ist reich an archäologischen Schätzen.

Wenn man sich dem Olymp auf der Autobahn E75 aus dem Tal von Tempe nähert, stößt man bei Limani Litochoron auf die Ruinen der Stadt **Dion,** die um 300 v. Chr. gegründet wurde. Einst hatte sich hier ein Heiligtum des Zeus und der Musen befunden, die gemäß der Sage diese Gegend als Heimat gewählt hatten. Dion wurde von all seinen Herrschern ununterbrochen verschönert und vergrößert, bis es die Goten im Jahr 346 in Schutt und Asche legten.

Die geführten Besichtigungen in der Stadt sind gut organisiert und die Besucher können von einem der Türme einen herrlichen Blick über die Gebäude und die gut erhaltenen, gitterförmig angelegten Straßen genießen sowie auf die faszinierende Vegetation, die vor dem Hintergrund des nahe gelegenen Marschlandes üppiger als sonst erscheint. Man betritt die Stadt durch das Südost-Tor (1) der 2,6 km langen Stadtmauer mit rechteckigen Türmen, die in 33 m Abstand voneinander errichtet wurden. Der gepflasterte Boden des breiten *Cardo Maximus* (2) aus der augusteischen Ära ist noch heute zu erkennen. Zur Linken führt eine enge Treppe zwischen einer öffentlichen Latrine und den *tabernae* (3) zu einem Platz (4), in dem sich rechts die Überreste eines kleinen überdachten Odeions (5) befinden. Gegenüber liegt ein Gebäudekomplex mit römischen Bädern aus dem 1. bis 3. Jh. Zu beiden Seiten des Eingangs stehen die Überreste der Apodyterien (Umkleideräume). Der Nordflügel (6) war der Anbetung der Götter vorbehalten, die für die Gesundheit zuständig waren. Zahlreiche Marmorstatuen aus diesem Bereich sind heute im örtlichen Archäologischen Museum ausgestellt. Das Frigidarium (7) im Westen mit einem großen Schwimmbecken war für kalte Bäder vorgesehen. Von hier konnten die Badegäste in die Tepidarien (8) wechseln, die Räume zum Warmbaden, oder in das Kaldarium (9), in dem heiß gebadet wurde. Heiße Luft, die in Heizkammern *(praefurnia)* erzeugt wurde, zirkulierte in dem Hohlraum unter dem Boden des Kaldariums und durch Rohre in den Wänden und entwich anschließend durch die Kamine. Man kann noch heute die Säulen sehen, die den Fußboden des Kaldariums trugen.

An der Hauptstraße stößt man auch auf ein langes Fundament aus regelmäßigen Steinreihen, verziert mit Waffenreliefs (10). Heute trägt dieses Fundament die Kopien der Votivstatuen, die Alexander der Große zum Gedenken an seine 25 königlichen Gefährten *(hetairoi)* aufstellen ließ, die in der Schlacht von Granikos (334 v. Chr.) gefallen waren. Die von Lysippus angefertigten Originalstatuen, die im Hei-

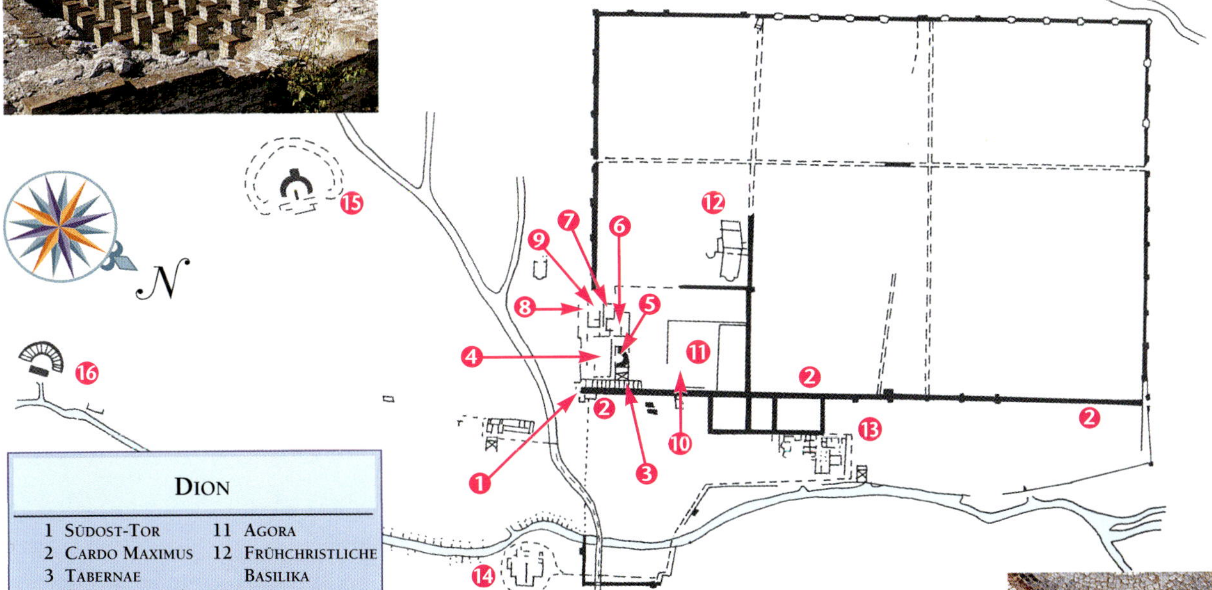

Dion

1 Südost-Tor
2 Cardo Maximus
3 Tabernae (Werkstätten)
4 Platz
5 Odeion
6 Nordflügel
7 Frigidarium
8 Tepidarien
9 Kaldarium
10 Waffenreliefs
11 Agora
12 Frühchristliche Basilika
13 Villa des Dionysos
14 Heiligtum der Isis
15 Griechisches Theater
16 Römisches Theater

60 oben links Die Kopie der Aphrodite Hypolimpidia steht im Heiligtum von Dion, das ägyptischen Göttinnen geweiht war. Das Original datiert aus dem 2. Jh. v. Chr.

60 unten links Die Statue der Isis im Innenhof vor den Räumen, die zur Anbetung ägyptischer Gottheiten dienten, wurde durch eine moderne Kopie ersetzt.

60 rechts Die Ruinen von Dion liegen inmitten dichter Vegetation. Das Foto zeigt einen Teil des Heiligtums des Zeus außerhalb der Stadtmauern.

61 oben links Das Heiligtum der Isis hat einen Grundriss, der unter der Herrschaft des Severius (3. Jh.) für römische Kultgebäude typisch war.

61 unten links Die Säulen (suspensurae) *für den (nicht mehr vorhandenen) Fußboden des Kaldariums in den Bädern von Dion sind gut erhalten. Auf diese Weise konnte die heiße Luft aus den* praefurnia *(Heizkammern) unter dem Fußboden zirkulieren.*

61 oben rechts Die beheizten Räume in den Bädern von Dion bestanden aus einer römischen Art Zement und waren mit Ziegeln und Steinen eingefasst.

61 unten rechts Das farbige Bodenmosaik der römischen Bäder zeigt Figuren und geometrische Motive. Dieser Stierkopf datiert aus dem3. Jh. v. Chr.

62 oben links Die riesige Villa des Dionysos (2.–3. Jh.) gehörte vielleicht einer Familie oder einer Gruppe, die Epikur nacheiferte. Man fand dort Skulpturen und Mosaiken mit dionysischen und epikureischen Motiven.

62 oben rechts Eine Statue des Weingottes wurde im hier gezeigten Apsisbereich des Atriums der Villa des Dionysos entdeckt. Ein Mosaik im Vestibül stellt den mit Efeu bekränzten Dionysos auf einem Thron dar.

62 unten links Die Pflastersteine des Cardo Maximus in Dion, haben die Jahrhunderte überdauert. Die Römer hatten diese Hauptstraße, die von Häusern und Läden gesäumt wurde, über einer alten griechischen Straße erbaut.

62 unten rechts Detail des Monuments der Schwerter am Cardo Maximus, das abwechselnd mit Rundschilden und Rüstungsteilen in makedonischem Stil verziert ist.

ligtum des Zeus und der Musen standen, wurden 149 v. Chr. nach Rom gebracht.

An der Stelle, an der die Straße auf den *Decumanus Maximus* (ostwestliche Hauptstraße) trifft und an der sich ehemals die Agora (11) und später das römische Forum befanden, liegt ein großer Marmorblock mit sechs halbrunden Löchern in unterschiedlichen Größen, angeordnet vom kleinsten bis zum größten. Hierbei handelt es sich um eine sehr seltene, intakte *mensa ponderaria,* einen Tisch mit offiziellen Maßeinheiten.

Nach einem kurzen Abstecher zu den Ausgrabungen im Westen mit den spärlichen Überresten römischer Häuser und einer frühchristlichen Basilika (12) sollte man sich zur Villa des Dionysos (13) begeben. Dieses herrliche Beispiel für eine Residenz des mittleren Römischen Reiches mit privaten Bädern war vermutlich eine Art Klubhaus der Epikureer. Bemerkenswert sind die Mosaiken mit dionysischen Darstellungen, die größtenteils die Zeiten überdauert haben.

Im Osten, hinter dem alten Hafen, liegen außerhalb der Stadtmauern die Ruinen eines Heiligtums, das der Göttin Isis geweiht war (14). Es bestand aus vier Gebäuden und einem Hof, der von Bogen umgeben war. Der Haupttempel mit einem Tetrastylos im ionischen Stil saß auf einem hohen Fundament und war vermutlich nicht nur Isis, sondern auch Sarapis und Anubis geweiht. Zur Rechten befindet sich eine kleine Cella mit der Kopie einer Kultstatue der Aphrodite (2. Jh. v. Chr.) und einem ovalen Becken.

Südwestlich des Heiligtums stößt man auf die Ruinen des griechischen Theaters

(15), das aus dem Jahr 220 v. Chr. datiert. Sie sind weit über die Hänge der künstlich angelegten Böschung verstreut, die das Gebäude stützten, in dem Theaterfestivals zu Ehren der Musen abgehalten wurden. Etwas weiter südlich befinden sich die Ruinen eines römischen Theaters (16) und seines Proszeniums (2). Jh.).

Setzt man seinen Weg auf der alten Straße fort, die parallel zur E75 verläuft, gelangt man kurz nach Eghinio in die Provinz Emathia, das Herz des historischen Makedonien.

Nahe der Ortschaft **Vergina** haben archäologische Grabungen die Überreste der alten makedonischen Hauptstadt **Aigai** zutage gefördert, deren Königspalast und Friedhof aus dem 4. bis 3. Jh. v. Chr. datieren. Man sollte mit der Besichtigung in Palatitsia beginnen, etwa 1 km vor Vergina. Der Grundriss des großen Königspalastes (1) (ca. 104 m x 89 m) ist trotz der starken Erosion gut zu erkennen. Man nimmt an, dass er gegen Ende des 4. Jh. v. Chr. von Kassander am Rand des Plateaus über dem weiten Tal des Flusses Aliakmon erbaut wurde. Etwas höher auf dem Plateau befand sich die mit Mauern befestigte Akropolis (2), während sich die Stadt selbst in einiger Entfernung auf derselben Höhe wie der Palast erstreckte. Der Palast war um einen großen Innenhof mit 16 dorischen Säulen auf jeder Seite errichtet und wurde von hohen Mauern umgeben. Im Inneren gab es große Räume, die jeweils eine spezielle Funktion erfüllten. Die monumentale dorische Stoa im Osten mit ihrem dreifachen Vorbau befand sich in der Mitte einer prunkvollen zweistöckigen ionischen Portikus. Mit ihren unterschiedlichen Proportionen boten die Etagen nicht nur einen wahrhaft königlichen Anblick, sie deuteten auch bereits an, welche Neuerungen der hellenistische Architekturstil bringen würde. Einen

Aigai

1 Königspalast
2 Mauern der Akropolis
3 Theater
4 Rhomaios-Grab
5 Grab der Eurydike
6 Grosser Tumulus

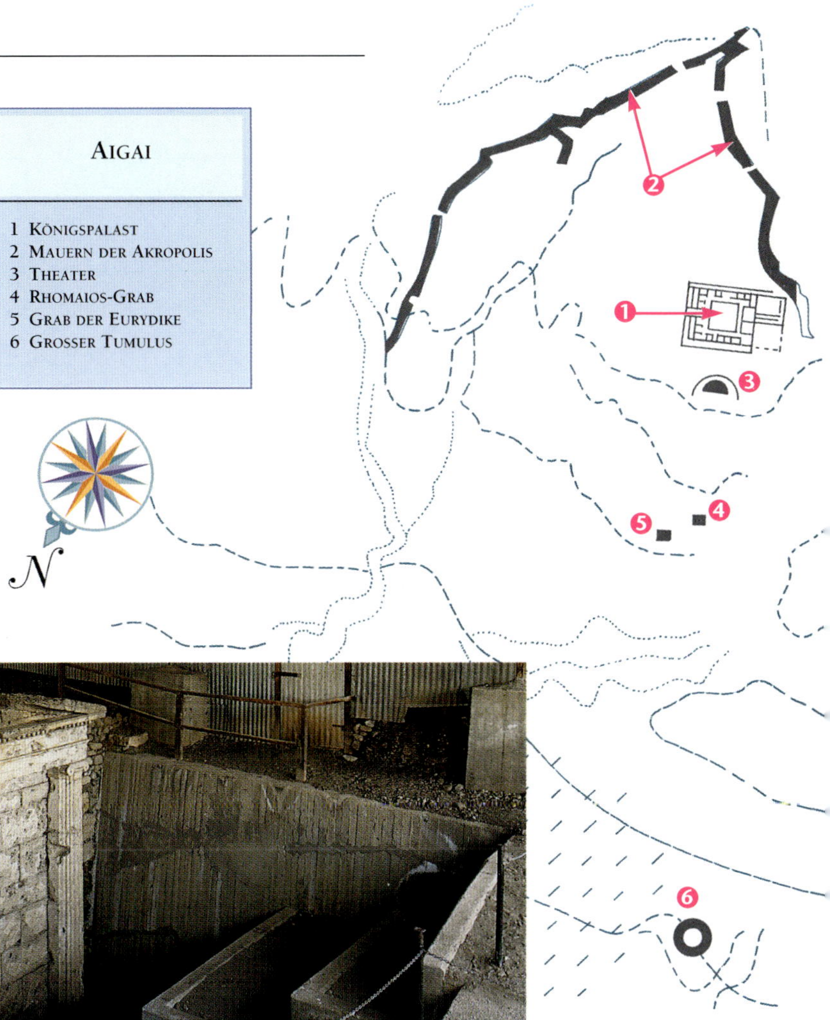

63 oben Die schlichte ionische Halbsäulenfassade am Rhomaios-Grab (um 250 v. Chr.) ist eines der vielen Beispiele der makedonischen Grabarchitektur, die man im antiken Aigai bewundern kann.

63 unten Dieser Kopf Philipps II. von Makedonien aus Elfenbein ist eines der ältesten und kleinsten Porträts der Kunstgeschichte. Man entdeckte ihn im Grab des Herrschers (Saloniki, Archäologisches Museum).

ähnlich spektakulären Effekt schuf man auch an der Nordseite mit einem langen überdachten Panoramabalkon, der beinahe an die ebenfalls überdachten Gehwege erinnert, die später die edelsten römischen Residenzen zierte.

Im Innenhof befand sich zur Linken ein Gebäude, bei dem es sich vermutlich um einen Tempel des Herakles handelte, dem mythischen Vorfahren der makedonischen Königsfamilie. Möglicherweise fungierte dieses Gebäude auch als Thronsaal (an einer Wand befindet sich eine Art Unterteil für einen großen Stuhl). Die zentralen Gebäude im Südteil werden von einer Tristylos-Halle unterteilt und dienten vermutlich als Audienzsäle. Im Saal Nr. 5 befindet sich ein herrliches Mosaik aus Kieselsteinen mit eleganten Blumenmotiven und weiblichen Figuren an den Ecken. Im Westteil liegen drei große Bankettsäle.

Etwas unterhalb des Palastes kann man die Ruinen des Theaters (3) und eine Reihe marmorner Sitze besichtigen (der Rest des Bauwerks bestand aus Holz). Das Theater stammt aus derselben Periode wie der Palast und wurde über dem noch älteren Theater aus Holz (5. Jh. v. Chr.)

errichtet, in dem Philipp II. von Makedonien 336 v. Chr. ermordet wurde.

An der Straße nach Vergina befinden sich auch die ersten makedonischen Tholosgräber mit Rundkammern und auf Kragsteinen ruhenden Gewölben. Es handelt sich dabei um Meisterwerke der Grabarchitektur. Das Rhomaios-Grab (4), benannt nach dem Archäologen, der es freilegte, wurde um 250 v. Chr. errichtet. Die Fassade zieren vier ionische Halbsäulen und ein Fries mit Blumenmotiven. Die Grabkammer, der ein *dromos,* eine kurze Eingangspassage, vorausgeht, birgt noch immer einen Marmorthron und ein gemauertes Bett. Ganz in der Nähe befindet sich auch das Grab der Eurydike (5), der Mutter Philipps II. Dieses Grab wurde ein Jahrhundert früher errichtet und

hat das größte Deckengewölbe, das man bisher in Gebäuden dieser Art fand. Die Grabkammer ist ebenfalls eine Besichtigung wert.

In einiger Entfernung liegt der große Tumulus (6) mit einem Durchmesser von 110 m aus der Zeit um 272 v. Chr. Er wurde, vermutlich zum Schutz vor Plünderungen, über einer älteren Grabstätte errichtet, die die Gräber Philipps II. und anderer Mitglieder der Königsfamilie aus dem 4. Jh. v. Chr. barg. Im Herbst 1977 wurden diese Gräber von dem Archäologen M. Andornikos freigelegt. Grab I, auch bekannt als Persephone-Grab, ist für tradition des 4. Jh. v. Chr., die von den antiken Autoren so hoch gepriesen wurde. Die Wände im Inneren des Grabes sind aus großen, sorgfältig verputzten *poros*-Blöcken gefertigt und werden von einem Kragsteingewölbe überspannt. Die beiden Kammern enthielten einen der größten archäologischen Schätze, der je gefunden wurde. Die zwei goldenen Behälter im Inneren der steinernen Truhen bargen die verbrannten Überreste Philipps II. und seiner Gemahlin Kleopatra.

Das kleinere Prinzengrab war vielleicht für Alexander IV. gedacht, den Sohn Alexanders des Großen, der um 310/309 v. Chr. zusammen mit seiner Mutter Roxane ermordet wurde. Die Eingangspassage zum Grab zieren Reste eines Freskos mit der Darstellung eines Wagenrennens.

64–65 Ein Meisterwerk griechischer Goldschmiedekunst des Bosporanischen Reiches ist dieser goldene Köcher mit trojanischen Motiven aus dem Grabschatz Philipps II. (Saloniki, Archäologisches Museum).

65 Die Paradekrone Philipps. II. besteht aus Eisen mit goldenen Verzierungen. Sie stammt aus dem Grab Philipps II. und seiner Gemahlin (Saloniki, Archäologisches Museum).

Besucher nicht zugänglich. Es wurde vermutlich bereits in der Antike geplündert, birgt jedoch noch immer ein exquisites Wandfresko, das die Entführung der Persephone durch Pluto darstellt. Die Ausführung des Freskos erinnert stark an den Stil von Nikias, einem der größten Künstler des antiken Griechenlands.

Das Grab Philipp II. ist auf wundersame Weise noch völlig intakt und ein herrliches Beispiel für ein makedonisches Doppelkammergrab mit ovalem Grundriss. Die Fassade täuscht eine Portikus vor, man tritt jedoch durch eine zweiflügelige Marmortür ein, die von eleganten dorischen Säulen mit einem farbigen dorischen Epistyl sowie einem Fries mit Jagdszenen eingerahmt wird. Die Jäger sind sowohl zu Fuß als auch zu Pferde dargestellt. Einige Experten glauben, dass die Figur in der Mitte Alexander den Großen darstellt und der Reiter, der mit dem Löwen kämpft, Philipp II. verkörpert. Der außergewöhnlich hohe künstlerische Wert und das ausgefallene Thema des Motivs lassen vermuten, dass es sich hierbei um eine speziell für dieses Grab angefertigte Arbeit handelt. Die Figuren wirken in ihrer Darstellung äußerst lebendig und spiegeln in ihren vielfältigen Haltungen die Spannung der Jagd wider. Auch in der Farbgebung tendiert das Werk zum dramatischen Realismus der großen Mal-

64 oben Die Ruinen des prächtigen Königspalastes in Aigai (Palatitsia) nahe Vergina lassen die Anordnung der Räume um einen zentralen Innenhof erkennen. Die Fußböden zieren viele hochwertige Mosaiken aus Flusskieselsteinen.

64 unten links Diese Rekonstruktion des Grabes von Philipp II. in Vergina zeigt die Lage der Kammern und Grabschätze.

64 unten rechts Der Fries an der Fassade des Grabes Philipps II. ist eines der seltenen intakten Beispiele für spätklassische griechische Wandmalerei. Sein Zustand ist allerdings äußerst bedenklich.

In der nahe gelegenen Stadt **Veria,** dem antiken **Beroia,** lohnt sich ein Besuch des Archäologischen Museums. Nicht weit von Kopanos entfernt liegt an der Straße nach Edessa die archäologische Stätte **Mieza.** Philipp II. schickte seinen Sohn Alexander dort ins Heiligtum der Nymphen zum Studium bei Aristoteles. Die Schule besaß geschmackvolle Portiken und Balkone, die sich gut in die malerische Landschaft einfügten.

Um einen vollständigen Eindruck von der makedonischen Grabarchitektur zu erhalten, sollte man auch **Lefkadia** besichtigen, das sich inmitten von Weinbergen und Obstgärten befindet. Das Große Grab mit der rechteckigen Vorkammer *(dromos)*, die breiter ist als die eigentliche Grabkammer *(thalamos)*, scheint mit seinem Kragsteingewölbe, den Mauern aus weichem Kalkstein und einer Fassade in Form eines zweistöckigen Tetrastylos, gekrönt von einem reich verzierten Tympanon, dem weit verbreiteten makedonischen Stil zu entsprechen. Vor allem die Fassade ist auf Grund ihrer architektonischen und malerischen Verzierungen sehr interessant. Vier dorische Halbsäulen teilen das untere Stockwerk in fünf Felder, von denen das größte das Tor *(stomion)* zur Grabkammer darstellt. Die obere Hälfte der seitlichen Felder zieren vier gut erhaltene Fresken. Sie zeigen Szenen, die man in der gesamten Geschichte der griechischen Kunst, außer auf einigen minderwertigen Vasen, noch nirgendwo sonst gefunden hat: Hermes Psychopompos (Hermes in seiner Rolle als Führer der Seelen in die Unterwelt) bringt den Göttern Hades, Aiakos und Rhadamanthys den toten Krieger.

Beide Stockwerke werden durch einen dorischen Fries mit alternierenden Triglyphen und Metopen voneinander getrennt, gekrönt von einem ionischen Fries aus bemaltem Putz. Das obere Stockwerk zieren sieben falsche Fenster und ionische Halbsäulen. Der dorische Fries auf dem Gebälk weist elf Metopen mit Kampfszenen zwischen Menschen und Zentauren auf. Der umlaufende ionische Fries stellt eine grausame und dramatische Schlacht zwischen Makedoniern und Persern dar. Das Thema erinnert an die Kampfszenen zwischen Griechen und Persern oder zwischen Achäern und Trojanern, die oft an sakralen Gebäuden als Metaphern für den ewigen Konflikt zwischen Gut und Böse zu finden sind. In diesem Fall jedoch ist das Motiv auch eine Anspielung auf den aristokratischen und heroischen Status des Verstorbenen und das melancholische Memento an die Brutalität des Todes. Das Große Grab stammt aus der Zeit Alexanders des Großen (336–323 v. Chr.).

Zu den anderen bedeutenden Gräbern in der Nähe zählen das Kinch-Grab (um 300 v. Chr.), benannt nach dem dänischen Forscher, der es 1881 als Erster untersuchte, sowie das Grab von Lyson und Kallikles (3. Jh. v. Chr.), das anhand der Inschrift auf dem Architrav der Tür identifiziert wurde. Dieses Grab ähnelt einer aristokratischen Kapelle mit einem sehr einfachen Grundriss.

In **Edessa,** dem wunderschönen Thermalkurort in der Provinz Pella (berühmt für ihre Wasserfälle), sollte man den freigelegten Teil der antiken Stadt besichtigen. Vor allem die Mauern verdienen Beachtung mit den Turmruinen und einem Stadttor (4. Jh. v. Chr.), das sich zu einer langen gepflasterten Straße öffnet, die von ionischen Säulenbogen mit spätklassischen Inschriften gesäumt und von gut erhaltenen hellenistischen Wohnblöcken flankiert wird.

66 links Die Sammlung von Grabstelen, Sarkophagen und architektonischen Fragmenten in Veria, dem antiken Beroia, wird im Garten des örtlichen Archäologischen Museums gezeigt.

66 Mitte Die Inschrift auf dieser marmornen Grabstele ist zwar in Griechisch verfasst, stammt jedoch aus der mittleren römischen Kaiserzeit. Die Stele kann heute im Garten des Archäologischen Museums von Veria besichtigt werden.

66 oben rechts Dieser wunderschön gearbeitete Kopf der Medusa, der in der sanften römisch-hellenistischen Tradition porträtiert wurde, ziert ein Marmorfragment im Museum von Veria.

66 Mitte rechts Blick auf die Portikus in Edessa, eine der Hauptattraktionen des großen archäologischen Bereichs der Stadt. Es ist erstaunlich, wie viele der ionischen Säulen noch heute stehen.

66 unten rechts Große Teile der massiven Mauern von Edessa sind noch immer in guter Verfassung und verdienen einen bewundernden Blick, ehe man durch das Tor den bereits freigelegten Teil der antiken Stadt betritt.

67 oben Blick aus einem der Bankettsäle im Haus des Dionysos, der von einem ionischen Peristyl gesäumt wurde. Der Mosaikfußboden des Raumes trägt ein Karomuster aus schwarzen und weißen Flusskieselsteinen.

67 unten Auf wundersame Weise blieben diese beiden Tonkrüge (pithoi) erhalten. Sie stehen im Westteil der Agora von Pella, wo sich viele Werkstätten und Läden befanden.

Auf keinen Fall sollte man einen Besuch der archäologischen Stätte **Pella** versäumen, die man über die E86 in Richtung Saloniki erreicht. Pella wurde im 4. Jh. v. Chr. die neue Hauptstadt des Königreichs Makedonien und erlebte eine mehr als 200 Jahre währende Blütezeit.

Man sollte die Besichtigungstour an der großen Agora (1) beginnen. Dieser Marktplatz, einer der größten der griechischen Welt (238 m x 262 m), war von Arkaden umgeben, die zu zahlreichen Werkstätten führten. Anhand der archäologischen Funde rekonstruierte man, dass

im Osten vor allem Töpferwaren wie Vasen und Statuetten verkauft wurden, mit denen die unerschöpfliche Nachfrage nach Votivgaben für die Heiligtümer und nach in Massen produzierten Souvenirs befriedigt werden sollte. Im Süden gab es Lebensmittelläden und Schmieden, im Westen dagegen Boutiquen für Parfüm und Haushaltswarengeschäfte. Im Norden befanden sich vor allem Verwaltungsbüros (überwiegend in dem halbrunden Gebäude).

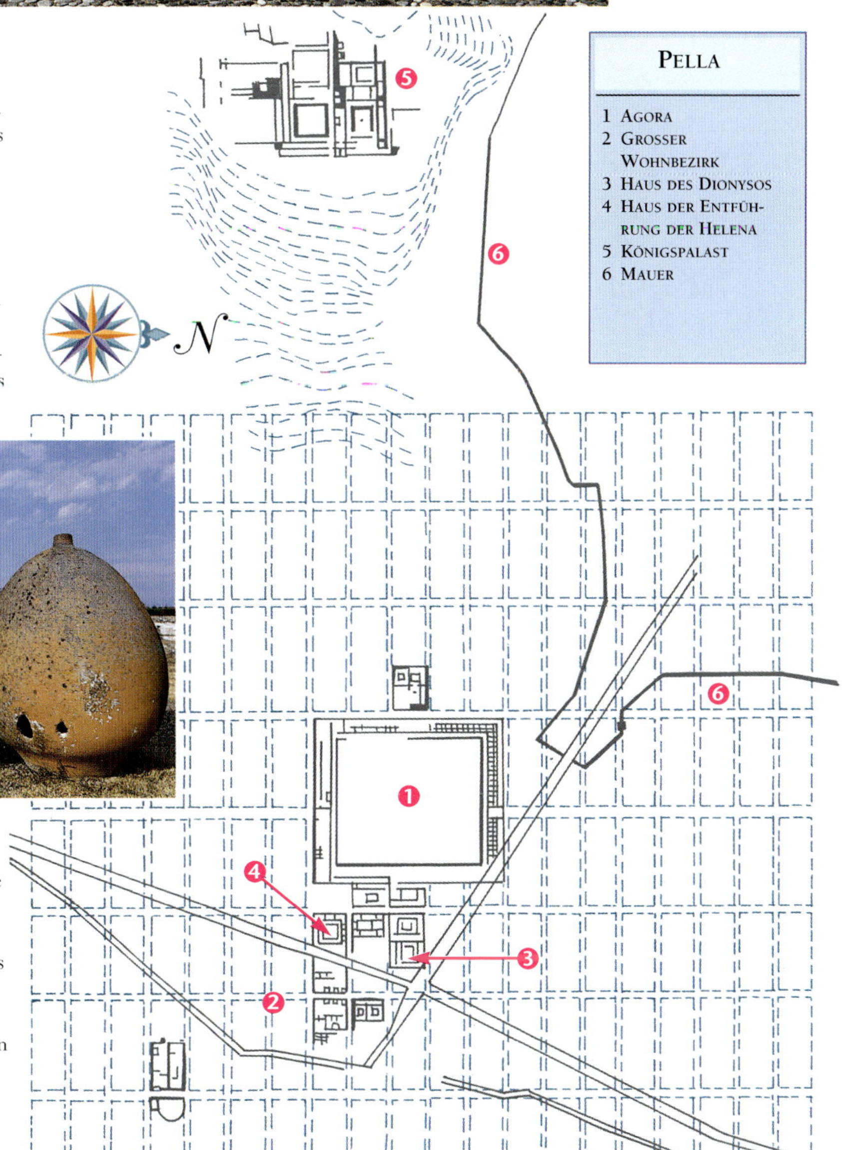

68–69 Dieses Meisterwerk makedonischer Mosaikkunst findet man im Haus des Dionysos. Es zeigt Alexander den Großen bei der Löwenjagd (Pella, Archäologisches Museum).

68 Dieses herrliche Mosaik verlieh dem Haus der Entführung der Helena seinen Namen. Während Theseus sein Opfer an sich drückt, steht Phorbas schon mit einem Fluchtwagen bereit.

Die Tour geht weiter mit einem Besuch des großen Wohnbezirks (2), in dem sich, nach Meinung einiger Experten, einst die luxuriösen Häuser der *hetairoi* (königliche Gefährten) Alexanders des Großen befunden haben.

Das Haus des Dionysos (3) wird von der E86 zweigeteilt, die durch den kleineren Hof verläuft. Dieser weist ein ionisches Peristyl auf (A), das mit alten und neuen Materialien restauriert wurde. Die prachtvollsten Räume auf der West- und Nordseite des Hofes mit dem dorischen Peristyl (B) sind leicht zu erkennen: Der Mosaikboden im Bankettsaal (C) mit dem geometrischen Motiv ist gut erhalten. Die berühmten Mosaiken der angrenzenden Räume (D–E) können im Archäologischen Museum bewundert werden. Sie zeigen Dionysos auf einem Panther, einen Hirsch in den Fängen eines Jagdhundes und Alexander den Großen bei der Löwenjagd. Das rhombenförmige Mosaik in der Eingangshalle im Norden ist noch intakt.

69 „Gnosis hat es erschaffen" – dieses Epigraph hat der Künstler stolz in das Mosaik mit dem Motiv einer Hirschjagd eingefügt, das im Haus der Entführung der Helena entdeckt wurde (Pella, Archäologisches Museum).

Zwei Blöcke weiter westlich liegt das interessante Haus der Entführung der Helena (4), ein wunderbares Beispiel einer hellenistischen Residenz mit einem dorischen Peristyl und noch zwei prächtigen Bodenmosaiken aus der Vielzahl derer, die einst die Räume schmückten. Der große Bankettsaal (G) auf der Nordseite weist ebenfalls noch Mosaikfragmente auf, die die Geschichte der Entführung der Helena durch Theseus darstellen, der unabsichtlich Paris zuvorgekommen war. Das Mosaik im angrenzenden Raum (H) zeigt das bekannte Motiv einer brutalen

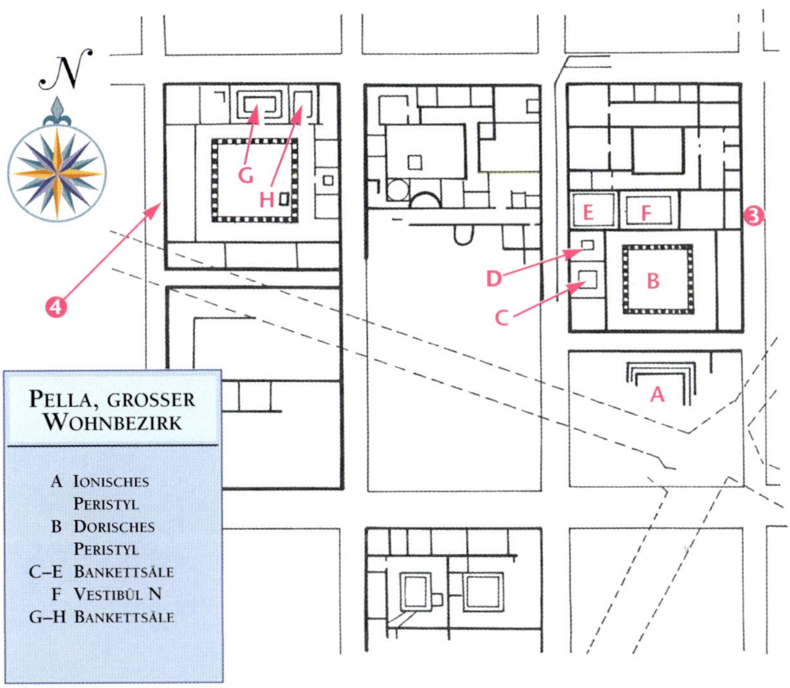

Hirschjagd mit der Inschrift *Gnósis epoíesen*, „Gnosis hat es erschaffen".

Die Hauptattraktion des Archäologischen Museums ist das Mosaik, das Alexander den Großen bei der Jagd auf einen Löwen zeigt, ein Meisterstück protohellenistischer Mosaikkunst. Die Szene zeigt eine Jagd, die tatsächlich in der Nähe der persischen Stadt Susa stattgefunden hat. Während dieser brutalen Jagd rettete Krateros, ein *hetairos* (königlicher Gefährte) Alexanders des Großen, dem Herrscher das Leben. Das Mosaik ist ein strahlendes Beispiel der steinernen Teppiche, die dazu dienten, die Gemälde der bedeutendsten Künstler des makedonischen Hofes in Stein zu übertragen und zu erhalten. Diese Gemälde zierten einst die Häuser der Adeligen der Hauptstadt. Einige Experten sind der Ansicht, dass das Werk von einem der größten Maler seiner Zeit erschaffen wurde, entweder von Melantios oder von Apelles, und dass es von der Arbeit des berühmten Bildhauers Lysippus inspiriert wurde.

Saloniki

1 Galeriusbogen
2 Kaiserpalast
3 Rotunde (ursprünglich Mausoleum)
4 Agora
5 Odeion
6 Mauern des Theodosius
7 Aghios Dimitrios
8 Akropolis

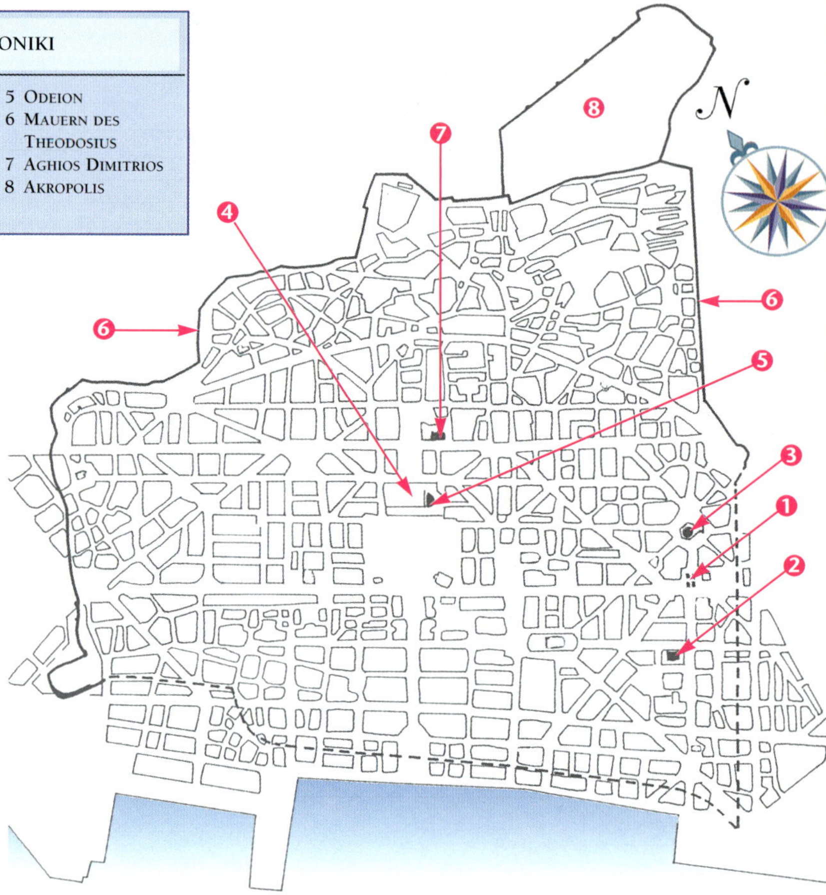

Der letzte Halt auf der Reise durch Makedonien sollte die Hauptstadt **Saloniki** (griechisch Thessaloniki) sein, die 315 v. Chr. von Kassander gegründet wurde. Nach der Eroberung Salonikis durch die Römer wurde die Via Egnatia erbaut, die den Adriahafen Dyrrachion (Durres in Albanien) mit Byzantion (Istanbul in der Türkei) verband. Später wurde Saloniki unter Galerius kaiserliche Hauptstadt und wichtiger Stützpunkt für die Verbreitung des christlichen Glaubens.

Das Archäologische Museum zeigt eine Sammlung von Objekten, die einen historischen Überblick über Stadt und Region bieten, von der prähistorischen Zeit bis zu der Periode, als das archaische Zentrum Therme auf dem Höhepunkt seiner Macht stand. In einem separaten Flügel kann man archaische und klassische Goldarbeiten aus dem Grab des Sindos besichtigen ebenso wie Fundstücke der Gründungs- und Blütezeit von Saloniki. Die bedeutende Rolle, die die Stadt Kassanders in der Region spielte, wird anhand der Funde aus der makedonischen Epoche und der Römischen Zeit belegt. Beeindruckend sind unter anderem die Juwelen aus den Königsgräbern von Vergina, deren schönste Stücke aus dem Grab Philipps II. stammen. Eines der bedeutendsten Exponate ist der Krater von Derveni (um 330 v. Chr.), ein Meisterwerk makedonischer Metallbearbeitung. Es handelt sich dabei um ein großes Bronzegefäß, das man im Grab eines thessalonischen Aristokraten in der Nähe von Saloniki fand. Der Körper des Kraters zeigt die Hochzeit von Dionysos und Ariadne. Der Gott sitzt nackt auf einem Felsen neben einem Panther. Ariadne, bekleidet mit einem durchsichtigen Gewand, legt den Brautschleier ab und bietet sich symbolisch ihrem Bräutigam dar. Um die beiden Hauptfiguren wird ein rauschendes Fest gefeiert, bei dem sich Mänaden (Bacchantinnen) in ekstatischen Tänzen winden, an denen sich Satyrn ergötzen. Bemerkenswert ist die plastische Figur einer Mänade, die in sanftem Schlummer liegt. Ihr Gesicht wirkt leicht überschattet, vielleicht aus Traurigkeit über das nahende Ende des Festes oder aus reiner Erschöpfung.

70 links Der Galeriusbogen (297–303) bietet noch immer einen imposanten Anblick. Sein Dekor erzählt von den Heldentaten des römischen Heeres im Osten.

70 rechts Ein Spaziergang entlang der Mauern des Theodosius (Ende 4. Jh.) ist auch für Touristen mit wenig Zeit sehr interessant, denn die Mauern sind ein exzellentes Beispiel für eine spätantike Befestigungsanlage.

71 Bedeutende Momente der römischen Geschichte sind auf dem Galeriusbogen in Saloniki festgehalten. Von oben nach unten: Der römische Kaiser spricht zu seinen Soldaten; die Anführer der Barbaren ergeben sich; ein Opfer wird dargebracht.

72 oben Diese Bronzelampe aus dem 4. Jh. v. Chr. gehörte zu den Grabschätzen Philipps II. von Makedonien (Saloniki, Archäologisches Museum).

72 unten Von großer Bedeutung ist die Sammlung attischer Sarkophage aus dem 2. und 3. Jh. im Archäologischen Museum von Saloniki. Dieses Exemplar ist mit epischen Reliefdarstellungen verziert.

72–73 Ein Juwel makedonischer Kunst: der Krater von Derveni (um 330 v. Chr.). Das Foto zeigt ein Detail der vergoldeten Bronzereliefs, die die Hochzeit von Dionysos und Ariadne darstellen (Saloniki, Archäologisches Museum).

73 links Das Antlitz der Medusa, die jeden, der sie ansah, in Stein verwandelte, was jedoch bei diesem goldenen Exemplar aus dem Archäologischen Museum in Saloniki nicht passieren kann.

73 rechts Der Krater von Derveni mit großen volutenförmigen Henkeln, eleganten Reliefs, detailliert gearbeiteten Figuren und dionysischem Dekor (Saloniki, Archäologisches Museum)

Ebenso brillant sind die Furcht erregenden Herakleshäupter, die wie Masken in die Voluten der Henkel eingefügt wurden und von Schlangenleibern umgeben sind.

Der Galeriusbogen (1) wurde 297–303 anlässlich der römischen Siege in Armenien, Persien und Mesopotamien errichtet. Dieses Bauwerk gehörte zu den monumentalen Gebäuden, die auf einer Achse im rechten Winkel zur Via Egnatia den Kaiserpalast (2) mit der Rotunde (3) verbanden. Diese wurde vermutlich als Mausoleum erbaut und in der zweiten Hälfte des 5. Jh. in die Kirche Aghios Georgios (heiliger Georg) umgewandelt. Noch heute kann man in der Kirche Mosaiken aus der Zeit des Theodosius bewundern, auf denen Heilige vor einem vergoldeten Hintergrund oder vor Abbildern des Neuen Jerusalems dargestellt sind. Der Galeriusbogen ist das größte Steinmetzmonument aus der tetrarchischen Zeit und war ursprünglich von einer Kuppel gekrönt. Zwei der riesigen mit Reliefs verzierten Pfeiler, die die Siege des Galerius darstellen, sind noch erhalten. Die Reliefs zeigen Figuren in stereotypen Posen, ohne Berücksichtigung von Perspektive und Raum. Die Kampfszenen wurden nicht nach historischen Motiven reproduziert, sondern vermutlich nach Modellen, die schon seit Dekaden von der mittelhellenistischen Schule für das Dekorieren von Sarkophagen verwendet wurden. Aber auch in diesem Fall wurde streng auf die hierarchische Ordnung geachtet: Römer oben, Barbaren unten. Die perspektivische Darstellung der exotischen Landschaften und der Versuch, die Ansichten der kaiserlichen Paläste wiederzugeben, sind dagegen sehr originell.

Auf der griechisch-römischen Agora (4) erkennt man die Spuren eines Odeions aus dem 2. Jh. und der Portiken, die den Platz säumten. Die Mauern des Theodosius (6) sind im Osten und Norden gut erhalten, da sie im Mittelalter restauriert wurden. Frühbyzantinische Kunstschätze kann man in den Kirchen Aghios Dimitrios (7) und Acheiropoietos besichtigen.

Von Saloniki gelangt man schnell nach **Olynth.** Diesen Namen trägt der Ort seit dem städteplanerischen Projekt im Sinne von Hippodamos aus Milet, das in der zweiten Hälfte des 5. Jh. v. Chr. hier durchgeführt wurde. Olynth war im Altertum eine blühende unabhängige Stadt, Hauptstadt des Staates der Chalkidier. Im Olynthischen Krieg (383–379 v. Chr.) wurde die Stadt durch Sparta vernichtet. Sie wurde jedoch bald wieder aufgebaut und 349/348 v. Chr. von Philipp II. von Makedonien erneut zerstört.

Der Grundriss der Stadt ist gitterförmig mit großen Hauptstraßen, die von Norden nach Süden verlaufen, und kleineren Nebenstraßen, die lange Wohnblöcke entstehen ließen (86 m x 35 m). An ihrer Längsseite wurden diese Blöcke wiederum von einer Gasse durchbrochen, die als Durchgang, Belüftung und Wasserablauf diente. So entstanden jeweils zwei Reihen mit je fünf Häusern.

Während die öffentlichen Gebäude (wie Agora und Buleuterion) konventionell angelegt waren, präsentierten sich die Wohnhäuser in neuem Design. Sie verfügten über einen mehr oder weniger standardisierten Grundriss mit Räumen, die sich um einen teilweise von Säulen-

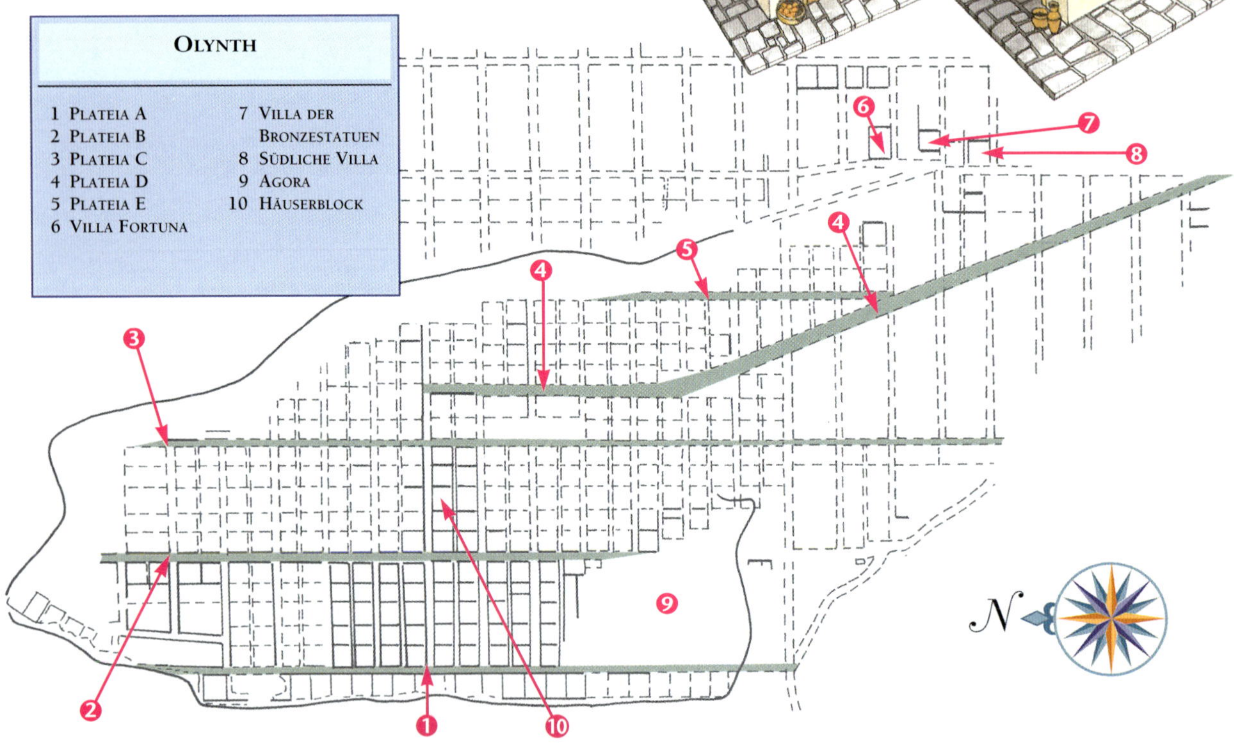

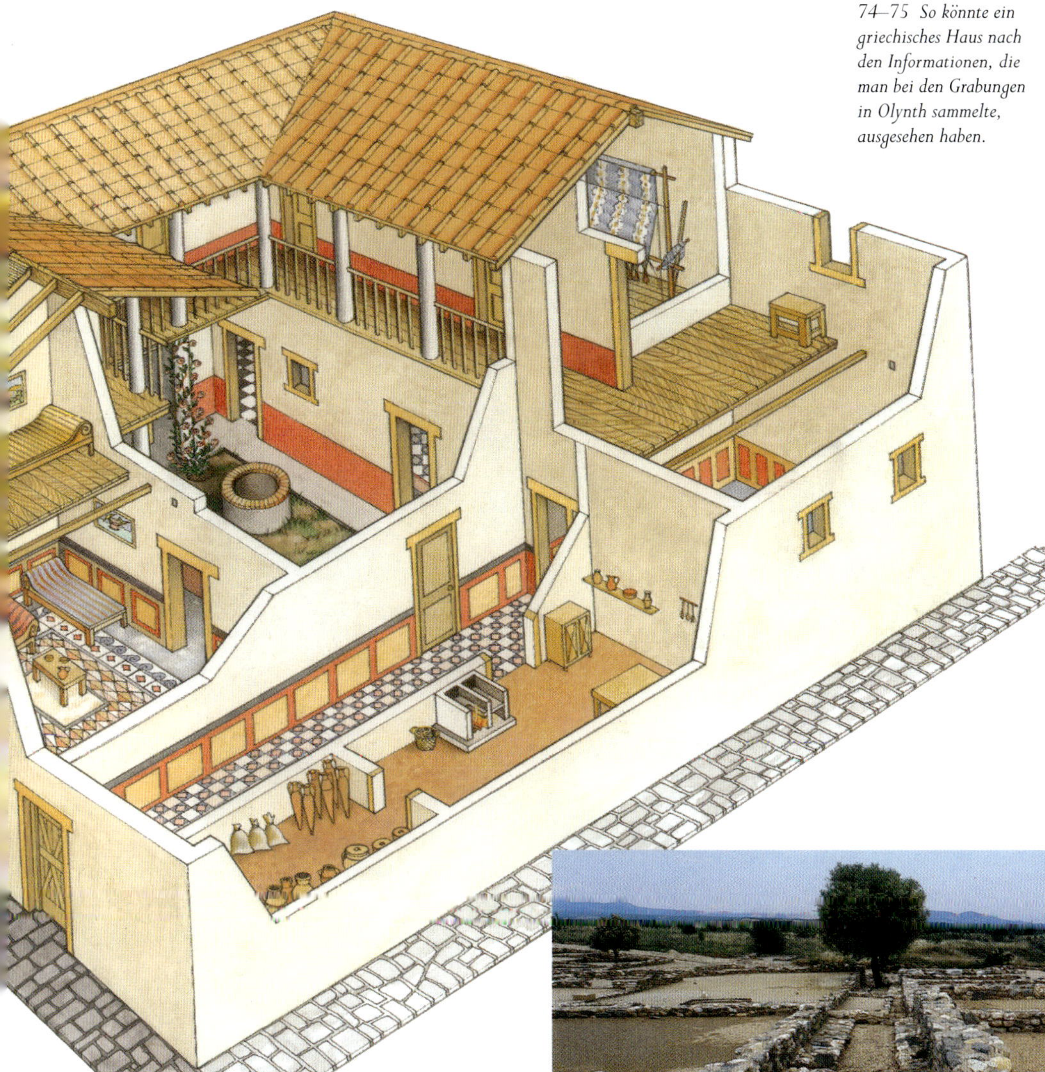

74–75 So könnte ein griechisches Haus nach den Informationen, die man bei den Grabungen in Olynth sammelte, ausgesehen haben. Bemerkenswert sind die funktionale Aufteilung der Räume und die Tatsache, dass es ein oberes Stockwerk gibt.

75 oben Der perfekte Grundriss der Stadt Olynth mit den rechtwinklig angelegten Straßen und den gleichgroßen Häuserblöcken ist heute noch gut zu erkennen.

75 unten Bei den Ausgrabungen in Olynth wurden auch einige Sarkophage und Grabstelen zutage gefördert. Sie sind zwar nicht von großer Bedeutung, wurden aber dennoch an der Straße zur Grabungsstätte aufgestellt.

74 oben Auf diesen Mühlstein in exzellentem Zustand trifft man an der Straße, die zu den Ausgrabungen von Olynth führt. Der Mühlstein stammt übrigens aus einem Haus des 4. Jh. v. Chr.

gängen gesäumten Innenhof gruppierten. Jedes Haus besaß Wohnzimmer, Küche und ein kleines Badezimmer. Mehrere Häuser verfügten auch über ein Obergeschoss, das sich zumindest über einen Teil des Erdgeschosses erstreckte.

Die luxuriösen Villen im Osten der Stadt waren Vorläufer des späteren griechischen und römischen Wohnstils mit Peristylen und Fußbodenmosaiken aus Flusskieselsteinen, die mythologische Szenen darstellten. Die besten Mosaiken sieht man in der berühmten Villa Fortuna (6), die um 400 v. Chr. erbaut wurde.

THRAKIEN

76 oben Die Überreste der plutei, transennae *und Säulen mit dem immer wiederkehrenden Kreuzsymbol kann man im Ostteil der Akropolis von Amphipolis sehen. Hier wurden mehrere frühchristliche Kirchen freigelegt.*

76 unten Die imposante Figur des Grablöwen des Laomedon von Mytilini in Amphipolis wurde von orientalischen Vorbildern inspiriert. Sie heißt die Besucher der „doppelten Stadt" auf der Straße zur Akropolis willkommen.

77 oben Wie in allen griechischen Städten legte man auch in Amphipolis Wert auf eine Verschönerung des Zentrums und errichtete dort öffentliche Gebäude wie das Gymnasion, dessen Ruinen dieses Foto zeigt.

AMPHIPOLIS

1 LÖWE
2 LANGE MAUER
3 RESTE DER BRÜCKE ÜBER DEN STRUMA
4 NEKROPOLE
5 GYMNASION
6 FRÜHCHRISTLICHE BASILIKEN
7 SPÄTKAISERLICHE RÖMISCHE VILLA
8 GRIECHISCHES WOHNHAUS

Das antike Thrakien war viel größer als die heutige Provinz gleichen Namens. Der Westteil des antiken Thrakiens gehört heute zu Makedonien, der Nordteil zu Bulgarien und alles, was östlich von Evros liegt, ist Teil der Türkei. Dieses Kapitel befasst sich nur mit dem Bereich Thrakiens, der auch heute noch in Griechenland liegt. Die Landschaft dieser Region ist abwechslungsreich und wird von den zerklüfteten Bergen des Rodopi-Gebirges im Norden beherrscht. An der Küste findet man felsige Klippen, bezaubernde Lagunen, bewaldete Hügel und ausgedehntes Weideland.

Vom 2. Jahrtausend v. Chr. an wurde die Gegend von den Thrakern bewohnt. Ihre blühende Kultur (8.–4. Jh. v. Chr.) beruhte auf einer pyramidenförmigen Hierarchie mit einem Monarchen an der Spitze, der von der Aristokratie unterstützt wurde. Die Wirtschaft gründete sich in erster Linie auf die Mineralvorkommen in den Bergen. Da Thrakien die Verbindung zwischen der Ägäis und dem Schwarzen Meer darstellt, war es permanent gezwungen, sich gegen griechische und makedonische Expansionsbestrebungen zur Wehr zu setzen. Schließlich eroberte Makedonien im 4. Jh. v. Chr. die Region und im 2. Jh. v. Chr. wurde sie dem Römischen Reich einverleibt. Als römische Provinz unter Kaiser Justinian gelang es Thrakien trotz zahlreicher Barbarenangriffe im 4. Jh., seine ruhmreiche Vergangenheit wenigstens teilweise wieder aufleben zu lassen.

Der erste Halt in Thrakien sollte **AMPHIPOLIS** sein, die „doppelte Stadt" an den Ufern des Struma (griechisch Strymon). Von den Athenern 437 v. Chr. gegründet, bereits 424 v. Chr. von den Spartanern und 357 v. Chr. von den Makedoniern erobert, wurde Amphipolis schließlich die Hauptstadt eines der vier Verwaltungsgebiete der römischen Provinz Makedonien (2. Jh. v. Chr.) und erlebte bis ins 6. Jh. eine Blütezeit.

Die Reise beginnt beim Löwen (1) von Amphipolis, einem grandiosen Grabmonument aus der Zeit um 300 v. Chr. im Gedenken an Laomedon aus Mytilini, dem Admiral der Flotte Alexanders des Großen. Auf der anderen Seite des Flusses befindet sich die Lange Mauer (2), die sich auf einer Länge von 7,5 km um den Hügel erstreckt und noch über einige Türme und Stadttore verfügt. Der größte Teil der in isodomischer Bauweise errichteten Stadtmauer, der heute noch steht, stammt aus der Zeit ab dem 5. Jh. v. Chr., als die Stadt neu befestigt wurde. Zwischen dem Ende des 3. und der Mitte des 2. Jh. v. Chr. wurden die Mauern in pseudoisodomischer Bauweise vollendet. Der interessanteste Teil befindet sich im Nordwesten; hier kann man auch die außergewöhnlich seltenen Überreste von hölzernen Brückenpfeilern (3) besichtigen. Die Brücke erlangte Berühmtheit, weil dort der Spartaner Brasidas im Peloponnesischen Krieg einen Entlastungsangriff startete.

An der Ostseite der Langen Mauer befinden sich eine klassische und hellenistische Nekropole (4) sowie das Gymnasion (5) aus dem 3.–2. Jh. v. Chr. Eine über 15 m breite, nach Osten ausgerichtete Treppe diente als Eingang, dem in der augusteischen Zeit ein zweisäuliger ionischer Propylon (Eingangstor) vorgebaut wurde. Um die großen Innenhöfe scharen sich, gegen den Uhrzeigersinn, die Umkleide- und Waschräume der Athleten *(loutron)* mit Marmorfußböden und Becken, der Schrein *(sacellum)*, der Hermes geweiht war, das Aufseherbüro, die Ringkampfhalle mit einer ovalen Sandgrube im Fußboden sowie die Trainingsbereiche. Der Hof, der für religiöse Zeremonien und Opfer zu Ehren des Herakles genutzt wurde, befindet sich im Norden. Auf der anderen Seite der Treppe liegt der Xystos.

Die Mauern der Akropolis umfassen die Ruinen frühchristlicher Basiliken (6) aus dem 5. und 6. Jh. Danach geht es weiter

77 unten links Die schönen Mosaiken der frühchristlichen Basilika in Amphipolis gehören stilistisch zu einer Art thematischen und formellen Koinons, das sich im 4. und 5. Jh. von Makedonien aus bis nach Konstantinopel verbreitete.

77 unten rechts Der umgedrehte frühchristliche Sarkophag datiert aus der zweiten Hälfte des 5. Jh. und ist mit einem Kreuz verziert. Er liegt zwischen den Überresten der Basilika von Amphipolis.

78 Auf den Nordterrassen der Stadt im Windschatten der Akropolis stehen die Ruinen kleiner Heiligtümer. Das Foto zeigt die Überreste des Heiligtums, das Diana und Silvanus geweiht war.

78–79 Über den Ruinen des großen Forums von Philippi nach Westen gerichtet, nicht weit entfernt von der Kurie, sind das große Tor und der Architrav alles, was von der Bibliothek übrig geblieben ist.

79 oben links Die Zuschauerränge des Theaters in Philippi scheinen ungewöhnlich wenig anzusteigen. Das Theater ist gut erhalten, allerdings nicht im Originalzustand. Die Römer bauten es für öffentliche Spiele um.

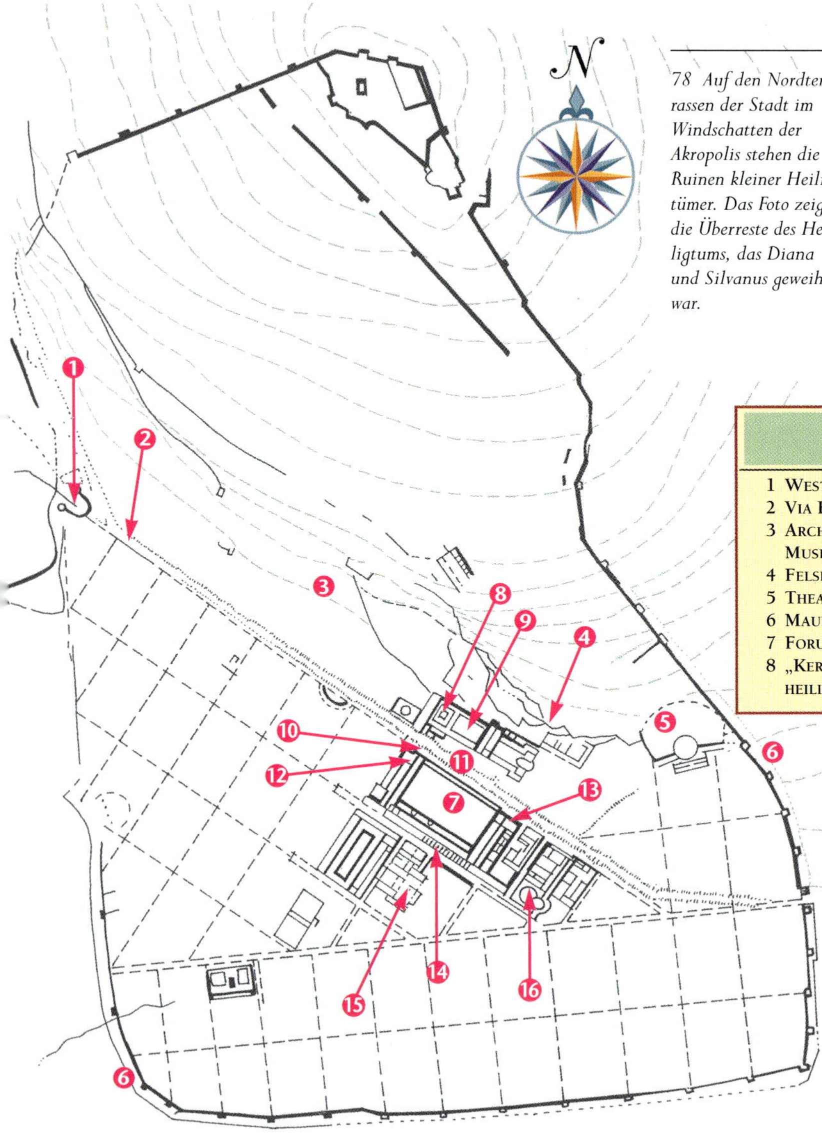

PHILIPPI

1 Westtor	9 Basilika A
2 Via Egnatia	10 Bogen
3 Archäologisches Museum	11 Rednerbühne
4 Felsenheiligtümer	12 Kurie
5 Theater	13 Sebasteion
6 Mauern	14 „Straße der Händler“
7 Forum	15 Basilika B
8 „Kerker des heiligen Paulus“	16 Oktogon

79 oben rechts Nicht weit entfernt vom Theater erheben sich gegen den Hintergrund der Mauer im Ostteil der Stadt die Ruinen eines kolossalen Bogens. Ähnliche Ruinen findet man auch an der Via Egnatia nahe bei Krenides.

zu den Ruinen einer großen römischen Villa aus der späten Kaiserzeit (7) mit Mosaikfußböden, die mythische Motive zeigen. In der Nähe befinden sich auch die Überreste eines griechischen Wohnhauses (8) mit seltenen Fragmenten von bemaltem Wandputz, der Malereien imitiert, die einst die nicht mehr erhaltenen griechischen Paläste zierten. Diese Malereien gehören zu den ältesten der Welt. Im Ort selbst gibt es ein kleines Archäologisches Museum.

Der nächste Halt ist der archäologische Park von **Philippi,** das von Philip II. von Makedonien an der Stelle von Krenides, einer Kolonie von Thasos, neu gegründet wurde. Die Stadt war Durchgangsort auf der Via Egnatia und wurde berühmt als Schauplatz des Kampfes von Marcus Antonius und Oktavian gegen Brutus und Cassius (42 v. Chr.). Nachdem die Stadt 41 v. Chr. Teil der römischen Kolonie geworden war, teilte man das umliegende Land in mehr oder weniger gleich große Areale auf, die den Veteranen aus den Bürgerkriegen zugeteilt wurden. Seine Blütezeit erlebte Philippi zwischen dem 2. und dem 3. Jh. und die meisten noch erhaltenen Ruinen stammen aus dieser Zeit des Wohlstands. Die Ost-Kaiser errichteten hier prächtige christliche Bauwerke: Philippi war vom heiligen Paulus persönlich christianisiert worden, der hier die erste christliche Gemeinde Europas etablierte. Vermutlich ist es auch kein Zufall, dass die erste Märtyrerin in der Geschichte der westlichen Kirche, die heilige Lydia, hier geboren wurde.

Die Straße nach Kavala führt durch die mit Türmchen besetzte Mauer zum alten Westtor (1) mit einem dreigeteilten Zugangsweg, der von zwei runden Säulen flankiert wird. Die Straße verläuft parallel zur antiken Via Egnatia (2), deren Pflaster

noch gut erhalten ist. Der Weg, der vom Archäologischen Museum (3) zum Theater (5) führt und in die Felsen des Südhangs der Akropolis geschlagen wurde, bietet einen herrlichen Blick über die gesamte archäologische Stätte. Er verläuft durch die Felsenheiligtümer (4) der Diana, der Kybele, der Minerva, des Jupiter und des Thrakischen Ritters, einer lokalen Gottheit, die in der Zeit des Augustus von der römischen Religion übernommen wurde. Diese Heiligtümer datieren aus dem 2. und 3. Jh. Am Gipfel des Akropolishügels kann man die Ruinen der hellenistischen Mauern (6) bewundern. Vom Theater, das zur selben Zeit wie die Stadt erbaut wurde, sind nur Ruinen der Korridormauern *(parodoi)*, die zur Orchestra und zu den Resten der Zuschauerränge führen, erhalten. Das Proszenium ist völlig zerfallen. Unter Severus war die Orchestra in eine runde Arena mit unterirdischen Gängen umgebaut worden, um darin Gladiatorenkämpfe abhalten zu können.

Das Zentrum der antiken Stadt wird vom römischen Forum (7) dominiert, einem der größten der Antike (ca. 100 m x 50 m), erbaut unter Kaiser Mark Aurel. Die obere Terrasse, die das Nordende des Forums markierte, beherbergte das Kapitol der Stadt. Von den römischen Tempeln und Gebäuden, die einst dort standen, blieb nichts erhalten. Lediglich die unterirdische Kammer (8) vor dem Atrium der Basilika A (9) ist noch zu sehen. Man weiß nicht genau, wozu diese Kammer diente, aber sie trägt den überlieferten Namen „Kerker des heiligen Paulus“, auch wenn es dafür keine Beweise gibt. Basilika A ist ein imposantes frühchristliches Bauwerk aus dem 5. Jh., das durch ein von Säulen umstandenes Atrium betreten wird. Der

Narthex, ein Bereich, der für die Gläubigen reserviert war, die noch nicht getauft waren, ist mit einem kleinen Baptisterium im Nordteil verbunden. Dahinter befindet sich die eigentliche Kirche mit einem Grundriss in Form eines lateinischen Kreuzes, drei Schiffen und einer zentralen Apsis mit einem angrenzenden *synthronon,* in dem die Priester saßen. Zur Krypta im Mittelschiff führte ein Treppe hinab.

Die Treppe vor dem Hof des „Kerkers des heiligen Paulus" führte zu dem darüber liegenden Tempel. Heute wird sie von der Via Egnatia unterbrochen und führt durch einen Bogen (10) zum Forum. Der große gepflasterte Platz war im Osten, Süden und Westen von Säulengängen gesäumt, während im Norden die Rednerbühne (11) lag, die der Rostra auf dem Forum Romanum nachgebildet war. Es handelte sich dabei um ein großes Podium, dekoriert mit den Schiffsschnäbeln von im Kampf besiegten feindlichen Schiffen. Zu beiden Seiten befanden sich zwei große Brunnen. In einer Ecke stand die Kurie (12), ein korinthischer Tempel mit einem Distylos, in dem der Senat und

die Verwaltungsbüros der Stadt untergebracht waren. An der anderen Ecke war das Sebasteion (13), ein völlig identisches Gebäude, das jedoch als Tempel diente und über einer alten Kapelle errichtet worden war, die der Gens Julia-Claudia (der Julio-Claudianischen Familie) geweiht war. Daran grenzte ein langes Fundament, auf dem einst die Statuen der Priester standen, die dem Kult der Livia Augusta dienten. Der große Platz wurde im Süden von einer Straße flankiert, der so genannten „Straße der Händler" (14), an der sich zahlreiche Geschäfte befanden, von denen heute noch einige erkennbar sind. Die Ladengebäude sahen alle gleich aus und besaßen ein oberes Stockwerk. An dieser Straße stehen auch die Ruinen einer luxuriösen augusteischen Residenz mit Mosaikfußböden.

Die Basilika B (15), mit äußerst massiven Mittelsäulen und ebenfalls mit einem Narthex vor dem Hauptgebäude ausgestattet, wurde um 560 errichtet und war ein Opfer der architektonischen Experimente, die zur Zeit des Kaisers Justinian durchgeführt wurden. Das Ergebnis war, dass die große Kuppel (ca. 30 m hoch) schon sehr bald einstürzte. Das Baptisterium und das verlängerte, mit einer Apsis versehene Diakonikon befinden sich an den Seiten der Basilika, die über dem Fleischmarkt *(macellum)* der römischen Stadt erbaut wurde. Noch heute sind

80–81 Der Anblick der Basilika B sollte Ehrfurcht erwecken, wie man anhand der noch stehenden massiven Pfeiler erkennen kann. Ein Fehler beim Berechnen der Statik führte jedoch dazu, dass die Kuppel einstürzt.

81 oben Die Überreste der Basilika A. Dieses von der Klassik beeinflusste Bauwerk wurde gegen Ende des 5. Jh. errichtet.

81 unten Blick auf die Basilika B. Man erkennt den Marmorfußboden in der Portikus und auf der „Straße der Händler", einer der Hauptstraßen der römischen Stadt.

davon einige Spuren zu sehen, so die öffentliche Latrine an der Südseite.

Die Wohnblöcke östlich des Forums beherbergen die kostbaren Überreste des Oktogons (16), einer Basilika, die über einen von Säulen gesäumten Weg und die Propyläen von der Via Egnatia aus erreichbar war. Das Gebäude, das vermutlich eine Kuppel besaß, wurde gegen Ende des 4. Jh. errichtet und ersetzte die alte Basilika des heiligen Paulus (um 350). Überreste davon erkennt man noch in den Bodenmosaiken mit christlichen Motiven. Die Basilika wurde im 6. Jh. umgebaut.

80 oben Wie in der Hagia Sophia in Istanbul und in San Vitale in Ravenna bestimmte auch in der Basilika B eine Reihe von Doppelbogen mit korinthischen Kapitellen und Kämpfern den Abstand zwischen den Pfeilern.

80 unten Fragment eines korinthischen Kapitells mit Akanthus aus Philippi. Dieses Exemplar liegt nahe der Basilika B auf dem Boden. Das Design wurde von Vorbildern in Istanbul inspiriert.

82 Wie fast alle griechischen Theater wurde auch das kleine Theater von Maroneia an einem Hang errichtet. Von hier bietet sich ein herrlicher Blick über das Meer.

82–83 Das antike Mesembria, eine Kolonie der Insel Samothrake, war von Alexandrupolis aus leicht erreichbar. Hier ein Teil eines Gebäudes aus dem 6.–5. Jh. v. Chr., das unter dem Fußboden eine Dränage aus Amphoren aufwies.

83 unten links Die Ruinen von Abdera liegen inmitten einer wunderschönen Landschaft von großer historischer Bedeutung. Hier lebte der Philosoph Demokrit, der Begründer des Atomismus.

83 unten rechts Noch immer finden in Mesembria Grabungen statt. Der Ort war vor allem im 7.–5. Jh. v. Chr. sehr bedeutend, verlor jedoch in der Griechischen und Römischen Zeit zusehends an Einfluss.

KAVALA, die an der Küste gelegene Stadt der Kunst, besitzt ein interessantes Archäologisches Museum mit seltenen Fundstücken aus den großen thrakischen Städten. Dazu zählen auch Grabstelen mit Reliefs aus Amphipolis sowie klassische und hellenistische Goldschmiedearbeiten und reich verzierte architektonische Fragmente von frühchristlichen Basiliken und Kirchen der Region.

In Vafaika, kurz nach Xanthi, der Hauptstadt der gleichnamigen thrakischen Provinz, stößt man auf die Überreste der Stadt **ABDERA,** die 656 v. Chr. gegründet worden war. Die Blütezeit von Abdera reichte vom 6. bis zum 4. Jh. v. Chr. Sie war die Heimat der großen Philosophen Leukippos und Demokrit, dem Vater des Atomismus, und von Protagoras, dem größten Sophistiker. Auch unter makedonischer und ptolemäischer Herrschaft erlangte die Stadt einen gewissen Wohlstand, aber in der Römerzeit verlor sie an Bedeutung. Die Grabungsstätten befinden sich an der Meerseite, südlich von Avdira. Zu den Höhepunkten zählen die Reste des mit Türmchen versehenen Westtors (4. Jh. v. Chr.), das gitterförmige Straßennetz und die Fundamente hellenistischer und römischer Häuser.

Die Autobahn E90 durchquert die schöne Landschaft an der Vistonidabucht und wendet sich nach Komotini in Richtung Süden. Das Archäologische Museum in Komotini zeigt eine seltene Büste des römischen Kaisers Mark Aurel aus Goldbronze und einen vielfarbigen Mosaikfußboden mit Rankenmotiven aus Maroneia. Die Ruinen des antiken **MARONEIA** stehen inmitten von Olivenbäumen an den sanften Hügeln rund um die Ortschaft Aghios Charalambos. Die Reste der Kyklopenmauer der thrakischen Stadt Ismaros (13.–12. Jh. v. Chr.) sind nur schwer zugänglich. Dasselbe trifft auf die Mauern der archaischen Kolonie Maroneia zu, die Chios in der ersten Hälfte des 7. Jh. v. Chr. auf dem Hügel Aghios Georgios (heiliger Georg) gründete. Die klassische und hellenistische Stadt ist berühmt für ihr dionysisches Heiligtum, dessen Fundamentreste man besichtigen kann. Das Theater aus dem 3. Jh. v. Chr., das in der römischen Kaiserzeit komplett umgebaut wurde, ist besonders bemerkenswert. Relativ klein (ca. 25 m im Durchmesser) und nur für 2500 Zuschauer gebaut, verfügt es über drei Sitzreihen, eine Skene und eine Orchestra, die später in eine Arena verwandelt wurde, um dort Gladiatorenkämpfe und Hetzjagden auf wilde Tiere zu veranstalten.

AKARNANIEN, ÄTOLIEN UND PHOKIS

84 oben Die Ruinen einer interessanten Häusergruppe aus der späten Bronzezeit (13.–12. Jh. v. Chr.) befinden sich nahe des Apollotempels in Thermos. Interessant sind auch einige Exemplare mit Apsiden.

84 unten links Das Theater von Stratos (4. Jh. v. Chr.) wurde erst kürzlich freigelegt. Im Mittelalter und auch noch in jüngerer Zeit diente es als Steinbruch für den Bau von Wohnhäusern.

Diese interessante Reise durch Mittelgriechenland führt zum berühmten Heiligtum des Apollo Pythios in Delphi, eine der größten archäologischen Ausgrabungsstätten der Welt. Von Aktion aus, wo im Jahr 31 v. Chr. Oktavian über Marcus Antonius und Kleopatra VII. von Ägypten siegte, fährt man nach Amphilochia, einer zauberhaften Küstenstadt. Von dort aus gelangt man in das 30 km entfernte **STRATOS**, am rechten Ufer des Acheloos.

Die große archäologische Grabungsstätte beherbergt Ruinen aus der Zeit zwischen dem 5. und dem 2. Jh. v. Chr., als sich die antike Stadt Acarnania auf dem Höhepunkt ihres Ruhmes befand. An der Straße, die von der heutigen Ortschaft zum berühmten Tempel des Zeus Stratios führt, erkennt man noch die Überreste der imposanten Stadtmauern, die sich über drei Hügel erstrecken. Die Mauern wurden im 5. Jh. v. Chr. errichtet und später auf eine Länge von 4 km erweitert, als sich 314 v. Chr. mehrere kleine akarnanische Siedlungen zu einer Stadt zusammenschlossen. Die pseudoisodomischen Mauern verfügen über mehr als 50 rechteckige Türme sowie etwa 20 Tore und kleinere Notausgänge. Wie in Dodona in Epirus sollte man auch in Stratos davon ausgehen, dass der Bereich innerhalb der Mauern nicht komplett von Gebäuden ausgefüllt war, sondern auch Weideplätze für das Vieh und Zuflucht für die Landbevölkerung bot.

Der Peripteros an der Mauer mit seinem Hexastylos (6 x 11 Säulen) stammt aus dem 4. Jh. v. Chr. und scheint nie fertig gestellt worden zu sein, wie das Fehlen jeglicher Schlussdetails zeigt. Das Bauwerk ist vor allem wegen seiner archaischen Elemente interessant, wie zum Beispiel dem Proportionsverhältnis (1 : 2) und der Länge (100 attische Fuß), die neben viel jüngeren Konzepten verwirklicht wurden wie dem dorischen Peristyl, Pronaos und Opisthodomos sowie dem ionischen Architrav und der Kolonnade auf drei Seiten der Cella.

Geht man durch das Südtor, das von massiven Türmen eingerahmt ist, gelangt man zur frühhellenistischen Agora, die teilweise auf einer künstlichen Terrasse liegt und von einer Portikus umgeben ist. Die Terrasse bietet einen Panoramablick über das Theater, an dem noch immer Grabungsarbeiten stattfinden und das vermutlich aus dem 4. Jh. v. Chr. stammt. Ebenfalls gut sichtbar sind die Konturen der dicken Mauer, der *diateichisma,* die von Norden nach Süden verlief und die Stadt in zwei Hälften teilte. Diese Mauer diente den Bewohnern der Stadt im Falle eines Angriffs als zweiter Schutzwall.

Das Archäologische Museum in Agrinion zeigt Objekte aus verschiedenen Stätten der Region. Östlich davon befindet sich die Straße, die am Nordufer des kristallklaren Sees Trichonis entlang zu den Ruinen von **THERMON** führt, wo der Ätolische Bund im Heiligtum des Apollo Thermios sein Verwaltungszentrum errichtete.

Der Temenos ist auf drei Seiten von rauen Ziegelmauern aus dem 3. Jh. v. Chr. umgeben. Die Mauern sind mit rechteckigen Türmen und zwei Toren ausgestattet, von denen eines von runden Türmen flankiert wird. Das interessanteste Gebäude im Inneren des Temenos ist der Tempel des Apollo Thermios, von dem nur die Fundamente, die um 625 v. Chr. errichtet wurden, erhalten sind. Der Tempel weist einen archaischen rechteckigen Grundriss auf (das Verhältnis zwischen Länge und Breite ist größer als 1 : 3). Die Cella mit zwei Eingängen wird von einem Peribolos mit 5 x 15 Säulen umgeben, der zunächst aus Holz auf Steinfundamenten errichtet worden war, später (um 450 v. Chr.) jedoch komplett aus Stein bestand. Die Cella hat keinen Pronaos, dafür jedoch einen tiefen Opisthodomos auf der Nordseite. Eine Reihe von zehn Pfeilern, die zugleich das Dach stützten, teilen ihn in zwei Schiffe. Die Größe des Gebäudes – es ist fast 40 m lang – lässt auf die technischen Möglichkeiten schließen, die den früharchaischen Baumeistern zur Verfügung standen, als sie die Widerstandskraft und Härte des Steines mit der Flexibilität eines Holzrahmens kombinierten, die aber auch durch die Verwendung von Holz und groben Ziegelsteinen für nichttragende Bauteile Kosten sparten. Man kann die Leichtigkeit des Daches noch heute anhand der Tonscherben erahnen und die Verkleidung der Wände anhand der bemalten Terrakotten, die zu den ältesten ihrer Art gehören und vermutlich das Werk korinthischer Handwerker sind.

Die Fundamentreste des kleinen Megarons B (21 m x 7 m), das dem oben beschriebenen archaischen Bauwerk voranging, sind kaum noch zu erkennen. Das Megaron wurde im 9. Jh. v. Chr. errichtet und bestand aus einem Pronaos, einer Cella und einem Adyton, dessen Rückwand leicht apsisförmig war. Im darauf folgenden Jahrhundert scheint das Megaron auf der West-, Nord- und Ostseite mit einem elliptischen Peristyl aus Holzpfählen umgeben worden zu sein, eines der ersten Beispiele für eine äußere, perimetrale Stützvorrichtung.

85 oben Von den Gebäuden des alten Hafens in Oiniadai ist nur wenig erhalten. Zahlreiche angelegte Pfade laden jedoch zu einem kurzen und sehr attraktiven Spaziergang rund um die antike Stadt ein.

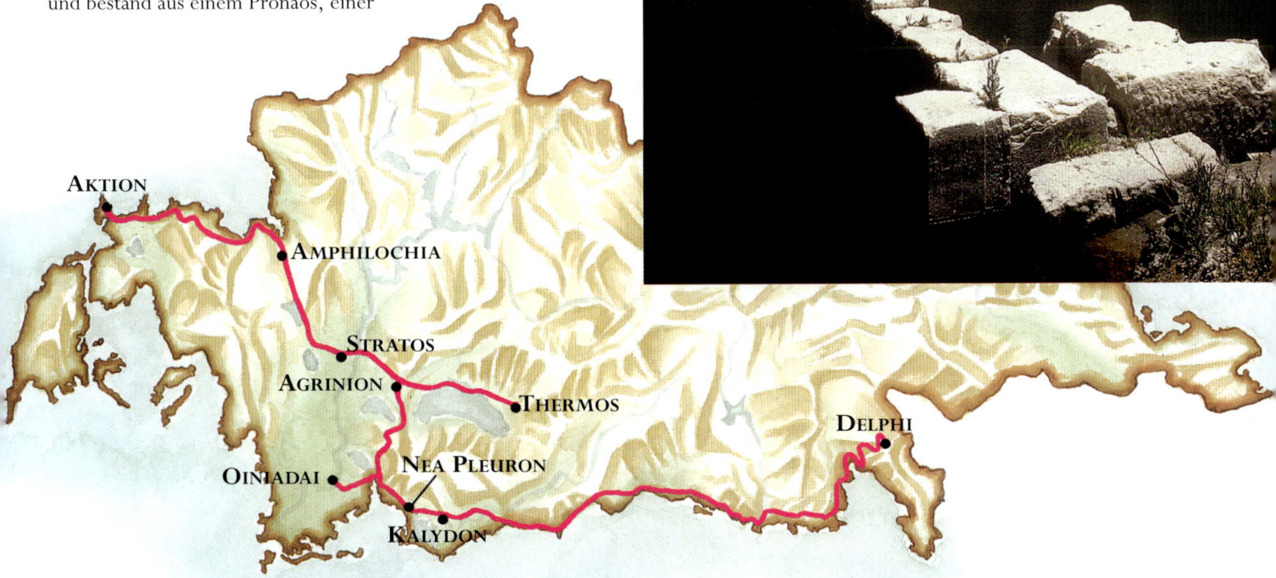

84 unten rechts Hellenistischer Brunnen gegenüber dem Tempelbereich des Apollo Thermios. Er wird noch heute von einer Quelle gespeist, die dem Bruder der Artemis geweiht war.

85 unten Die cavea *im Theater von Oiniadai (hier von der obersten Reihe aus betrachtet) ist sehr gut erhalten. Viele Treppen teilen das Halbrund in gleichmäßige Abschnitte.*

Die Überreste des älteren Megarons A (13.–12. Jh. v. Chr.) sind dagegen in der Nordwestecke des archaischen Tempels noch gut zu erkennen. Von der Größe her ähnlich wie das Megaron B wies dieses Gebäude ebenfalls ein Adyton mit Apsis auf; es befand sich in einer Gruppe von Häusern aus derselben Periode. Nur wenig ist noch von den monumentalen Säulenhallen (Stoen) zu sehen, in denen im 3. Jh. v. Chr. Kunstwerke aller Art aufgestellt waren, die jedoch 218 v. Chr. von den Makedoniern entwendet wurden.

Im Museum ist eine interessante Sammlung archaischer polychromer Terrakottafragmente zu besichtigen, die als Bauelemente dienten und aus Korinth stammen.

Die Autobahn E55 führt vom See Trichonis hinauf nach Kefalovrisso, wo die Straße nach Aetoliko abbiegt und durch die herrliche Landschaft des Acheloos-Deltas und der Bucht von Messolongion verläuft, ehe man nach Katochi gelangt, von wo aus eine Nebenstraße zur archäologischen Grabungsstätte **Oiniadai** führt. Der Ort liegt auf einem kleinen Hügel und überblickt das Sumpfgebiet von Melite, das in der Antike eine Lagune war und durch einen Kanal mit dem Acheloos-Delta verbunden war. Ihre Blütezeit erlebte die Stadt, nachdem sie

219 v. Chr. von Philipp V. von Makedonien erobert worden war. Die mit Türmen besetzte Stadtmauer ist etwa 7 km lang und wurde sowohl in polygonaler (6. Jh. v. Chr.) als auch in isodomischer Bauweise mit Torbogen (3. Jh. v. Chr.) errichtet. Die Stadt besaß einen gut ausgestatteten Hafen, in dem man heute noch die Reste der Laderampen und der Landungsbrücke erkennen kann. Das kleine Theater datiert aus dem 3. Jh. v. Chr.

An der E55 in Richtung Messolongion lohnt es sich, den etwas ermüdenden Umweg in Kauf zu nehmen und die Ruinen von **Nea Pleuron** zu besichtigen. Die auf einer natürlichen Terrasse mit Blick über das Meer errichtete Siedlung verfügt über spektakuläre pseudoisodomische und trapezförmige Mauern mit sieben Stadttoren (230 v. Chr.) und mindestens 30 über Treppen zugängliche Türme. Abgesehen von den außergewöhnlichen Mauern sind auch die Portikus und das Gymnasion neben der Agora erwähnenswert sowie die große, westlich gelegene Zisterne. Die Stadtbezirke sind funktionell angelegt, das kleine Theater weist eine interessante bauliche Besonderheiten auf.

Kurz nach Messolongion erschwert einem die schlechte Beschilderung die Suche nach dem Ausgrabungsort **Kalydon,** links von der E55. Diese ätolische Stadt wird mit den Heldentaten des Meleagros und der berühmten Sage um die Jagd auf den Kalydonischen Eber in Verbindung gebracht. Hier befand sich außerdem der bedeutende heilige Schrein der Artemis Laphria (8.–3. Jh. v. Chr.). Die mit Türmen besetzten Stadtmauern aus Sandstein und Kies sind teilweise begehbar. Das Heroon, das man lange Zeit für das Heiligtum des Helden Meleagros gehalten hatte, wurde inzwischen anhand seines Grundrisses eindeutig als Gymnasion identifiziert. Die Einwohner von Kalydon hatten es zu Ehren des Bürgers Leon und seiner Frau Krateia für deren Bemühungen um die Stadt erbaut (110–100 v. Chr.). Außerdem gab es eine Kapelle mit einem Altar zu Ehren von Leon, der darauf mit seiner Familie in heroischer Pose dargestellt ist, was darauf hinweist, dass der Held in der unterirdischen Kammer unter der Kapelle begraben liegt. In der Kammer befanden sich zwei Sarkophage in Form von Totenbetten, in denen man Urnen mit Asche entdeckte. Die Wände waren mit Pflanzenmotiven bemalt, was der üblichen Grabdekoration entsprach. Der Weg führt weiter zu den Überresten des Südwesttores, das sich auf die gerade verlaufende

86 Der Tempel des Apollo Laphrios ist vom Ende des heiligen Bezirks in Kalydon aus leicht zu erreichen. Wie bei dem größeren Artemistempel existieren auch hier nur noch die Fundamente.

86–87 Ein weiteres interessantes Theatergebäude befindet sich in Nea Pleuron. Schon allein seine Lage, mit Blick auf die sumpfige Ebene des Flusses Acheloos, ist einen Besuch wert.

87 oben Die Befestigungsmauern von Nea Pleuron, deren Besichtigung für den interessierten Besucher mit etwas Anstrengung verbunden ist.

87 unten Es scheint, als hätte man besondere Sorgfalt auf den Bau dieses großen Wasserbeckens in Nea Pleuron verwendet, das die Bewohner der Stadt mit dem kostbaren Nass versorgte.

Heilige Straße öffnet, die die Stadt mit dem Heiligtum verband. Nach den Fundamenten einiger archaischer und klassischer Thesauren stößt man auf eine breite, künstlich angelegte Terrasse, wo die *Laphria* (nächtliche Riten zu Ehren der Artemis) zelebriert wurden. Oberhalb dieser Terrasse liegen die Ruinen einer großen hellenistischen Stoa mit einer zentralen Kolonnade. Der große Artemistempel befindet sich hinter kleinen Propyläen, die einst mit luxuriösen Marmortraufen bestückt waren. Der Tempel selbst war mit Terrakottaverzierungen versehen, die ebenso bedeutend sind wie die des Apollotempels von Thermos. Das Fundament (4. Jh. v. Chr.) trug einst einen klassischen, dorischen Peripteros mit Hexastylos. In der Nähe steht auch das Fundament des kleinen Apollo-Laphrios-Tempels (575–550 v. Chr.)

DELPHI

DELPHI ist der letzte Halt auf der Reise durch Akarnanien. Man erreicht es, indem man der Straße von Navpaktos nach Itea entlang der Küste Ätoliens und Phokis' folgt, die in Richtung des Berges Parnassos ansteigt, der Apollo und den Musen so viel bedeutete. Die rostfarbenen Zwillingsgipfel des Phaidriades tauchen urplötzlich aus dem Nichts auf und erheben sich steil über den Ruinen der heiligen, dem Apollo geweihten Stadt. Das berühmte Heiligtum des Apollo Pythios entstand gegen Ende des 9. Jh. v. Chr. auf einer alten mykenischen Siedlung (15.–12. Jh. v. Chr.), die offensichtlich schon damals ein bedeutendes Kultzentrum war. Nach der Sage tötete Apollo dort den Drachen Python, Sohn der Gaia. Dieser hatte die Aufgabe, die Felsspalte zu bewachen, aus der Gaia Dämpfe aufsteigen ließ, die denjenigen, der sie einatmete, in Trance versetzten und ihm die Gabe der Weissagung verliehen. Wieder einmal hatte eine Gottheit des Olymps eine viel ältere Gottheit verdrängt. Apollo bemächtigte sich dieses Ortes und übertrug der Priesterin Pythia, die Aufgabe, seine Wünsche durch zweideutige Orakelsprüche kundzutun, die von Priestern interpretiert wurden.

Diese religiösen Vorhersagen und die guten Beziehungen, die die Priester zu den Poleis unterhielten, machten Delphi, das in mythischer Hinsicht bereits der „Nabel der Welt" war, zu einem der größten politischen Zentren der Antike. Der außerordentliche Reichtum des Heiligtums, sowohl was wirtschaftliche Ressourcen als auch Kunstschätze anging, ist ab dem 7. Jh. v. Chr. belegt. Im Inneren des Temenos des Apollotempels stimmte der Gott persönlich durch Vorhersagen und Antworten den geplanten Taten der Griechen zu oder lehnte sie ab. Spätestens ab dem 6. Jh. v. Chr. konsultierten auch Nicht-Griechen, die durch die zahlreichen Kriege und Koloniegründungen ins Land gekommen waren, das Orakel. Allein aus diesem Grund wurden zwischen dem 6. und dem 4. Jh. v. Chr. „heilige" Kriege ausgetragen und rund um Delphi kam es oft zu starken Spannungen.

Die mächtigen Ruinen verschiedener imposanter Gebäude zur öffentlichen Unterhaltung (Stadion, Theater, Gymnasion und die Palästra) zeugen von der Bedeutung Delphis, denn dort wurden alle vier Jahre die Pythischen Spiele abgehalten. Es handelte sich dabei nicht nur um sportliche Wettkämpfe, sondern auch um eine Art Weltmeisterschaft der darstellenden Künste wie Musik, Gesang, Tanz und Theater, die von Apollo, dem göttlichen Patron dieser Künste inspiriert und zu seinen Ehren abgehalten wurde. Im Lauf der Zeit entstanden immer mehr Bauwerke um den Tempel des Zeussohnes und der Leto. Die bekanntesten unter ihnen sind die Thesauren (Schatzhäuser), kleine tempelartige Museen für die kostbaren Votivgaben an die Gottheit. Sie dienten aber auch der politischen Propaganda, weil sie Delphis Ansehen nicht nur in den helladischen Stadtstaaten, sondern auch in den Augen der Etrusker erhöhten.

Die Stadt besaß einen Überfluss an Altären, Kunst- und Bauwerken, die in der Regel eher schön als nützlich waren. Vom 6. Jh. v. Chr. bis zum 4. Jh. n. Chr. hatten Regierungen, Alleinherrscher, Landesherren und hochrangige Magistrate hunderte von Gebäuden in Auftrag gegeben, die, dank der archäologischen Grabungen seit Ende des 19. Jh., nach und nach freigelegt werden. Viele dieser zutage geförderten Beweise bestätigen die Informationen, die Pausanias in seinem „Führer durch Griechenland" liefert.

88 oben Dieser große Omphalos, umgeben von einem Netz aus Wolle, stammt aus der Römerzeit und ist eine Kopie des delphischen Symbols „der Nabel der Welt". Das Original befand sich im Adyton des Apollotempels (Delphi, Archäologisches Museum).

88 unten Der Thesaurus der Athener befand sich an einer bedeutsamen Stelle am Heiligen Weg, zwischen der ersten und der zweiten Rampe. Im Vordergrund sieht man die Überreste von Fundamenten für Votivmonumente.

88–89 Blick auf den Thesaurus der Athener von Halos aus. Hier lebte angeblich der Python, ehe Apollo ihn tötete. Die Säulen rechts gehörten zur Stoa der Athener.

89 Während des Aufstiegs kann man auf dem Heiligen Weg den Panoramablick über das „Meer von Oliven“ genießen, das Tal, in dem zehntausende von Olivenbäumen wachsen.

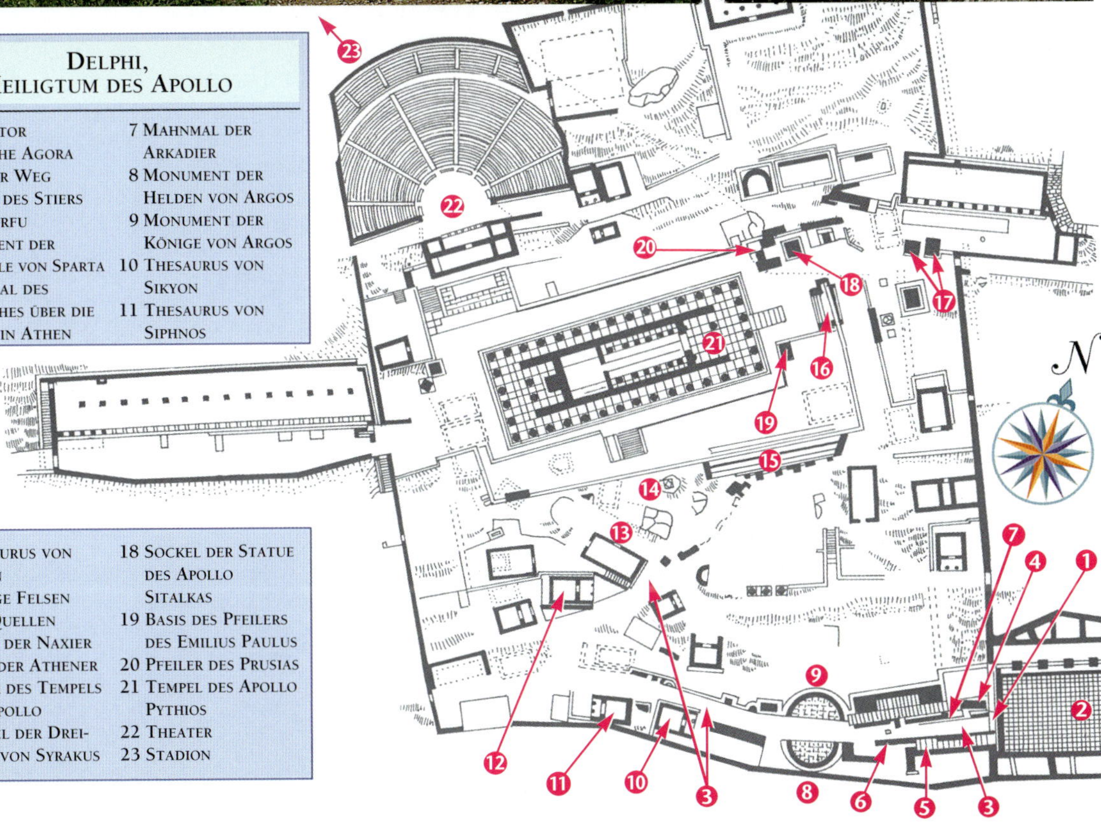

DELPHI, HEILIGTUM DES APOLLO

1 Südosttor
2 Römische Agora
3 Heiliger Weg
4 Sockel des Stiers von Korfu
5 Monument der Admiräle von Sparta
6 Mahnmal des Triumphes über die Perser in Athen
7 Mahnmal der Arkadier
8 Monument der Helden von Argos
9 Monument der Könige von Argos
10 Thesaurus von Sikyon
11 Thesaurus von Siphnos
12 Thesaurus von Athen
13 Heilige Felsen und Quellen
14 Säule der Naxier
15 Stoa der Athener
16 Altar des Tempels des Apollo
17 Sockel der Dreifüsse von Syrakus
18 Sockel der Statue des Apollo Sitalkas
19 Basis des Pfeilers des Emilius Paulus
20 Pfeiler des Prusias
21 Tempel des Apollo Pythios
22 Theater
23 Stadion

Der Eingang zum Heiligtum des Apollo Pythios befindet sich an der südöstlichen Ecke des Temenos. Die heiligen Mauern aus dem 6.–5. Jh. v. Chr. haben neun Tore, von denen sich das größte genau an dieser Stelle befindet (1), an der Westseite der römischen Agora (2), einem rechteckigen Platz aus der römischen Kaiserzeit. Der Platz wird im Norden von einer ionischen Portikus aus dem 5.–6. Jh. eingerahmt. Die Portikus ist alles, was von den Verschönerungsmaßnahmen aus den Zeiten übrig blieb, als Delphi ein Erzbistum war, ehe es bei der slawischen Invasion zerstört wurde. Im Norden liegen die Ruinen der Läden, die einst Votivgaben und religiöse Souvenirs verkauften.

Die feierliche Prozession auf dem Heiligen Weg (3) begann hier. Der Heilige Weg ist eine gepflasterte Straße, gesäumt von zahlreichen Monumentfundamenten mit Epigrammen, die heute noch lesbar sind. Die Monumente wurden aus Prestigegründen zwischen dem 5. und dem 4. Jh. v. Chr. von den bedeutendsten Künstlern der Zeit geschaffen, um an wichtige historische Ereignisse zu erinnern. Eine Ausnahme bildet der Sockel (4) zur Rechten, weil der dort von den den Bewohnern von Korfu im Jahr 480 v. Chr. aufgestellte riesige Bronzestier ein Geschenk für Apollo war, um ihm für einen besonders ergiebigen Thunfischfang zu danken. Die Votivmonumente mit ihren prachtvollen Bronzestatuen, die heute nur noch anhand ihrer Fundamente zu beiden Seiten des Heiligen Weges identifiziert werden können, sind als politisch, selbstverherrlichend und polemisch zu bezeichnen. Dazu zählt auch das grandiose Monument der Admiräle (5), das die Spartaner ein Jahr nach dem entscheidenden Sieg über die Athener im Peloponnesischen Krieg (405 v. Chr.) errichteten. Ein weiteres Mahnmal (6) erinnert an die Siege bei Marathon und am Eurymedon. Es wurde von Kimon, dem Kopf der athenischen Regierung und Sohn des berühmten Miltiades in Auftrag gegeben, um die Siege seiner Stadt und seiner Familie im Jahr 490 v. Chr. und 466 v. Chr. gegen die Perser zu verherrlichen. Zu den weiteren Monumenten zählen das Mahnmal der Arkadier (7), im Andenken an die Befreiung des Peloponnes nach den Siegen über Sparta (371 und 362 v. Chr.), das Monument der Helden von Argos (8) aus dem Jahr 456 v. Chr. und das Monument der Könige von Argos aus dem Jahr 371 v. Chr. Die beiden letzteren stehen einander gegenüber und erinnern an die vernichtenden Siege über die verhassten Spartaner.

Etwas weiter unten an der Straße stößt man auf eine Reihe von Thesauren zum Ruhme des Apollo. Diese Gebäude dienten zur Aufbewahrung der oft sehr kostbaren Votivgaben. Eines von ihnen ist der Thesaurus von Sikyon (10), an der Frontseite mit einem Distylos, um 500 v. Chr. mit Baumaterial aus älteren Gebäuden errichtet, von denen eines kostbare mittelarchaische Metopen aufwies (heute im Museum).

90–91 Aus einer Passage von Pausanias' Griechenlandführer ist zu entnehmen, dass der Thesaurus der Athener aus dem Jahr 490 v. Chr. stammt.

91 links Ein herrliches Beispiel für eine ionisch-archaische Skulptur ist der Sphinx, der die Spitze der Säule zierte, die die Naxier dem Apollo weihten (Delphi, Archäologisches Museum).

91 rechts Das Konzept der polygonalen Kyklopenbauweise des mykenischen Griechenlands wurde von dem Architekten aufgegriffen, der 478 v. Chr. die Stoa der Athener im Windschatten der Terrasse des Apollotempels entwarf.

Der schönste Thesaurus von Delphi ist der Thesaurus von Siphnos (11), einer wohlhabenden Kykladeninsel. Heute kann man hier jedoch nur noch das Fundament besichtigen. Der Aufbau mit den zwei Karyatiden und den kostbaren Dekorationen (530–525 v. Chr.) wurde ins Museum gebracht.

Der Thesaurus von Athen (12) dagegen, der kurz nach der Schlacht von Marathon (490 v. Chr.) errichtet wurde, ist dank der umfangreichen Restaurierungen beinahe intakt. Er ist etwas größer als der Thesaurus von Siphnos und besitzt ebenfalls einen dorischen Distylos. Man beachte die Harmonie der Proportionen sowie den Metopenfries mit alternierenden Triglyphen, die Theseus' Sieg über die Amazonen und die Heldentaten des Herakles in einer ausdrucksvollen archaischen Figurensprache

zeigen. Dies führte bei einigen Experten zu dem Schluss, dass die Fundamente vom Ende des 6. Jh. v. Chr. stammen müssen.

Inmitten der zu beiden Seiten des Heiligen Weges verstreuten Trümmer fällt es einem schwer, sich diesen Ort in seiner ehemaligen architektonischen Pracht und mit hunderten von Kunstwerken vorzustellen, die die antiken Pilger willkommen hießen. Auf halbem Weg befinden sich die Felsen (13), auf denen der Legende nach die erste Pythia ihre Prophezeiungen verkündete und Apollo den Python tötete.

Die heiligen Quellen sind mittlerweile versiegt und nicht mehr für Besucher zugänglich. Vermutlich bilden sie die Grundlage für die Entstehung des alten Kultes. Am Gipfel des dritten Felsen liegt der Sockel einer Säule (14). Dies ist alles, was von der 10 m hohen Säule übrig ist, die die Bewohner von Naxos zur selben Zeit errichten ließen wie den Tempel zu Ehren des Apollo auf seiner Heimatinsel

Delos (570–560 v. Chr.). Auf dem ionischen Kapitell der Säule stand ein geflügelter Sphinx (heute im Museum).

Ein Stück weiter trifft man auf ein weiteres Monument, das mit der Verherrlichung der athenischen Demokratie zu tun hatte. Es stammt aus dem Jahr 477 v. Chr., dem Jahr also, in welchem der Delisch-attische Seebund geschlossen wurde. Vor der hohen Mauer, die die Terrasse stützte, auf der der Tempel des Apollo Pythios stand, liegen die Überreste der langen eleganten Stoa der Athener (15). Die in polygonaler Bauweise errichtete Stützmauer trägt hunderte von perfekt ausgeführten hellenistischen Epigrammen, meistens Aufrufe zur Freilassung der Sklaven. Die Stoa selbst, eine ionische Säulenhalle aus parischem Marmor und aus Holz, diente als Mahnmal und als

92 oben Den freien Platz vor dem Eingang des Apollotempels zierten zahlreiche Kunstwerke. Man beachte im Vordergrund die Sockel der goldenen Dreifüße von Gelon und von Hieron von Syrakus sowie weiter hinten den Pfeiler des Prusias.

92 Mitte Vor der Westseite des Apollotempels sind die Überreste der größten delphischen Stoa zu erkennen, von den Städten der ätolischen Koalition nach dem Sieg über die Galater errichtet.

„Museum" für Objekte, die Apollo geweiht waren. Sie war aber auch ein Schaustück für die Macht der Athener, denn sie trug die Kiele eroberter persischer Schiffe und die *gomene* (Flachstaue) Brücken, die Xerxes 480 v. Chr. über die Dardanellen schlagen ließ, indem er Boote aneinander band. Dies besagt die Inschrift auf dem Stylobat. Der Heilige Weg führt weiter durch die Ostmauer der Apolloterrasse zu weiteren Monumenten und Thesauren. Der Altar des Tempels (16), ein großzügiges Geschenk der Bewohner von Chios (478), besteht aus weißem und bläulichen Marmor auf einem grauen Unterbau. Zu weiteren Höhepunkten zählen die Zwillingssockel (17), auf denen die Tyrannen Gelon und Hieron von Syrakus goldene Dreifüße zu Ehren der griechischen Siege über die Karthager (480 v. Chr.) und die Etrusker (474 v. Chr.) aufstellen ließen. Der hohe Sockel der Kolossalstatue des Apollo Sitalkas (18) entstand um 355 v. Chr. und wurde von den Mitgliedsstädten der delphischen Amphiktyonie gestiftet. Fast ganz in der südöstlichen Ecke des Tempels erkennt man die Basis des berühmten Pfeilers des Lucius Emilius Paulus (19). Er sollte an den römischen Sieg in Pidna (167) erinnern, der zugleich das Ende des makedonischen Reiches bedeutete. Ein Marmorfries mit der typisch römischen Neigung zur Historiographie, aber eindeutig griechisch inspiriertem Ausdruck, illustrierte die Schlacht. Er befindet sich heute im Garten des Museums. Um alle Zweifel darüber zu beseitigen, wer die neuen Machthaber im Mittelmeerraum waren, verlangte der römische Konsul, dass das Epigramm auf lateinisch verfasst und das Monu-

92 unten Die einzigen Überreste der dorischen Kolonnade im Apollotempel befinden sich an der Westseite des Bauwerks. Die Säulen bestanden aus Tuffstein mit einem weißen Verputz, der Marmor imitieren sollte.

92–93 Die cavea des Theaters in Delphi steigt sanft im Schutze des Helikon an, jenes Berges, an dem Apollos Musen lebten und sich zusammen mit dem Gott an den Pythischen Spielen erfreuten.

93 unten links Gegenüber der Ostfassade des Apollotempels sind (links) die Überreste des Altars zu erkennen, der sich, wie in der Antike üblich, außerhalb des Bauwerks befand. Die Cella selbst war das Haus des Gottes.

93 unten rechts Das Stadion, in dem der sportliche Teil der Pythischen Spiele abgehalten wurde. Die Pfeiler im Vordergrund (mit Nischen für Statuen) trugen einen Bogen mit drei Gewölben.

ment in einem der größten Heiligtümer der Antike errichtet werden sollte. In der Nähe der nordöstlichen Ecke, zur Rechten des Heiligen Weges, liegt der Pfeiler des Prusias (20). Die Ätolier hatten diesen Prusias II., dem König von Bithynien, gewidmet, um seinen Sieg über die Galater im Jahr 182 v. Chr. zu feiern. Die Überreste des Apollotempels (21) stammen vom sechsten Wiederaufbau (373 v. Chr.) und folgten in Form und Dimensionen dem vorhergehenden Bauwerk (548–514 v. Chr.). Der sechste Wiederaufbau wurde von einer mächtigen Adelsfamilie aus Athen in Auftrag gegeben, den Alkmaioniden. Es handelte sich dabei um einen klassischen dorischen Peripteros mit Hexastylos (6 x 15 Säulen aus verputztem Tuffstein, genau wie die Wände), mit einem bläulichen Kalksteinfundament (ca. 60 m x 23 m) auf der obersten von zahlreichen, künstlich angelegten Terrassen. Cella, Peristasis, Pronaos und Opisthodomos zierten Kunstwerke, die historischen und religiösen Vorgaben folgten. Einige davon sind noch heute erhalten. Eine Treppe auf der Rückseite der Cella

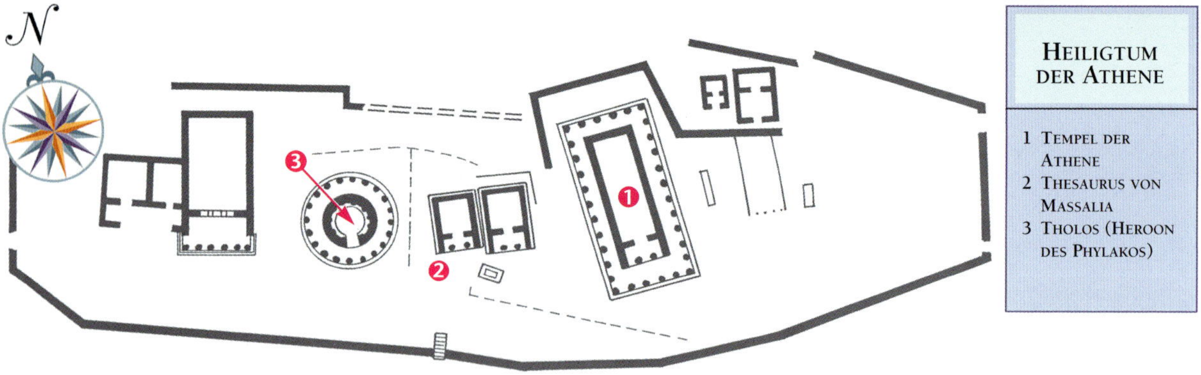

95 oben Eine Zeichnung der Tholos von Delphi (380 v. Chr.)

führte zum Adyton der Pythia, in dessen Mitte sich der Omphalos befand, der heilige Nabel der Welt, sowie der Dreifuß über der Felsspalte mit den berauschenden Dämpfen. Nachdem die Priesterin diese inhaliert hatte, sprach sie ihre Prophezeiungen. Das Theater (22) wurde gegen die Terrasse des Tempels errichtet. Es stammt aus dem 4. Jh. v. Chr. und wurde im 2. Jh. v. Chr. renoviert. Abgesehen von dem Bühnengebäude, das man kaum noch erkennen kann, ist es gut erhalten. Die Zuschauerränge wurden in den natürlichen Hang gebaut. Mit einer Orchestra (Durchmesser mehr als 15 m) fasste das Theater 5000–6000 Besucher. Der Weg, der zum Theater führt, weist einige mit Fresken verzierte Portiken auf sowie Exedren. Das Stadion (23) aus dem 5. Jh. v. Chr. ist teilweise in den Hügel gebaut. Es wurde unter dem römischen Kaiser Hadrian renoviert und mit einer Ehrentribüne und Sitzreihen aus Kalkstein auf einem hohen Podium versehen. Es fasste bis zu 7000 Besucher und man kann heute noch die Start- und Zielmarken erkennen.

94–95 Die elegante Tholos im Heiligtum der Athene Pronaia wurde zu Ehren des 100. Jahrestages einer Heldentat errichtet, die der mythische Phylakos begangen haben soll. Er hatte sich angeblich in einen Riesen verwandelt, um die persischen Invasoren abzuschrecken.

95 unten Die Quelle von Kastalia zwischen den Heiligtümern von Apollo und Athene sieht noch genauso aus wie einst. In die Nischen an den Wänden legte man Opfergaben.

95 rechts Die „Tänzerinnen" krönen eine 12 m hohe Säule (375–350 v. Chr.), die zu Ehren der Allianz zwischen Sparta und Akanthos errichtet worden war (Delphi, Archäologisches Museum).

Außerhalb des Heiligtums des Apollo liegen, an der Straße zum Heiligtum der Athene Pronaia, die Überreste zweier Brunnen (archaisch und hellenistisch), die das Wasser der heiligen Quelle von Kastalia sammelten. Die Pythia wusch in der Quelle ihr Haar, ehe sie in Kontakt zu Apollo trat. In geringer Entfernung davon befinden sich die kläglichen Überreste des Gymnasions. Kleiner als das Heiligtum des Apollo, stehen die Überreste des Heiligtums der Athene Pronaia auf der künstlichen Terrasse, die teilweise von Mauern in polygonaler Bauweise umschlossen wird. Zu den interessantesten Monumenten gehört der archaische Tempel der Athene (1), ein dorischer Peripteros mit Hexastylos (Ende 6. Jh. v. Chr.). Der Tempel wurde 480 v. Chr. während eines Erdrutsches stark beschädigt (bei der Restaurierung wurden die Räume zwischen den Säulen auf der Nordseite zugemauert). Ein weiterer Erdrutsch im Jahr 1905 zerstörte den Tempel völlig. Etwas weiter vorn befindet sich das Fundament des Thesaurus von Massalia (2), erbaut zwischen 535 und 530 v. Chr. Dieser kleine ionische Tempel mit Distylos wies sehr seltene äolische Kapitelle auf, die sich heute im Museum befinden. Die prächtige Tholos (3) ist ein seltenes Beispiel für einen Tempel mit rundem Grundriss, ein Meisterwerk des phokischen Architekten Theodoros (380–370 v. Chr.). Das Bauwerk, das als Heroon des Phylakos eingeordnet wird (er verteidigte das Heiligtum 480 v. Chr. gegen die Perser), ist in Proportionen und Stil attisch, was vor allem am äußeren Peribolos mit 20 dorischen Säulen deutlich wird. Das Genie

96 Dieser prächtige männliche Kopf (vielleicht der eines Gottes) wurde aus Gold und Elfenbein gefertigt (550–530 v. Chr.) und 1939 in einem Votivgabenlager am Heiligen Weg entdeckt (Delphi, Archäologisches Museum).

96–97 Der Fries des Thesaurus von Siphnos ist ein Meisterwerk ionischer Bildhauerkunst aus der spätarchaischen Ära und zeigt eine dramatische Kampfszene zwischen Göttern und Riesen (Delphi, Archäologisches Museum).

97 unten Die Koroi der Zwillinge Kleobis und Byton zählen zu den ersten Exemplaren archaischer Großplastiken aus Stein. Die Frömmigkeit der Zwillinge wurde von den Göttern belohnt (Delphi, Archäologisches Museum).

des Theodoros ist überall spürbar, ganz besonders jedoch an der Art, wie er mit dem Platzproblem in der engen Cella fertig wurde. Er bestückte sie mit zehn eleganten korinthischen Säulen aus weißem pentelischem Marmor, die entlang der Wände verlaufen und auf hohen Sockeln aus dunklem Kalkstein vom Berg Eleusis stehen. Der dorische Fries mit Metopen im Flachrelief, die Decke mit diamantförmigen Kassetten und die Traufen zeugen von der dekorativen Absicht, die nicht länger auf klassischen ästhetischen Kriterien beruht.

Ein Besuch im Archäologischen Museum von Delphi ist ein Muss für jeden, der die Stätte besucht hat. Die Sammlung zeigt sämtliche Fundstücke, die griechische und französische Forscher seit 1892 zutage gefördert haben. Beeindruckend sind die Zwillingsstatuen der Koroi Kleobis und Byton, die Polymedes von Argos (590–580 v. Chr.) schuf. Zu weiteren Höhepunkten zählen der Westgiebel des ersten archaischen Apollotempels, auf dem die Götter auf einem Vierspännern dargestellt sind, ein Meisterwerk des Atheners Antenor (515–510 v. Chr.), ferner der berühmte Wagenlenker (475 v. Chr.) vom Monument des Herrschers Polyzelos von Gela, der dieses Werk zum Gedenken an seinen Sieg bei einem Wagenrennen in Auftrag gegeben hatte, sowie die Marmorkopien des Monumentes des thessalischen Tetrarchen Daochos II. von Pharsalos (336–332 v. Chr.), ein Meisterwerk des Lysippus.

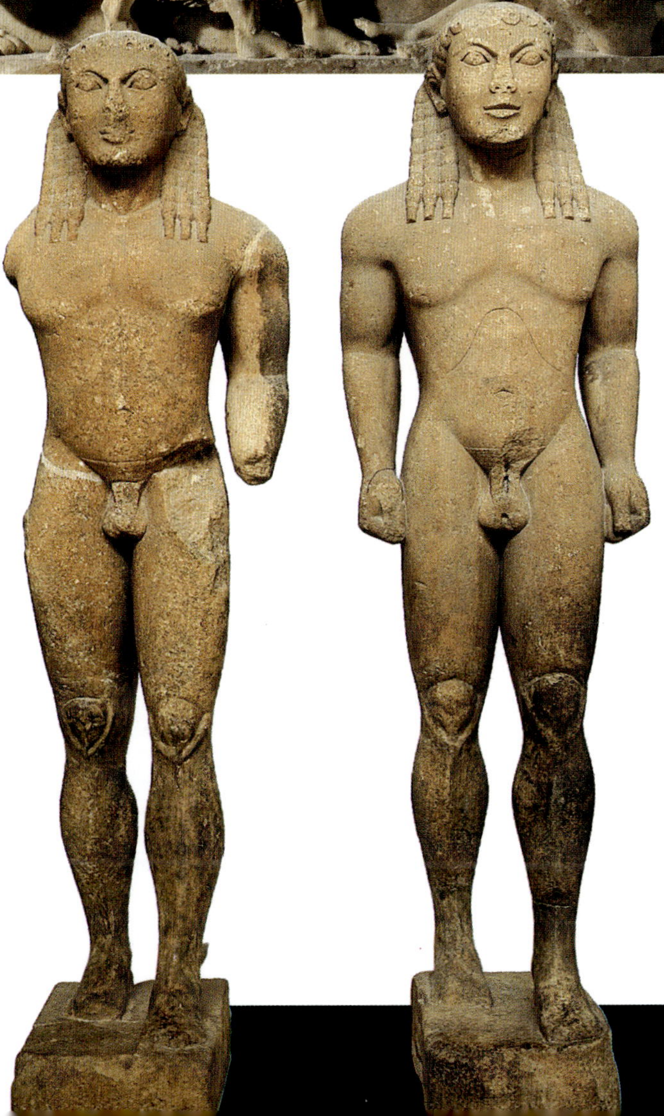

Böotien und Euböa

Das Böotien von Ödipus, Eteokles und Polyneikes, von Antigone und Dirke, von Hesiod verherrlicht, das wilde Böotien des Dionysos und der Musen ist eine sonnige, von hohen Bergen umgebene Ebene, die nur hin und wieder von ein paar Unregelmäßigkeiten im Terrain durchbrochen wird. Von Thessalien aus erreicht man die Provinz Böotien, indem man den Fluss Phthiotida und die Thermopylen überquert. Hier erinnert ein modernes Monument daran, dass Leonidas und 300 Hopliten im Jahr 480 v. Chr. dem Perserkrieg zum Opfer fielen.

Am besten beginnt man die Tour am Geburtsort des Plutarch. Die moderne Ortschaft Cheronia liegt in der Nähe der antiken Stadt **Chaironeia,** dem Schauplatz der Schlacht (338 v. Chr.) zwischen dem unbesiegbaren Heer Philipps II. von Makedonien und der Koalition aus Thebanern, Athenern, Megariern, Phokiern und Korinthern, deren Zusammenschluss der Verdienst von Demosthenes war. Das Grabmonument der Thebaner legt feierliches Zeugnis von dieser Schlacht ab, die den Beginn der makedonischen Hegemonie über die griechischen Städte markierte. Das Monument ist 5,5 m hoch und stellt einen Löwen auf einem stufenförmigen Sockel dar. Er sitzt inmitten der Grabstätte von 254 thebanischen Hopliten. Einige Kilometer weiter östlich stößt man auf den großen makedonischen Grabhügel (70 m Durchmesser). Am Nordhang des Hügels, südlich von der modernen Ortschaft, befindet sich die gut erhaltene, in den Fels gehauene *Cavea* eines Theaters aus dem 5. Jh. v. Chr. Die Orchestra wurde im 1. Jh. für Gladiatorenkämpfe in eine Arena verwandelt. Das Archäologische Museum in der Nähe des thebanischen Löwen beherbergt interessante neolithische, helladische, mykenische und klassische Fundstücke, darunter Grabobjekte aus dem Grabhügel von 338 v. Chr.

Der nächste Halt ist **Orchomenos,** das denselben Namen trägt wie die antike arkadische Stadt. Das alte Orchomenos war die größte Stadt im mykenischen Böotien und rivalisierte zwischen dem 8. und dem 4. Jh. v. Chr. mit Theben um die Hegemonie in der Region. Die Akropolis überblickte den Fluss Kephissus und die Ebene von Kopais. Das kleine Theater (4.–3. Jh. v. Chr.), einst Schauplatz der Feste zu Ehren der Chariten, steht in der Nähe der alten byzantinischen Kirche von Kimissis tis Theotokou (Konvent des Schlafes der Jungfrau). Die Kirche wurde mit Materialien erbaut, die von älteren Bauwerken stammen. Neben dem Theater liegt die prachtvolle Tholos (Rundkammergrab), auch als „Schatzkammer des Minyas" bekannt. Mit einem ähnlichen Grundriss wie die „Schatzkammer des

Atreus“ in Mykene ausgestattet, gehören zum Grab ebenfalls eine lange, breite Eingangspassage *(dromos)* mit einem Tor von beeindruckender Höhe und einem Architrav, das aus einem 6 m langen Steinblock gehauen wurde. Die kuppelförmige Decke der Rundkammer ist teilweise eingestürzt. Die Grabkammer *(thalamos)* war mit grünen Platten verkleidet, die Rosetten, Spiralen und Blumenmotiven zierten, die auch auf den Keramiken dieser Zeit zu finden sind (14.– 13. Jh. v. Chr.).

Inmitten der Ebene von Kopais findet man die spektakulären Ruinen von **GLA,** bei dem es sich vielleicht um die antike mykenische Stadt Arne handelt, die im 13. Jh. v. Chr. ihre Blütezeit erlebte, dann aber plötzlich aufgegeben wurde. Die über 5 m dicken (heute sind davon nur noch 3 m übrig) und fast 3 km langen Kyklopenmauern in polygonaler Bauweise werden von vier Toren unterbrochen. Wenn man die Stadt durch das südöstliche Tor betritt, sollte man sich nach links zum mykenischen „Palast“ wenden, einem L-förmigen Gebäude mit vielen Räumen, die sich, über zwei Stockwerke verteilt, um zwei Megara gruppieren. Der Palast liegt am nördlichen Rand der Akropolis, einem trapezförmigen, von Mauern umgebenen Bereich. Eine Mauer, die von Osten nach Westen verläuft, grenzt die Agora ab, jenen Platz, der von Läden, Lagerhäusern und Verwaltungsgebäuden umgeben war.

In der Nähe von Gla befinden sich, auf dem Hügel Ptoion, die Ruinen des großen Heiligtums des Apollo Ptoios. Dieser auf drei Terrassen errichtete Komplex war viele Jahrhunderte lang (7.–1. Jh. v. Chr.) das blühende Zentrum des Kultes um den Helden Ptoos und zugleich auch Orakelstätte. Der Peripteros liegt auf der untersten Terrasse. Nordwestlich befindet sich die Orakelquelle. Auf den oberen Terrassen können ein Wassersystem und Säulenhallen besichtigt werden. In den Museen in Athen und Theben stehen heute Koroi von diesem Ort.

98 oben Bei wenigen griechischen Theatern wurde die cavea direkt aus dem Fels gehauen. Eines der besterhaltenen Beispiele dafür befindet sich in Chaironeia (5. Jh. v. Chr.).

98 unten Ein Besuch des Heiligtums des Apollo Ptoios ist eher enttäuschend, da die Ruinen weit verstreut liegen und zum Teil von der Vegetation völlig überwachsen sind.

99 oben Der Eingang zum großen Tholosgrab in Orchomenos (Böotien), das auch als „Schatzkammer des Minyas“ bekannt ist. Hinter dem beeindruckenden Tor und dem Architrav sind die Überreste der Grabkammer zu erkennen.

99 Mitte Noch immer wacht der prachtvolle Löwe über das Grab der Thebaner auf dem Feld von Chaironeia, wo die tapferen Krieger der Stadtstaaten-Koalition in der Schlacht gegen Philipp II. fielen (338 v. Chr.).

99 unten Ein gut erhaltenes griechisches Theater findet man in Orchomenos. Hier wurden die musischen und literarischen Wettbewerbe zu Ehren der Chariten abgehalten, der Göttinnen der Anmut und des Charmes.

100 oben und 101 oben links Diese Schmuckstücke aus getriebenem und granuliertem Gold sind mykenisch und stammen aus der Schatzkammer des Palastes von König Kadmos. Heute findet man sie im Museum von Theben.

100 unten Solche „Götzenbilder" aus Terrakotta mit stilisierter Bemalung (14.–12. Jh. v. Chr.) wurden in allen großen mykenischen Städten entdeckt (Theben, Archäologisches Museum).

THEBEN (in der Antike von den Griechen Thebai und heute Thivai genannt), die alte böotische Stadt, die die gesamte Region und kurzzeitig ganz Griechenland dominierte (zweite Hälfte des 4. Jh. v. Chr.), hat ihren Besuchern heute nicht mehr viel zu bieten. Die spärlichen Überreste der mykenischen Mauern am Rand der Akropolis erwecken kaum das Interesse der Besucher, ebenso wie die Ruinen des Elektrai-Tores, des einzigen Überbleibsels der spätklassischen Mauern, die die Stadt im Jahr 336 v. Chr. nicht gegen die massiven Attacken Alexanders des Großen schützen konnten. Die Ruinen des Heiligtums des Apollo Ismenios außerhalb der Stadtmauern sind nur für Forscher interessant. Die zwei grandiosen Kammergräber auf der linken Seite der Straße nach Athen sind jedoch einen Besuch wert. Sowohl das größere Grab (1350 v. Chr.) als auch das kleinere (15. Jh. v. Chr.) sind schöne Beispiele für mykenische Grabarchitektur. Gleiches gilt für das Amphieion, einem Tumulus mit etwa 20 m Durchmesser, der sich auf einer stufenförmigen Ziegelpyramide befindet und an die Pyramiden der Pharaonen aus der 3. Dynastie im

101 oben rechts Die Ruinen des Verteidigungsturmes, der einst zur Stadtmauer gehörte, befinden sich im Garten des Archäologischen Museums von Theben. Die Mauern datieren aus spätklassischer Zeit.

ägyptischen Sakkara erinnert. Hierbei handelt es sich um ein seltenes Exemplar eines Monumentalgrabes aus der Zeit von 2200 bis 2000 v. Chr., das bereits in der Antike als das Grab des Helden Amphion galt.

Das gut ausgestattete Archäologische Museum von Theben beherbergt unter anderem die schönen Koroi aus Ptoion, helladische und mykenische Keramiken und Goldarbeiten, verschiedene Tafeln (mit einer Schrift beschrieben, die heute als Linear B bezeichnet wird und die aus dem Archiv des mykenischen Palastes des mythischen Königs Kadmos stammen) sowie herrlich bemalte Terrakottasärge aus dem nahe gelegenen Tanagra.

101 unten links Die Ruinen an der Quelle der Dirke im Westen von Theben markieren den Ort, an dem die Nymphe starb.

101 unten rechts Eine Inschrift in Linear B schmückt diese große mykenische Amphore aus dem Palast von König Kadmos (Theben, Archäologisches Museum).

Auf dem Weg nach Eretria sollte man **LEFKANDI** einen Besuch abzustatten. Dieser Ort war vom Ende des 3. Jahrtausends bis Mitte des 8. Jh. v. Chr. eine wichtige Metropole, die ihre Blütezeit vor allem in der mykenischen Periode (14.–13. Jh. v. Chr.) und in der geometrischen Zeit erlebte. Um 750 v. Chr. wurde die Stadt während des Krieges zwischen Chalkis und Eretria zerstört, bei dem es um den Besitz der Ebene um den Fluss Lelas ging. Man findet hier die Ruinen eines grandiosen Heroon (fast 500 m^2), das vielleicht einst als königliche Residenz diente und später in ein Grab sowie in einen Ort des Heldenkultes verwandelt wurde, indem man einen Tumulus darauf errichtete.

Der letzte Halt auf dieser Route ist **ERETRIA,** das zwischen dem 10. und dem 8. Jh. v. Chr. eine Schlüsselrolle spielte. Später geriet es in den Schatten des mächtiger gewordenen Chalkis, erlebte jedoch zwischen dem 4. und dem 3. Jh. v. Chr. eine neue Blütezeit, ehe es schließlich von den Römern der Provinz Achaia angegliedert wurde. Der Nordwest-Sektor der archäologischen Grabungsstätte zeigt nahe des Westtores (1) einen Teil der Stadtmauern, die mehrere Male wieder aufgebaut wurden. Am Westtor lassen sich fünf Bauphasen (zwischen 7. und 2. Jh. v. Chr.) erkennen. Durchschreitet man das Tor, erreicht man das Theater (2) aus dem 4. Jh. v. Chr. Seine Bauweise ähnelt der des Dionysos-Theaters am Fuße der Akropolis in Athen. Es fasste 6000 Besucher. Der nahe gelegene dorische Peripteros (3) mit einem Hexastylos, der dem Dionysos geweiht war, entstand während derselben Zeit, jedoch sind davon nur die Fundamente erhalten.

Südlich des Westtores liegen die Ruinen eines monumentalen Komplexes, bekannt als Palast I (4), aus der fünften und letzten Wiederaufbauphase der Stadt. Es handelt sich dabei um eine Adelsresidenz, die – aus kultischen und symbolischen Gründen – auf Gräbern aus der geometrischen Zeit errichtet wurde, in denen adelige Helden begraben liegen. Diese Helden wurden in einer Kapelle für Grabopfer und -bankette zu Ehren der Mitglieder der Gens verehrt. Die Räume der Residenz waren offensichtlich um Innenhöfe angelegt, die

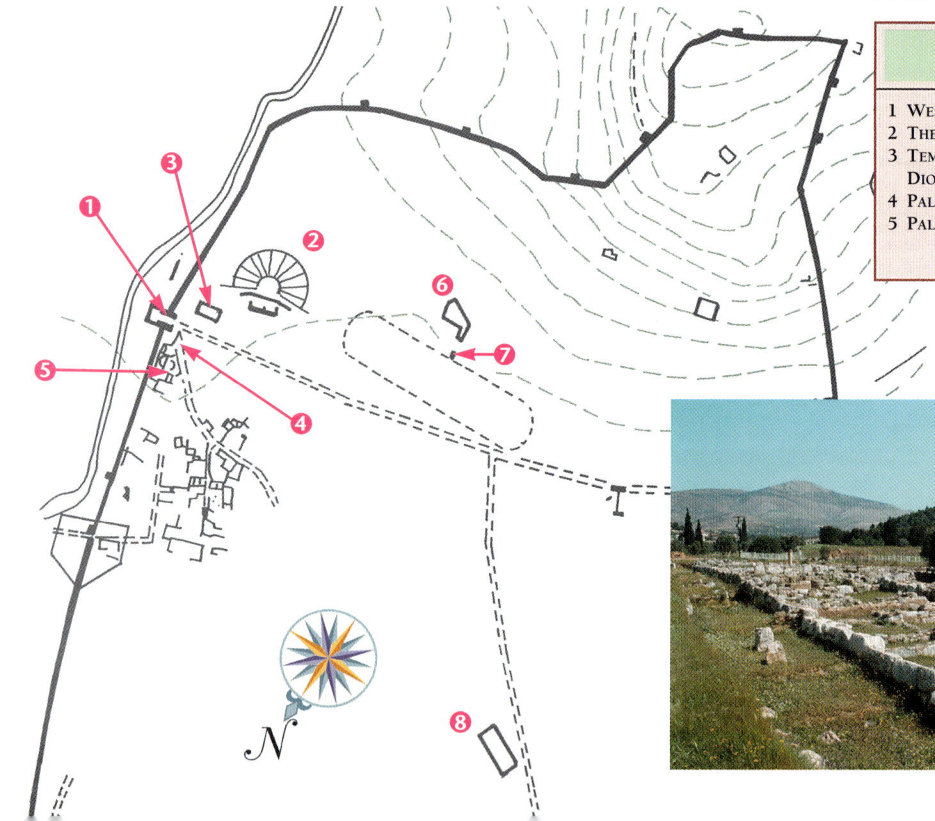

ERETRIA

1 WESTTOR
2 THEATER
3 TEMPEL DES DIONYSOS
4 PALAST I
5 PALAST II
6 OBERES GYMNASION
7 HAUS DER MOSAIKEN
8 TEMPEL DES APOLLO DAPHNEPHOROS

102 oben Das Fragment einer Löwenstatue aus dem 3.–2. Jh. v. Chr., vermutlich ein Grabmonument, bewacht heute den Eingang des Archäologischen Museums von Eretria.

102 unten Archäologen haben bereits große Teile des antiken Eretria freigelegt. Hier die Ruinen einiger Häuser und im Hintergrund die Überreste der Akropolis.

102–103 Das Theater in Eretria ähnelt dem Dionysos-Theater in Athen. Seine künstlich angehobene cavea und die um 3 m abgesenkte Orchestra sind allerdings ungewöhnlich.

103 Das Antlitz der Medusa überdauerte die Jahrhunderte. Dieses Exemplar aus Ton stammt aus der Griechischen Zeit (Eretria, Archäologisches Museum).

von Säulengängen umgeben waren. Meist wurde dabei ein großer Bankettsaal *(andron)* von einem oder mehreren Schlafräumen flankiert. Weiter im Süden liegen die Ruinen des Palastes II (5), der ebenfalls einen trapezförmigen Grundriss aufweist mit einem großen (fast 2000 m²) Innenhof mit Peristylen. Er diente vom 5.–3. Jh. v. Chr. als Residenz, ehe er 198 v. Chr. von den Römern zerstört wurde. Die funktionale Anordnung der Räume ist fast identisch mit der von Palast I.

Wenn man zum Theater zurückkehrt, erreicht man das obere Gymnasion (6), das im 4. Jh. v. Chr. erbaut und im 2. Jh. v. Chr. wieder aufgebaut wurde. Auch hier findet man einen von Peristylen umgebenen Innenhof mit einer Fläche von fast 1000 m². Zu den Räumen des Gebäudes gehörten auch ein Badezimmer (mit Ofen) und ein Schrein. Die Reste des Mosaiks in einem der Zimmer sind außergewöhnlich. Südöstlich der Senke, die die einstige Lage des Stadions von Eretria markiert, stößt man auf die Ruinen des interessantesten Gebäudes der Stadt, des Hauses der Mosaiken (7), erbaut im Jahr 370 v. Chr. Etwa 100 Jahre lang war dieses Haus bewohnt, vielleicht sogar von der Familie des Philosophen Menedemos, der für das weise Regieren seiner Stadt im ersten Viertel des 3. Jh. v. Chr. berühmt wurde. Um 100 v. Chr. wurde das Gebäude in eine Art Heroon umgewandelt, mit zwei Gräbern, die durch ein monumentales Bauwerk herausgehoben wurden. Die Gräber datieren aus den ersten Dekaden des 3. Jh. v. Chr. Die palatinische Residenz war fast quadratisch (25 m x 26 m) und in zwei Bereiche unterteilt, von denen einer für öffentliche Audienzen diente, während der andere privat war. Im Nordwesten und Norden des von Säulen umgebenen Innenhofes (ca. 60 m²), in dem sich einst ein dem Zeus geweihter Altar befand, waren die Säle für die Festgelage der Männer. Diese Säle waren mit prachtvollen Mosaiken dekoriert. Nahe bei der antiken Agora liegt der bekannte dorische Peripteros mit Hexastylos, der dem Apollo Daphnephoros (Beschützer des Lorbeers) geweiht war. Auch er wurde zwischen dem 9. und 5. Jh. v. Chr. fünfmal wieder aufgebaut und war mit herrlichen Skulpturen geschmückt, die heute im Museum zu besichtigen sind. Weitere interessante archäologische Orte sind Distos, Karystos, Kap Artemision, Loutra Ädipsou und Kymis.

ATTIKA UND ÄGINA

Das Attika von Perikles, Plato und Demosthenes mit seinen blühenden Demen, seinen Häfen, den Heiligtümern, die überall in der Landschaft zu finden waren, mit seinen Weinbergen und Olivenhainen und der sanft geschwungenen Küste ist heute nur noch eine vage Erinnerung, dank der unmäßigen Ausdehnung Athens samt seiner Peripherie. Das kleine und stolze Megara, das der attischen Macht so tapfer Widerstand leistete, ist heute eine relativ hässliche Vorstadt, ohne historisches Bewusstsein, von der Industrialisierung gänzlich aufgefressen. Etwas weiter östlich, in Richtung Athen, erscheint es fast grotesk, den berühmten Ruinen des Heiligtums Eleusis' einen Besuch abzustatten, die tausende von Jahren in den Nebeln des Mystizismus badeten und heute im Qualm der nahe gelegenen Industrie und im Dröhnen des Verkehrslärms ersticken. Glücklicherweise konnten sich die Küste und die Bergregion, die etwas abseits von Athen liegen, ihren Charme und Charakter zum Teil bewahren.

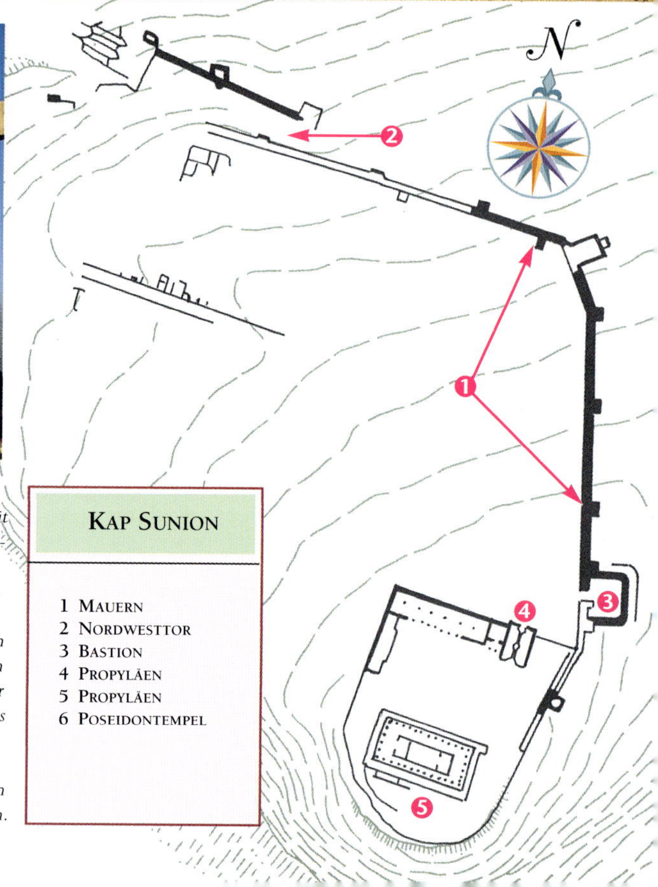

104 Nur die Säulen der Nord- und Südseite an Peristasis und Pronaos des Poseidontempels am Kap Sunion trotzen noch dem Zahn der Zeit, der seit Jahrtausenden an ihnen nagt.

104–105 Der Poseidontempel von Westen: Dieser Teil der ägäischen Küste ist übersät von kleinen Felseninseln, wie der hier gezeigten, die den Namen „Patroklosfelsen" trägt.

105 unten links Zwischen den Säulen des Poseidontempels am Kap Sunion ist so gut wie nichts mehr von Cella, Pronaos und Opisthodomos zu sehen. Das dorische Erscheinungsbild der Säulen wurde hier mit den eleganten Proportionen der ionischen Ordnung kombiniert.

105 unten rechts Am Kap Sunion begegnen sich die Schönheit der Natur und der Genius des Menschen. Auch der englische Dichter Lord Byron wurde von diesem Ort angezogen.

Kap Sunion, eine natürliche Akropolis an der südöstlichen Grenze Attikas, ist ein beeindruckendes Ausflugsziel, auch für Touristen, die wenig oder kein Interesse an antiken Ruinen haben. Der Ort, an dem sich die spektakulären Überreste des Tempels des Poseidon befinden, bietet einen atemberaubenden Panoramablick.

Der antike attische Demos (Bezirk) Sunion war um ein protohistorisches religiöses Heiligtum entstanden, das dem Kult des Meergottes diente. Den Temenos des Heiligtums zierten riesige Koroi aus dem 7. Jh. v. Chr., die sich heute im Archäologischen Museum in Athen befinden. Umgeben von mit Türmen besetzten Mauern (1), die zwischen dem Ende des 5. und Mitte des 3. Jh. v. Chr. mehrmals modifiziert wurden, war Sunion nur durch ein Tor im Nordwesten (2) zugänglich und wurde außerdem von einer Bastion (3) an der Ostseite der natürlichen Akropolis bewacht.

Der Tempel des Poseidon (6) befand sich an der höchsten Stelle, innerhalb eines heiligen Bereiches, der von einem Bankettsaal und einer Doppelstoa im Norden begrenzt wurde. Eine weitere einzelne Portikus verlief entlang der Westseite. Der Eingang zum Heiligtum bestand aus doppelten Propyläen (4) an der Nordseite. Der Tempel selbst wirkt gegen den Hintergrund der spärlichen Ruinen des übrigen Komplexes noch beeindruckender.

Der dorische Peripteros mit Hexastylos aus bläulich weißem Marmor vom Berg Agrileza wurde 444–440 v. Chr. erbaut und ersetzte ein älteres Bauwerk aus der Zeit um 490 v. Chr., das vielleicht von den Persern zerstört worden war.

Man geht im Allgemeinen davon aus, dass Architekt und Künstler dieselben waren, die auch an den Tempeln des Hephaistos und des Ares in der Agora von Athen sowie am Tempel der Nemesis in Rhamnus gearbeitet hatten. Abmessungen und Grundriss der Peristasis, aber auch der Architrav und der umlaufende Fries aus parischem Marmor, der Front und Seiten des Pronaos und des Opisthodomos schmückte, sowie das Verhältnis der Proportionen, das vollkommen auf das Erzielen eleganter Lichteffekte ausgerichtet war, deuten auf einen Architekten von den ionischen Inseln hin bzw. darauf, dass er zumindest mit der ionischen Tradition bestens vertraut war. Der Fries illustriert die geläufigen Themen der Gigantomachie und Zentauromachie (die Kämpfe zwischen Göttern und Riesen sowie zwischen Menschen und Zentauren) und auch die Heldentaten des Theseus.

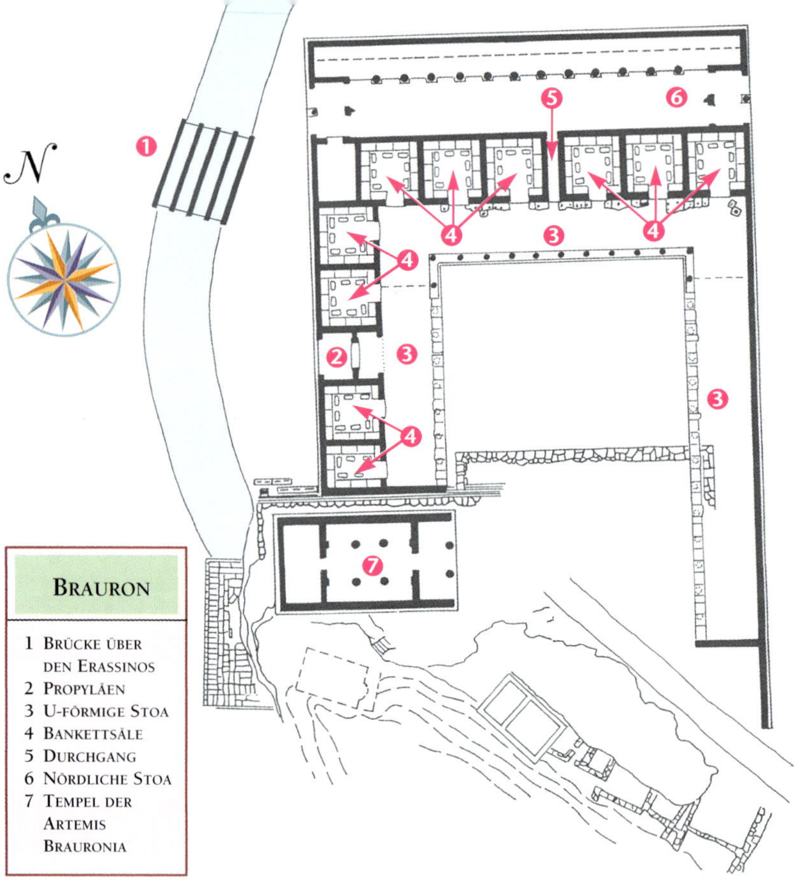

106 oben links Neben dem Theater von Thorikos befand sich ein Altar, der Dionysos geweiht war.

106 unten links Der Tumulus der Athener in Marathon.

106 rechts Der Nemesistempel in Rhamnus.

106–107 Die Portikus im Heiligtum der Artemis Brauronia.

107 unten links Die gut erhaltene Bühne des Theaters von Oropos.

107 unten rechts Der südliche Eingang in die Festung von Phyle.

Wenige Kilometer von Sunion entfernt liegt an der ostattischen Küste der antike Demos **THORIKOS,** einst ein strategisch wichtiger Knotenpunkt im ägäischen Schiffsverkehr. Die unmittelbare Nähe zu den Silber-, Zink- und Eisenerzminen von Laurion (heute Lavrion) war im 5. Jh. v. Chr. für die Athener der Schlüssel zum Wohlstand. Man überlegt, das gesamte Gebiet in einen archäologischen und mineralogischen Park umzuwandeln. Die Küstenstraße führt zum Theater, mit dessen Bau im 6. Jh. v. Chr. begonnen wurde, das jedoch erst im 4. Jh. v. Chr. fertig gestellt werden konnte. 200 m nordwestlich grub man ein Wohn- und ein Handwerkerviertel aus, die aus den archaischen und klassischen Perioden (6.–4. Jh. v. Chr.) stammen. Bemerkenswert ist dabei eine Art Fabrikgebäude mit Kanälen, Bassins und Trockenplatten für das Säubern und Vorbereiten von silberhaltigem Blei, ehe es in die Schmelzöfen gelangte. Außerdem kann man noch die Ruinen der Häuser und Straßen, die sich um einen runden Turm gruppieren, sowie einen Teil der Stadtmauer aus dem Peloponnesischen Krieg besichtigen.

Ebenfalls einen Besuch wert ist der berühmte Tempel der Artemis Brauronia in **BRAURON** (das heutige Vravrona). Im Inneren des Heiligtums, in dem die athenischen Mädchen die Initiationsriten durchschritten, die sie zu erwachsenen Frauen machten, sieht man heute noch fünf Pylonen und die Brücke, die um 450 v. Chr. über den Fluss Erassinos führte (1). Die Überreste der Gebäude datieren fast alle aus dem letzten Viertel des 5. Jh. v. Chr.

Zugang zum heiligen Bereich gewährten die Propyläen (2), die sich zu den Ruinen der U-förmig angelegten Stoa (3) öffnen, die den zentralen Innenhof umgab. Die elegante dorische Portikus mit drei Säulenreihen ist an der Nordseite noch teilweise erhalten. Die Kolonnade steht auf einem Stylobat aus Kalktuff, während Säulen und Epistyle aus *poros* angefertigt waren, Metopen und Kapitelle dagegen aus Marmor. Zehn heilige Bankettsäle (4) waren für die Mädchen bestimmt, die sich auf ihre Initiation vorbereiteten. Neun davon konnten bis zu elf *klinai* (Ruhebetten, auf denen das Festmahl eingenommen wurde) und sieben Tische fassen (einige der Tischstützen sind noch erhalten). Im Norden führt ein enger Durchgang (5) zu den Ruinen der nördlichen Stoa (6), in der die Votivgaben der Gläubigen aufbewahrt wurden. Kläglich wirken dagegen die Überreste des relativ kleinen Tempels der Artemis Brauronia (7). Der Tempel mit einem Distylos, einer Cella mit vier

Säulen und einem Adyton wirkt fast wie eine Kopie des mykenischen Kulttempels im Stil eines Megarons. Man sollte nicht versäumen, dem Archäologischen Museum in Brauron einen Besuch abzustatten.

Die Straße führt an der Küste entlang in Richtung Norden zum Ort **MARATONA** (Marathon), der den Hintergrund für die berühmte Schlacht zwischen Athenern und Persern im Jahr 490 v. Chr. bildete. Am interessantesten ist hier der Tumulus der Athener, ein 10 m hohes Grab, in dem 192 athenische Hopliten beerdigt wurden, die in der Schlacht gefallen waren. Von hier aus ist es nur ein kurzer Weg zu dem großen mykenischen Tholosgrab aus dem 14. Jh. v. Chr. in der Nähe von Vrana. Dieses Grab enthielt eine reiche Sammlung von Grabbeigaben sowie die Überreste von zwei Pferden, die geopfert und in der 25 m langen Eingangspassage *(dromos)* beerdigt wurden. Östlich davon befindet sich der Tumulus der Platäer, in dem man neun Gräber von Hopliten aus dieser kleinen böotischen Stadt entdeckte.

Nicht weit von Marathon entfernt stößt man in **RHAMNUS** auf die Ruinen des Heiligtums der Nemesis, der Göttin der Rache. Es wurde in polygonaler Bauweise auf einer künstlich angelegten Terrasse errichtet und bestand aus zwei Kultgebäu-

den. Der kleine polygonale Tempel mit einem Astylos war Themis, der Göttin des Gesetzes, geweiht und wurde 490 v. Chr. erbaut, vermutlich um den Sieg der Athener bei Marathon zu feiern. Im Inneren des Tempels befinden sich Kopien der zwei kleinen Throne für Nemesis und Themis aus dem 4. Jh. v. Chr. sowie der beschriftete Sockel der berühmten Kultstatue der Göttin Themis, ein Meisterwerk des athenischen Bildhauers Chariestratos (290–280 v. Chr.), heute im Archäologischen Museum in Athen zu sehen. Die Ruinen des größeren Gebäudes, das von 436 bis 432 v. Chr. der Nemesis geweiht war, lassen auf einen unvollendeten klassisch-dorischen Peripteros mit Hexastylos schließen, der vermutlich vom Architekten des Heiligtums in Kap Sunion entworfen wurde. Bei Grabungen stieß man außerdem auf verschiedene Fragmente der Marmorstatue der Göttin, ein Werk des Agorakritos von Paros.

Nördlich von Rhamnus liegt das Amphiaraeion von **OROPOS,** ein Heiligtum, das im 4. Jh. v. Chr. zu Ehren des Amphiaraos errichtet wurde. Hier findet man die Ruinen eines dorischen Hexastylos, der dem Helden geweiht war. Im Tempel gab es eine Cella, die von zwei Reihen ionischer Säulen in drei Bereiche unterteilt war und in der sich einst eine riesige Kultstatue befand. Vor dem Tempel befindet sich der Altar. Zu weiteren Höhepunkten dieses Ortes zählen die hellenistischen und römischen Votiv-Monumente auf der Terrasse, die lange doppelte Portikus sowie das kleine Theater aus dem Jahr 332 v. Chr. Das Proszenium mit dorischen Halbsäulen und die Skene mit dorischen Säulen und drei Durchgängen sind besonders bemerkenswert.

Von Rhamnus oder Oropos aus führt die Reise zurück nach Athen. In Archarnes sollte man den Weg durch das zerklüftete Tal nehmen, der zu den spektakulären Ruinen der athenischen Festung von **PHYLE** (heute Fili) führt. Dies ist eines der besterhaltenen Bollwerke Attikas und zudem ein exzellentes Beispiel für klassische Militärarchitektur. Es steht auf

einer Fläche von ca. 4000 m^2 auf einem natürlichen Felsen, der sich 680 m über dem Meer erhebt, und wurde zwischen Ende des 5. und Anfang des 4. Jh. v. Chr. erbaut. Die perimetrale Mauer wird von vier Türmen, einem Haupttor im Osten und einem kleinen Notausgang im Süden unterbrochen. Hier zettelte Thrasybolos den Krieg an, der die Athener von der Tyrannei der Dreißig befreien sollte.

108 oben Die Überreste der Bogen zu Ehren von Demeter und Kore-Persephone und des Mark Aurel sind auf der Westseite des großen Eingangsbereichs zum Heiligtum der beiden Göttinnen in Eleusis zu sehen.

Die berühmte archäologische Stätte von **ELEUSIS** (heute Elefsina) liegt nahe bei Athen, gegenüber der Insel Salamina (Salamis). Am Fuß der Akropolis der alten Stadt befinden sich die Überreste eines der bedeutendsten Heiligtümer der Antike, das Demeter und Kore-Persephone geweiht war. Zum Heiligtum gehörte ein großer Kultraum *(Telesterion)*, in dem die berühmten Eleusinischen Mysterien zelebriert wurden. Die Ruinen, die man heute noch sieht, sind die letzten Zeugen einer Reihe eindrucksvoller Monumentalgebäude aus dem 6. Jh. v. Chr. bis in die Römerzeit.

Der Eingang zu Eleusis befindet sich genau an dem Punkt, an dem der alte Heilige Weg auf den teilweise von Portiken umgebenen Platz (1) trifft. Die Portiken und zwei Triumphbogen zu Ehren der Demeter und der Kore-Persephone sowie des Kaisers Mark Aurel (2–3) stammen aus der Römerzeit. Der kleine Tempel (4) im dorischen Stil, der sich in der Mitte befindet, war Artemis Propylaia geweiht. Nach einem kurzen Besuch der mit Türmchen bewehrten Stadtmauern (5), die zwischen dem 6. und dem 3. Jh. v. Chr. mehrmals wieder aufgebaut wurden, gelangt man zu den Größeren Propyläen (6), die sich an den Propyläen in Athen orientieren. Noch heute findet man hier die große Marmorbüste des Mark Aurel im Waffenrock, umgeben von einem runden Rahmen. Rechts davon hielten die Jünger der Eleusinischen Mysterien ihre rituellen Tänze ab. Der Brunnen (470–460 v. Chr.) ist auch als *Kallichoron* (7) bekannt.

Der Heilige Weg steigt nun an und schlängelt sich an den Häusern von Priestern und an öffentlichen Gebäuden vorbei hinauf zu den Kleineren Propyläen (8) aus der Römerzeit mit einem dorischen Fries, dessen Motive Demeter verherrlichten. Danach geht es weiter durch Ruinen, die sehr schwer zu identifizieren sind (der Tempel des Hades, des Gottes der Unterwelt, der Kore-Persephone entführte und heiratete, sowie andere Tempel sind kaum noch zu erkennen), zum *Telesterion* (9),

108 unten Die beschädigte Büste des Mark Aurel in militärischer Rüstung, lässt noch immer die Gesichtszüge des Herrschers erkennen.

108–109 Blick auf den Eingangsplatz des eleusinischen Heiligtums. Im Hintergrund erkennt man die Treppen zu den Größeren Propyläen, die sich in dorischer Architektur an denen der Akropolis orientieren.

109 Die Stufen an der Nordseite des Telesterions waren in den Fels gehauen. Von hier konnte man das Ritual der Eleusinischen Mysterien verfolgen.

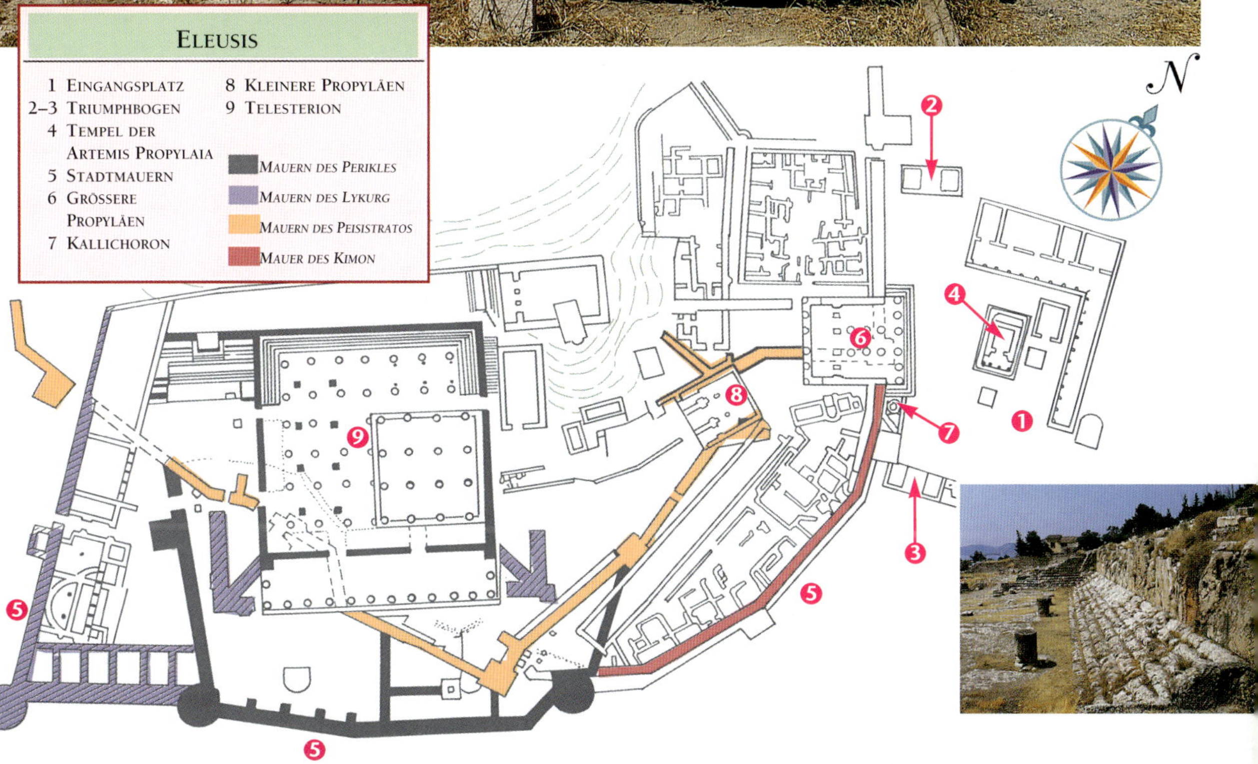
ELEUSIS
1 Eingangsplatz
2–3 Triumphbogen
4 Tempel der Artemis Propylaia
5 Stadtmauern
6 Grössere Propyläen
7 Kallichoron
8 Kleinere Propyläen
9 Telesterion
Mauern des Perikles
Mauern des Lykurg
Mauern des Peisistratos
Mauer des Kimon
N
1
2
3
4
5
6
7
8
9

110 Der Kopf einer der Karyatiden an den Kleineren Propyläen in Eleusis. Die Figuren stammen aus der Römerzeit und kopieren ihre Vorbilder am Erechtheion (Elefsina, Archäologisches Museum).

111 oben Marmorskulpturen aus der Römerzeit auf der Terrasse des Archäologischen Museums in Elefsina. Hierbei handelt es sich um zwei männliche Statuen mit Toga, eine neoattische Amphore und ein Säulenkapitell.

111 unten links Das Museum beim Heiligtum von Eleusis zeigt auch viele Objekte aus der archaischen Zeit. Im Vordergrund sieht man eine herrliche frühattische Amphore und dahinter einen attischen Koros.

111 unten Mitte Der marmorne Sarkophag im Museum von Elefsina stammt aus dem 2. Jh. v. Chr. Sein reich verziertes Äußeres zeigt das Ende des legendären Kalydonischen Ebers.

111 unten rechts Diese Statue aus Eleusis ist eine von vielen, die Kaiser Hadrian zu Ehren seines Lieblings Antinoos aufstellen ließ, der im Jahr 130 im Nil ertrank (Elefsina, Archäologisches Museum).

einer riesigen Säulenhalle. Die heute noch sichtbaren Überreste stammen vom Wiederaufbau, der in der zweiten Hälfte des 2. Jh. vorgenommen wurde. Auch hier wurden im Licht der Fackeln die Eleusinischen Mysterien zelebriert. Die Initiierten saßen auf den Stufen, von denen nur noch die erhalten sind, die in den Felshang gehauen wurden. Die Atmosphäre war feierlich und die Säulen der Kolonnade warfen lange geheimnisvolle Schatten. In der Mitte des Raumes befand sich ein Adyton, dessen Bauweise sich am alten mykenischen Megaron orientierte, um das sich der Kult der chthonischen Götter (Erdgottheiten) entwickelte.

Das Archäologische Museum birgt unter anderem eine Statue der Demeter von Agorakritos von Paros (um 240 v. Chr.), ferner eine Reihe von Reliefskulpturen und Statuetten, die den eleusinischen Gottheiten geweiht waren.

112–113 An den Mauern und Türmen der athenischen Festung Eleutherai erkennt man, mit welcher Akkuratesse die gleichmäßig geformten Quadersteine in isodomischer Bauweise aufeinander gesetzt wurden.

112 unten links Blick auf die gut erhaltenen Verteidigungsmauern der Festung Eleutherai, die von den Athenern zum Schutz der attisch-böotischen Grenze errichtet wurde.

112 unten rechts Die Holzfußböden und -balken der Türme von Eleutherai existieren nicht mehr, sodass eine Besichtigung unmöglich ist. Das Foto zeigt einen Durchgang zwischen Turm und Brustwehr.

113 oben Die Natur rund um die Festung Eleutherai mit ihren Eichenwäldern ist gänzlich unberührt. Denselben Ausblick genoss bereits die Garnison, die einst in der Festung stationiert war.

113 unten Einer der Nebeneingänge von Eleutherai öffnet sich nach Süden. Er ist so eng, dass immer nur ein Mann hindurch gehen konnte. Dies hatte den Vorteil, dass der Eingang gut von dem daneben befindlichen hohen Turm aus überwacht werden konnte.

Auf der Straße nach Theben gelangt man zur Festung von **Eleutherai.** Dieses sehr gut erhaltene Bollwerk liegt an der attisch-böotischen Grenze und stammt vermutlich aus der zweiten Hälfte des 4. Jh. v. Chr. und bedeckt eine Grundfläche von mehr als 35 000 m^2. Die Verteidigungsmauern in isodomischer Bauweise verfügen über zwei große Tore und mehrere kleinere Ausgänge sowie über zweistöckige Türme mit Türen, Fenstern und Treppen außerhalb wie innerhalb des Gebäudes.

Der letzte Halt auf der Reise zu den Sehenswürdigkeiten Attikas befindet sich in der Bucht von Ghermeno, am Golf von Alkyonidon. Neben einem herrlichen Strand ist hier die archäologische Grabungsstätte **Aigosthena** zu bewundern, mit den Überresten einer massiven Festung aus dem 4. Jh. v. Chr. Diese Festung war lange Zeit Streitpunkt zwischen Megara und Athen. Gegen Ende des 3. Jh. v. Chr. war sie für einige Dekaden unabhängig. Die erhaltenen Verteidigungsmauern im Norden weisen mehrere rechteckige Türme in isodomischer Bauweise auf. Ein weiterer Höhepunkt ist die Akropolis, die von einer Mauer in polygonaler Bauweise umgeben ist, welche mindestens 100 Jahre älter sein dürfte als die isodomische Mauer. Sie ist ebenfalls mit mindestens acht Türmen bewehrt.

114 Die Statue der Athene Aphaia stand zwischen kämpfenden griechischen und trojanischen Soldaten am Westgiebel des Athenetempels auf Ägina. Sie stellt eines der letzten bekannten Beispiele für archaische Architektur dar (München, Glyptothek).

Die Insel **ÄGINA** (Eghina) liegt im Saronischen Golf und ist seit den Anfängen der Bronzezeit bewohnt. Zunächst gab es nur eine kleine mykenische Siedlung, aber später entstand hier eines der bedeutendsten archaischen Seehandelszentren (7.–6. Jh. v. Chr.), das auf den levantinischen und westlichen Märkten sehr wohl mit Großmächten wie Athen und Korinth konkurrieren konnte. Allerdings führte dies bald zu einer Reihe von Kriegen mit Athen, die in Mitte des 5. Jh. v. Chr. darin gipfelten, dass die Athener Ägina annektierten, die gesamte Bevölkerung deportierten und durch athenische Siedler ersetzten.

Zu den Überresten des antiken Ägina zählt als besonders kostbarer Schatz der dorische Peripteros mit Hexastylos, welcher der Athene Aphaia geweiht war. Er ist Teil eines Heiligtums der Göttin und befindet sich etwa 7 km östlich der modernen Stadt. Das Heiligtum war bereits in myke-

114–115 Die Südseite des Tempels der Athene Aphaia auf Ägina ist das Ergebnis des kühnen Versuchs, die dorische Ordnung mit harmonischen Proportionen und ungewöhnlicher Leichtigkeit zu verbinden.

115 Diese Ansicht des Tempels der Athene Aphaia auf Ägina zeigt im Vordergrund die Säulen des Pronaos und dahinter einen Teil der doppelten Säulenreihe, die die Cella in drei Schiffe unterteilte.

nischen Zeiten bekannt und weist einen trapezförmigen Temenos mit religiösen Gebäuden auf, die aus der Zeit vom 8. bis zum 7. Jh. v. Chr. datieren. Die archäologische Stratigraphie der verschiedenen Phasen und der Erneuerungen ist gut zu erkennen. Der spätarchaische Tempel der Athene Aphaia wurde um 510–500 v. Chr. aus verputztem Muschelkalk errichtet. Das Bauwerk ist von einer Peristasis aus 6 x 11 Säulen umgeben. Die Cella wird durch zwei Reihen dorischer Säulen in drei Schiffe unterteilt. Pronaos und Opisthodomos verfügen jeweils über ein Distylos. Die Proportionen weisen bereits auf die spätere Ausgewogenheit klassischer Tempel hin. Die Ziergiebel, die beinahe lebensgroße Statuen aus Marmor trugen, waren mit Akroterien verziert, die oben zwei Koren in ionischem Stil hatten, die ein Anthemion flankieren, während an den Seiten Sphinxe dargestellt waren. Sämtliche Statuen befinden sich heute in der Glyptothek in München. Diese Statuen sind für Historiker besonders bedeutsam, weil sich im Zeitraum zwischen 510 und 485 v. Chr., der zwischen der Fertigstellung der West- und

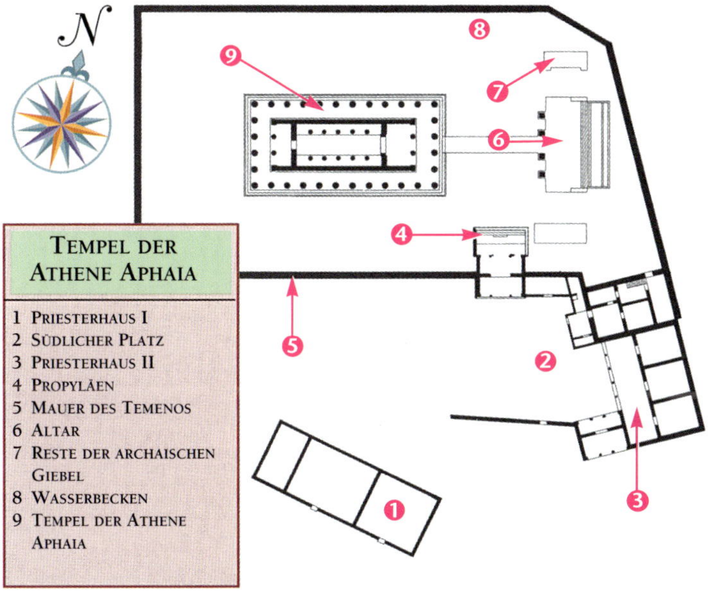

116 Kopf einer Göttin (vielleicht der Athene) aus dem Heiligtum von Ägina. Er stammt aus der ersten Hälfte des 5 Jh. v. Chr. und ist das Werk eines unbekannten Künstlers der Insel.

der Ostfassade liegt, der Kunststil von spätarchaisch zu frühklassisch wandelte.

Der westliche Ziergiebel zeigt die Schlacht zwischen Griechen und Trojanern, während die Skulpturen im Osten Expeditionen darstellen, die Herakles gegen den trojanischen König Laomedon unternahm. Möglicherweise spielt der ältere Westgiebel auf den Krieg zwischen Griechen und Persern in Kleinasien an und stellt ihn als Allegorie des Konflikts zwischen Gut und Böse dar. Der Ostgiebel wurde als Allegorie interpretiert, die die ägäischen Siege gegen die Athener zu Beginn des 5. Jh. v. Chr. verherrlicht. Auf beiden Giebeln jedoch stand die Göttin, bewaffnet mit Rüstung, Speer und Schild und dargestellt mit dem Haupt der Medusa, deren Haar aus Schlangen bestand, inmitten der kämpfenden oder gefallenen Krieger. Diese Szene wurde in den dreieckigen, über 15 m langen Raum des Tympanons platziert. Neben der Bemalung wurde noch vieles andere durch die rücksichtslosen Restaurierungsarbeiten von Bertel Thorvaldsen in der ersten Hälfte des 19. Jh. zerstört, wie zum Beispiel ein Großteil der Details (wie Ornamente) aus vergoldeter Bronze.

Vom antiken Ägina findet man nur noch spärliche Überreste im Nordwesten der heutigen Stadt auf dem Hügel Kolona, der so benannt wurde nach der einzigen noch erhaltenen Säule des spätarchaischen dorischen Peripteros mit Hexastylos, der Apollo geweiht war (um 500 v. Chr.). Das kleine Archäologische Museum befindet sich in der Nähe der Kirche von Ägina.

116–117 Die berühmte Figur des sterbenden Soldaten an der linken Seite des Giebels des Tempels der Athene Aphaia auf Ägina (490–480 v. Chr.) ist eines der schönsten Beispiele für frühklassische Bildhauerkunst (München, Glyptothek).

117 Blick auf den Tempel der Athene Aphaia auf Ägina aus Südosten. Von dieser Seite präsentierte sich der Tempel in der Antike den Besuchern und Pilgern, nachdem sie die Propyläen durchschritten hatten.

KORINTH UND ARGOLIS

Die heutige griechische Provinz Korinth liegt am nordöstlichen Ende des Peloponnes und umfasst auch die Meerenge, welche die Halbinsel von Attika trennt. Die Landschaft unterscheidet sich kaum von der des benachbarten Argolis und Achaia, an der Küste jedoch gibt es sowohl am Golf von Korinth als auch am Saronischen Golf besonders viele Hafenstädte.

Besucher, die von Attika kommen, sollten in **PERACHORA** einen Zwischenstopp einlegen, ehe sie den Kanal von Korinth überqueren. Kurz hinter den Thermalbädern und dem Badeort Loutraki stößt man dort auf die Überreste des großen archaischen, klassischen und hellenistischen Heiligtums der Hera. Die Ruinen des Temenos des kleinen apteralen (außen nicht von Säulen umgebenen) Tempels der Hera Limenia (Hüterin des Hafens) liegen an einem Hügel, der sich zum Meer erstreckt. Im Inneren des Tempels aus der Mitte des 8. Jh. v. Chr. befinden sich ein Altar und eine beschriftete Stele. Grabungen am Tempel haben eine bemerkenswerte Serie von Votivgaben zutage gefördert, die aus dem 8. bis 4. Jh. v. Chr. datieren. Etwas weiter westlich liegt ein großes hellenisches Wasserreservoir mit elliptischem Grundriss. Am interessantesten an diesem Komplex sind der nahe gelegene Bankettsaal und die Säulen, die die Balken für das Dach trugen. Der Bankettsaal stand vermutlich in Verbindung mit dem Heiligtum der Hera Akraia (Hüterin des Hügels), das sich weiter oben am Hang befindet. Das östlichste Bauwerk ist eine L-förmige Stoa aus dem 4. Jh. v. Chr. mit zwei Stockwerken, eines in dorischem, das andere in ionischem Stil. Beim nächsten Gebäude, westlich davon, handelt es sich um einen Altar mit Triglyphen, der ursprünglich von ionischen Kanopen umgeben war (Ende des 5. Jh. v. Chr.). Noch etwas weiter westlich liegen eng nebeneinander die Überreste des geometrischen, mit einer Apsis versehenen Tempels der Hera Akraia, gefolgt von einem archaischen Apteralgebäude mit einer Doppelreihe dorischer Säulen in der Cella und einem Dach aus Marmor.

Vor dem kleinen Pier steht ein Gebäude aus der zweiten Hälfte des 6. Jh. v. Chr. mit einem Innenhof und einer L-förmigen Portikus.

118 Die Ruinen des Tempels der Hera Limenia blicken über die Bucht von Perachora, umrahmt von einer wunderschönen mediterranen Landschaft.

118–119 Die meisten antiken Gebäude von Perachora befanden sich im Windschatten der Bucht. Im Vordergrund erkennt man die Ruinen des archaischen Tempels der Hera Akraia.

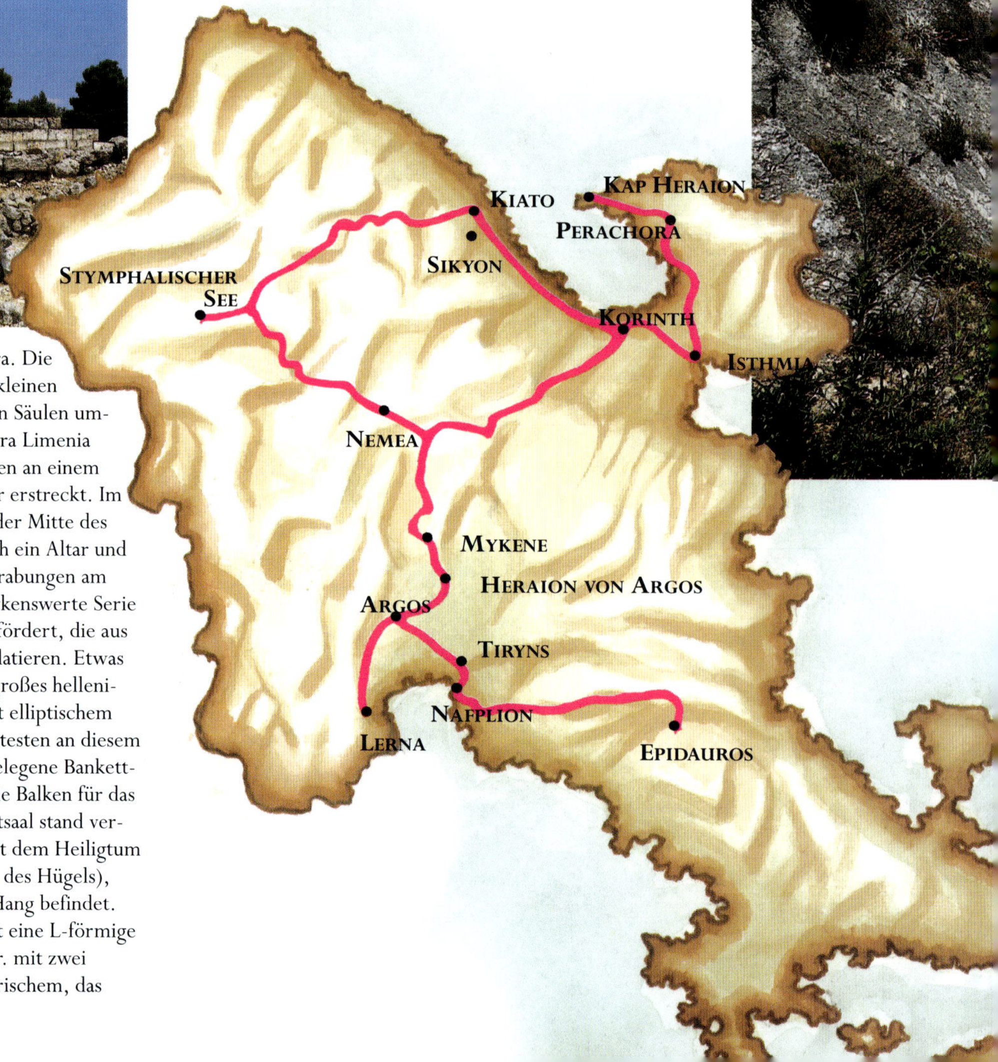

119 unten links Die Überreste eines großen rechteckigen Wasserbeckens (im Vordergrund) und eines Saales für religiöse Bankette (3. Jh. v. Chr.) entdeckte man auf halber Höhe des Hügels von Perachora.

119 unten rechts Detailaufnahme des Wasserbeckens am Hügel von Perachora. Das Problem der Wasserversorgung wurde in der Antike häufig mit solchen gemeinschaftlich genutzten Wassertanks gelöst.

In **Isthmia**, jenseits des Kanals von Korinth, liegen zur ägäischen Küste hin die bemerkenswerten Überreste des panhellenischen Heiligtums des Poseidon. Es entstand zwischen dem Ende des 8. Jh. v. Chr. und dem Beginn des 7. Jh. v. Chr. und wurde mehrere Male aus- und umgebaut, ehe Justinian es demontieren ließ, um Baumaterial für eine Befestigungsanlage an den Mauern des Isthmus (1) zu erhalten, die von den Bewohnern des Peloponnes während der Perserkriege errichtet wurden. Am besten beginnt man die Besichtigung mit einem Besuch im

Archäologischen Museum, in dem kostbare Funde aus dem Heiligtum und dem nahe gelegenen korinthischen Hafen Kenchreai zu sehen sind, ehe man sich zum Heiligtum des Poseidon (2) aufmacht. Hier befinden sich der dorische Peripteros mit Hexastylos (460–390 v. Chr.) des Meeresgottes sowie die Überreste des Heroons des Palaimon (3), eines Monopteros auf einem hohen Fundament, der einem Helden geweiht war und in der Römerzeit umgebaut wurde. In der Nähe findet man auch die Startmarkierungen des etwas älteren Stadions (6.–5. Jh. v.

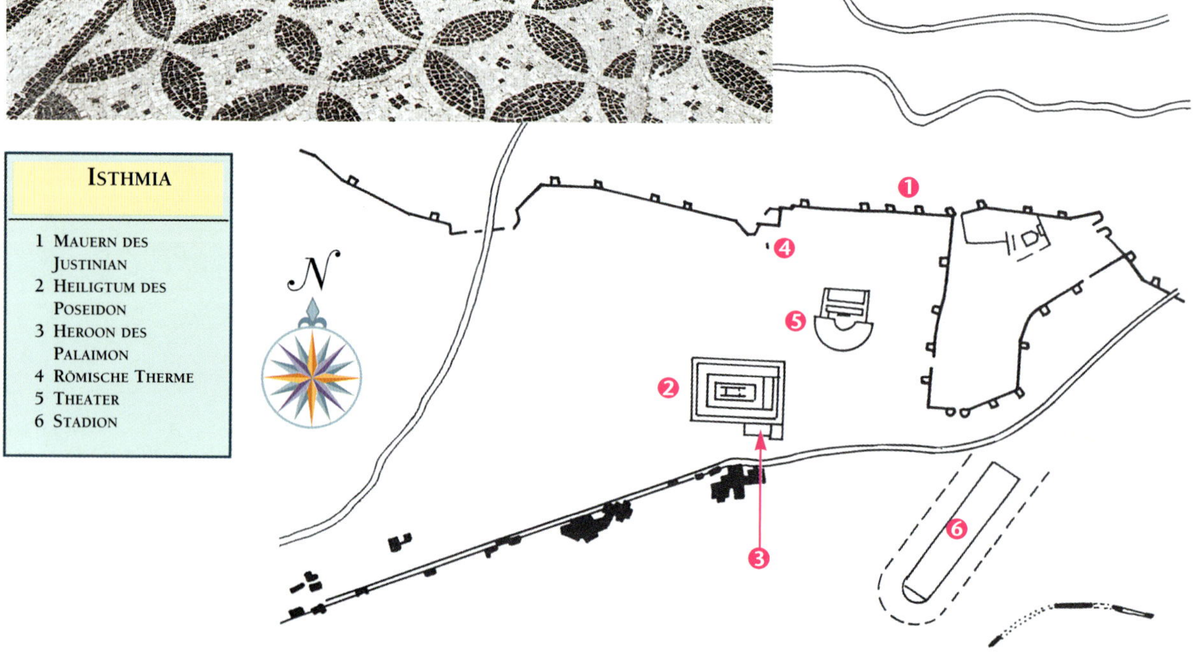

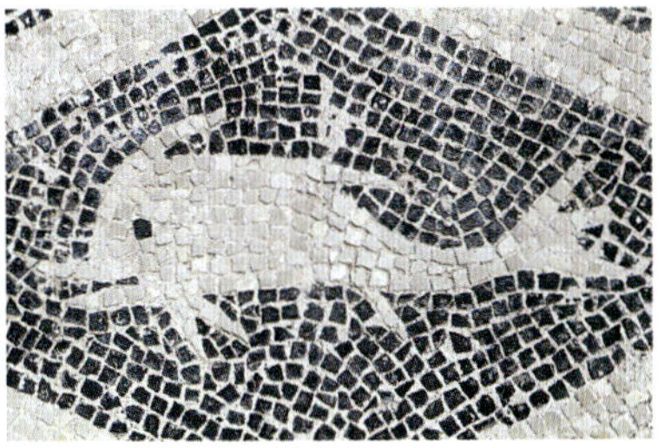

120 links Die Therme zählt zweifellos zu einem der interessantesten Gebäude von Isthmia. Man beachte den eindrucksvoll gestalteten schwarz-weißen Mosaikfußboden.

120 rechts Der Künstler dieses Mosaiks aus dem 2. Jh., bediente sich einiger figurativer Elemente aus hellenistischer Zeit, wie zum Beispiel dieser Nereide aus dem Hofstaat des Poseidon.

121 oben links Eines der beliebtesten Symbole in den römischen Thermen des 2.–3. Jh. war der Delphin.

121 oben rechts Im Kaldarium der Therme von Isthmia stehen noch zahlreiche kleine Stützpfeiler, auf denen der mit heißer Luft beheizbare Fußboden ruhte.

121 Mitte Ein weiteres beliebtes Meerestier der Mosaikkünstler war der Oktopus. Hier in Isthmia in einer stilisierten Version.

121 unten Ein geflügelter Cupido reitet auf einem Delphin. Vermutlich war dieses Motiv eine Parodie auf das allseits beliebte Pferderennen.

Chr.), in dem alle zwei Jahre die Isthmischen Spiele abgehalten wurden. Diese wurden 582 v. Chr. reformiert und galten nach den Olympischen Spielen als die zweitwichtigsten Wettkämpfe des Landes. Bei Grabungen nordöstlich des Tempels wurde eine Therme aus der römischen Kaiserzeit (4) mit herrlichen Mosaikböden freigelegt. Südlich davon liegt die *cavea* des Theaters (5) aus dem 5.–4. Jh. v. Chr. mit einigen Umbauten und Erweiterungen in der Römerzeit. Der Umriss des Stadions (6) aus dem 4. Jh. v. Chr. ist deutlich auf der anderen Seite der Straße zu erkennen.

Bei Ausgrabungen wurden Teile der gepflasterten Straße entdeckt, die über parallele Furchen für die Räder der Karren verfügt, mit denen leichtere Schiffe von Kenchreai (mit interessanten hellenistisch-römischen und byzantinischen Ruinen, die heute unter Wasser liegen) über Land zum ionischen Hafen Lechaion geschafft wurden.

122 links Die Überreste der Burg Akrokorinth bieten die Möglichkeit, in Korinth auf mittelalterlichen Spuren zu wandeln.

122 oben rechts Der Hof des Archäologischen Museums von Korinth enthält Skulpturen und Inschriften aus der Römerzeit, einen bedeutenden Sarkophag aus dem 6. Jh. v. Chr. und Ziertafeln aus dem Theater (2. Jh. v. Chr.).

Dem antiken **Korinth,** einer der größten Städte des alten Griechenlands, nähert man sich am besten von der modernen Stadt am Golf von Korinth, in Richtung der hoch gelegenen Burg Akrokorinth.

Im Jahr 146 v. Chr. zerstörten die Römer unter Konsul Mummius die Stadt. beinahe völlig. Mehrere römische Kaiser, von Julius Cäsar bis zu Hadrian, starteten danach ehrgeizige Auf- und Umbauprojekte, löschten dadurch jedoch auch die restlichen künstlerischen und architektonischen Spuren der antiken Stadt aus, die seit dem 8. Jh. v. Chr. ein bedeutendes Zentrum für Kunst und Handel war. Zu jener Zeit war das antike Korinth an sämtlichen wichtigen Ereignissen der griechischen Geschichte beteiligt und dominierte den Seehandel im gesamten Mittelmeerraum. Es entwickelte sich zur Kolonialmacht und wurde abwechselnd von Oligarchen und Tyrannen regiert.

Die Besichtigungstour beginnt auf der Burg Akrokorinth und führt hinab in die römische Stadt. Die Akrokorinth mit dem berühmten Tempel der Aphrodite wird von einer dreifach befestigten Mauer umschlossen, die beredtes Zeugnis von den aufeinander folgenden Ausbesserungen durch Griechen, Byzantiner, Franken, Venezianer und Ottomanen ablegt. Im Tempel verlangten etwa 1000 Priesterinnen im Namen der Hierogamie und der heiligen Prostitution den Pilgern immense Summen ab, die es auf sich genommen hatten, den langen und steilen Weg zu erklimmen. Wer weiß, ob es nicht dieser anstrengende Weg war, der zu dem lateinischen Sprichwort führte: „Nur wenige wagen sich nach Korinth!"

Auf halbem Weg den Hügel hinab stößt man auf die Überreste des Heiligtums der Demeter, das auf Terrassen angelegt und mit Stufen ausgestattet wurde, die in den Fels gehauen sind. Diese dienten der Kongregation, die an der Zelebrierung der Mysterien teilnahm, als Sitzplätze.

Der Eingang zu den Ausgrabungen der unteren Stadt befindet sich nahe bei dem gut ausgestatteten Archäologischen Museum (1), das neben einer großen Sammlung protokorinthischer und korinthischer

122 unten rechts Blick in Saal III des Archäologischen Museums, das eine außergewöhnliche Sammlung von Skulpturen, Reliefs, Mosaiken und Sarkophagen beherbergt. Darunter befindet sich auch die römische Kopie der Doriphoros-Statue von Polykleitos.

122–123 Dieser mit Efeu bekränzte Lockenkopf inmitten eines rund angeordneten, „perspektivischen" Musters ist vielleicht der des Bacchus (Korinth, Archäologisches Museum).

123 oben Ansicht der Burg Akrokorinth, auf die sich laut Sprichwort „nur wenige wagen". Die geldgierigen heiligen Huren sind verschwunden, geblieben ist jedoch der anstrengende Aufstieg auf den Berg.

123 unten Dieses schöne Mosaik einer Rinderherde und eines Hirten mit Flöte datiert aus dem 2. Jh. und ist die Kopie eines Originals von Pausias aus Sikyon (Korinth, Archäologisches Museum).

Keramiken (7.–6. Jh. v. Chr.) auch archaische Terrakottaobjekte und römische Statuen beherbergt.

In der Nähe des Museums stößt man auf die Ruinen des *Capitoliums* (2), eines Jupitertempels aus dem 1. Jh. Dieser korinthische Peripteros mit Hexastylos steht in der Mitte eines Peribolos mit doppelter Portikus. Im Osten überblickt er die forumähnliche Agora mit der langen Westportikus (3) und vielen Geschäften. Am Ende einer kurzen Treppe liegt die Westterrasse (4), auf der sich in augusteischer Zeit sieben kleine Tempel befanden, von denen fünf über Prostylos bzw. Tetrastylos, einer über ein Distylos verfügte und einer eine Tholos war. Diese Tempel waren (von Norden nach Süden) Venus, Neptun, Herkules (ein kleines Pantheon) und Fortuna geweiht. Die lange Südseite

124 oben links Auf diesem Foto vom Brunnenhauses der Lerna-Quelle sieht man das Ergebnis der drei letzten großen Erweiterungen.

124 oben rechts Die funktionalen und dekorativen Bereiche des Brunnenhauses aus hellenistischer Zeit mit sechs Becken, die von der Lerna-Quelle gespeist werden, sind von Arkaden eingeschlossen.

der Agora erstreckt sich über zwei unterschiedliche Bodenhöhen. Auf dem niedrigeren Niveau befindet sich eine Kapelle mit einer runden Cella, flankiert von zwei kleinen rechteckigen Cellae (5), die vielleicht Artemis und Dionysos geweiht waren, sowie eine Reihe von Läden (6), die in der Mitte von einer marmornen Tribüne (7) unterbrochen werden, die für öffentliche Reden und für die Rechtsprechung diente. Der höher gelegene Teil war ein großer Platz, gesäumt von einer Doppelstoa (8), der sich zu Verwaltungsbüros hin öffnete: In der Mitte befand sich die hufeisenförmige Kurie mit einem von Säulen umgebenen Atrium, flankiert von Archiv- und Versammlungsräumen für Magistrate. Die seitlichen Räume dienten vermutlich als Versammlungsräume für die mächtigen Collegia (Vereinigungen) und die auf der Ostseite der Terrasse als Büros für das Collegium der Augustalen, Beamte im Dienste des Kaisers. Hinter diesem Komplex befinden sich die Überreste der zweistöckigen Südbasilika (9). Die Julianische Basilika (10) im Osten der Agora entsprach der Südbasilika, allerdings ist heute nur noch das Fundament erhalten. An der Nordseite des Platzes erkennt man die spärlichen Überreste der Nordportikus (11) und die architektonisch sehr beeindruckenden Fragmente des Septimius-Severus-Bogens (14), verziert mit Statuen orientalischer Gefangener. Der Bogen sollte an den Sieg des Septimius Severus über die Parther erinnern. Ein monumentaler Bogen mit Tonnengewölbe (12) markiert den Anfang der Prachtstraße (13), die zum kommerziellen Zentrum der Stadt, dem Hafen Lechaion, führte.

Im selben Bereich steht das Brunnenhaus der Lerna-Quelle (15). Das heutige Erscheinungsbild des Brunnenhauses geht auf den Wiederaufbau durch Herodes

125 unten Die teilweise Rekonstruktion der drei Säulen am Osttempel in Korinth wirkt sehr pittoresk. Vermutlich handelte es sich dabei um das Capitolium *der Stadt, das von den Römern wieder aufgebaut wurde.*

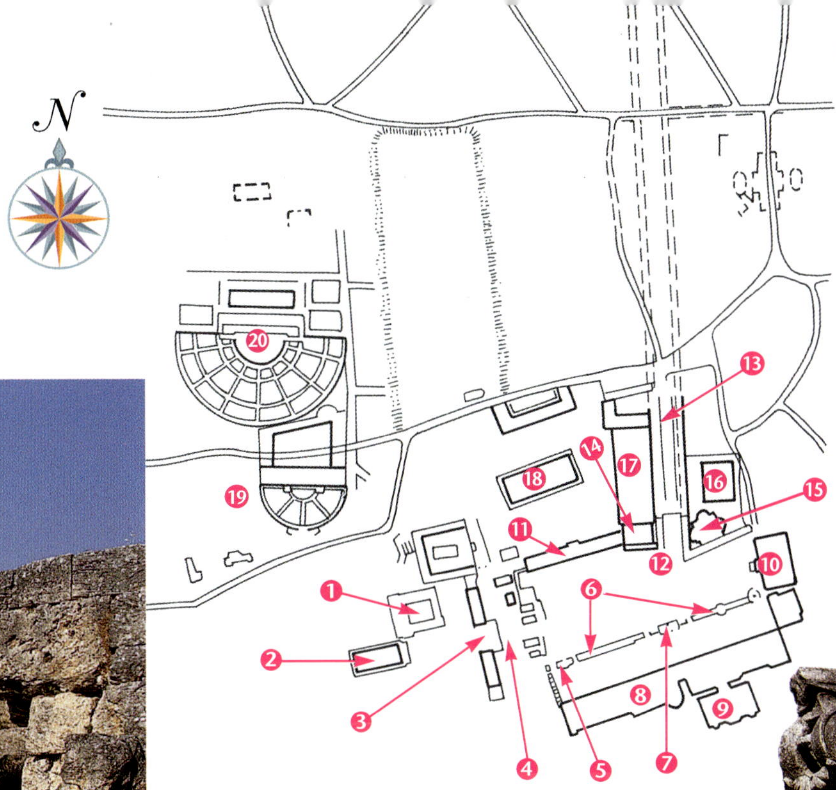

KORINTH

1 Archäologisches Museum	9 Nordbasilika	15 Brunnenhaus der Lerna-Quelle
2 Capitolium	10 Julianische Basilika	16 Heiligtum des Lechaion
3 Westportikus	11 Nordportikus	17 Südbasilika
4 Westterrasse	12 Eingang zum Lechaion	18 Tempel des Apollo
5 Cellae von Artemis und Dionysos	13 Prachtstrasse	19 Odeion
6 Läden	14 Fragmente des Septimius-Severus-Bogens	20 Theater
7 Tribüne		
8 Doppelstoa		

124–125 Nur diese Ruinen und die prächtigen korinthischen Kapitelle erinnern heute noch an die Portikus mit den vielen Läden auf der Westseite des Forums.

125 oben Korinthische Kapitelle wie dieses krönten die Säulen des Osttempels, dem man bewusst ein hellenistisches Aussehen verlieh.

126 oben Ein schöner Blick auf die cavea des korinthischen Theaters. Leider befindet sich das Bauwerk in einem überaus schlechten Zustand.

126 Mitte Die Ruinen der Läden in der Nordportikus des Forums von Korinth stehen am Fuß des niedrigen Hügels, auf dem sich der Apollotempel befand. Der Tempel ist ein herrliches Beispiel für dorische Architektur.

126 unten rechts Der Apollotempel zeigt typische archaische Merkmale: schwere, monolithische Säulen, ein verlängerter Grundriss und weißer Putz auf dem Kalkstein (von den Römern erneuert).

126–127 Die massiven Säulen des Apollotempels mit scharfkantigen Kannelüren sind beeindruckend. Die Säulen sind 7 m hoch und haben einen Durchmesser zwischen 1,3 m und 1,75 m.

Attikus zurück. Das Gebäude verfügt über ein großes Becken in der Mitte des Hofes und weist eine Fassade aus unbehauenen Quadern und glattem Marmor auf, die von Bogen mit ionischen Säulen unterbrochen wird. Die Lerna-Quelle, die noch immer fließt, versorgte unter anderem die metallurgischen Werkstätten der Stadt mit Wasser.

An der Prachtstraße stößt man auf die Ruinen des Heiligtums des Lechaion (16) und der Nordbasilika (17). Es lohnt sich auch, zu den Überresten des dorischen Peripteros mit Hexastylos (18) hinaufzusteigen, der Apollo geweiht war. Der Tempel wurde um 540 v. Chr. erbaut und ist ein herrliches Beispiel für archaische griechische Architektur mit monolithischen Säulen und einer doppelten Cella mit Pronaos und Opisthodomos. Einige Wissenschaftler glauben, dass die kleinere Cella als Adyton für ein Orakel diente oder als Kapelle zur Anbetung der Artemis, der Schwester des Apollo.

Das Odeion (19) wurde unter Nero errichtet, jedoch von Herodes Attikus und später unter Severus umgestaltet. Es fasste 7000 Zuschauer und verfügt über Elemente, die dem architektonischen Kanon der Zeit entsprechen. Nördlich davon liegt das völlig zerstörte Theater (20) mit klassischen Fundamenten und einer runden Orchestra. In hellenistischer Zeit fanden darin 18 000 Zuschauer Platz. Ein Bereich des Theaters war für die Priesterinnen der Akrokorinth reserviert.

127 unten links Diese Aufnahme vom Apollotempel zeigt die für archaische Architektur typische rundliche Form des Echinus. Das Profil des dorischen Kapitells ist eine sichere Methode, Bauwerke zu datieren.

127 unten rechts Die eindrucksvollen Ruinen einer frühchristlichen Kirche von immenser Größe (180 m Länge), die dem heiligen Leonidas geweiht war, liegen in der Nähe des antiken korinthischen Hafens Lechaion.

128 oben Ein herrlicher Blick auf das Theater von Sikyon aus hellenistischer Zeit. Die Römer fügten später an das diazoma *(mittlerer Korridor) zwei überdachte Eingänge an, von denen einer noch begehbar ist.*

128 unten Der Historiker und Reisende Pausanias (2. Jh.) beschrieb mehrere Kunstwerke im Gymnasion von Sikyon (Foto), das bei seinem Besuch noch das Bildungszentrum der Jugendlichen war.

128–129 Obwohl nur noch drei Säulen des Zeustempels von Nemea stehen (die anderen fielen einem Erdbeben zum Opfer), ist die architektonische Harmonie des Bauwerkes noch zu spüren.

Die Autobahn E65 führt von Korinth nach Patras. Der nächste Halt ist das antike **Sikyon,** Heimat des Bildhauers Lysippus und einer Schule der klassischen Malerei. Die Stadt blühte unter der Herrschaft der Orthagoriden (7.–6. Jh. v. Chr.) auf und erlangte in hellenistischer Zeit sogar eine gewisse Bedeutung. Zu den archäologischen Höhepunkten zählen die große Agora, flankiert von den Ruinen des Tempels, der Aphrodite Peitho geweiht war, eine lange dorische Doppelstoa (3. Jh. v. Chr.), eine große (1600 m^2) ionische Halle mit Hypostylos, die als Buleuterion der Stadt diente, sowie das Gymnasion, das auf zwei Terrassen errichtet wurde. Die untere Terrasse ist von einer dreifachen ionischen Kolonnade umgeben und mit Brunnen und anderen architektonischen Elementen geschmückt. Die obere Terrasse ist über sehr gut erhaltene Treppen zu erreichen.

Das große Theater (um 300 v. Chr.) weist gut erhaltene Skenefundamente auf sowie eine *cavea* mit vielen Sitzplätzen. Der römische Thermenkomplex im Norden der Agora beherbergt heute ein Museum mit Mosaikfußböden, die zu den ältesten der griechischen Antike zählen (4. Jh. v. Chr.).

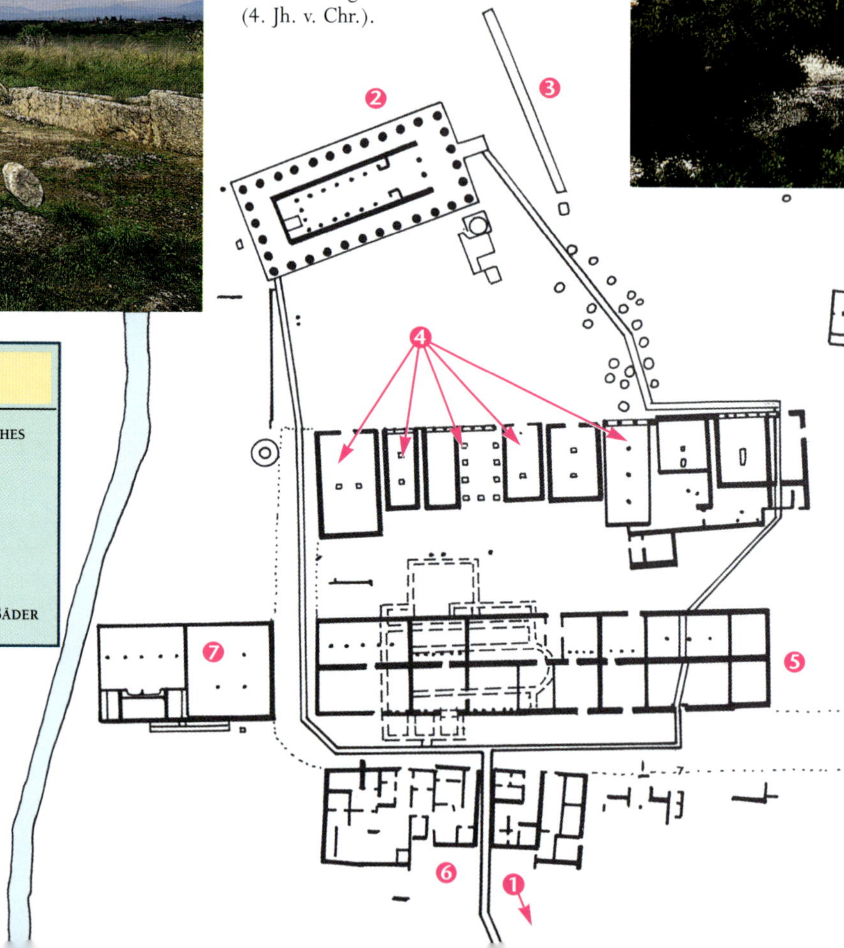

129 unten links Das Stadion von Nemea bietet einen eindrucksvollen Anblick. Die Bahn, auf der bei den Nemeischen Spielen die Wettrennen stattfanden, ist eine der besterhaltenen der gesamten klassischen Antike.

129 unten rechts Am Eingangskorridor zu dem unterirdischen Weg, den die Athleten bei den Nemeischen Spielen durchschritten, sind noch immer Inschriften der Teilnehmer zu lesen.

Vom nahe gelegenen Kiato an der Küste führt eine hübsche Straße durch das grüne Tal des **STYMPHALISCHEN SEES,** bekannt aus der Mythologie, da Herakles dort eine seiner zwölf Arbeiten vollbrachte. Die Straße schlängelt sich über die bewaldeten Hänge der Berge Killini und Oligyrtos zu einem weiteren berühmten Heiligtum des Peloponnes, nach **NEMEA,** das bereits im Altertum für seinen hervorragenden Rotwein bekannt war. Hier wurden alle zwei Jahre die Nemeischen Spiele zu Ehren von Zeus abgehalten.

Man sollte mit der Besichtigung beim Archäologischen Museum (1) beginnen. Dort erfährt man nicht nur etwas über das Heiligtum selbst, sondern auch über die einst gepflegte Lebensweise.

Der herrliche dorische Peripteros mit Hexastylos (2), der Zeus geweiht war, ist der optische Mittelpunkt der Anlage. Trotz des vorherrschenden dorischen Stils finden sich in den beiden Säulenreihen innerhalb der Cella auch ionische und korinthische Säulen. Drei der Säulen des

Hexastylos, die einen Teil des Giebels trugen, stehen noch heute auf dem massiven Stylobat (330–300 v. Chr.). Eine unterirdische Krypta an der Rückseite der Cella lässt darauf schließen, dass dort Orakelprophezeiungen vorgenommen wurden. An dem langen Zeusaltar (3) im Osten wurden nicht nur Opfer dargebracht, sondern die Athleten schworen davor auch einen Eid, ehe der Wettkampf begann. Den Weg zurück zum Museum säumen Thesauren, die überall für Heiligtümer typisch sind. An einigen dieser Schatzhäuser sind sogar noch die Namen der Städte lesbar, die sie stifteten. Ebenfalls interessant sind die Ruinen des großen *xenon* (5), des zweistöckigen Gasthauses, in dem die Athleten untergebracht waren. In den benachbarten hellenistischen Häusern wohnten die *Hellanodikai* (6), die Schiedsrichter der Spiele. Man erkennt, dass erst kürzlich Grabungen am Stadion durchgeführt wurden, das in der Nähe des Museums an der Straße liegt. Der Zugang zum Stadion erfolgte über einen unterirdischen Weg, über dem sich ein Propylon befand, der den Athleten als Umkleideraum diente.

Die Provinzgrenze zur Argolis liegt nicht weit von Nemea entfernt. Die Landschaft dieser Region ist eine Art Hochland aus Kalkstein, von der Erosion und durch jahrtausendelanges Abweiden und Entwalden geglättet. Eine willkommene Abwechslung bietet die malerische Küste mit ihren vielen geschützten Häfen.

Mykene dürfte der bekannteste Ort dieser Region sein, die über ein reiches architektonisches Erbe verfügt. Die Stadt, die Schauplatz der Sagen Homers und anderer klassischer Erzähler war, lieh ihren Namen auch der größten der präklassischen mediterranen Zivilisationen, deren Spuren aus dem 16.–12. Jh. v. Chr. datieren. Da die Stadt der dorischen Invasion und den Überfällen der Seevölker ausgeliefert war, die ihre auf Handel basierende Wirtschaft erstickten, blieb Mykene von Wiederaufbauprogrammen verschont, die sämtliche Spuren früherer Zivilisationen in vielen anderen protohistorischen Städten ausgelöscht haben.

Vom Gipfel eines Hügels blickt Mykene auf die Ebene von Argos und den Golf von Nafplion. Den Rücken hielten der Stadt die Berge Sara und Aghios Ilias sowie die Schluchten des Chavos und des Kokoretsa frei. Mykene beeindruckt seine Besucher durch die grandiose Mauer (1), die überwiegend in polygonaler und kyklopischer Bauweise ausgeführt ist. Sie erstreckt sich über eine Länge von mehr als 1 km, wobei die jüngsten Teile pseudoisodomisch sind. Anhand der Überreste konnte man weit reichende Erkenntnisse über die ursprüngliche Höhe der Mauer und einige andere Details ihres Zustandes in der Antike gewinnen. Es gilt beispielsweise als gesichert, dass die Mauer Mitte des 14. Jh. v. Chr. erbaut und etwa ein Jahrhundert später erweitert wurde.

Der Besuch der archäologischen Stätten beginnt an der Rampe, die zum berühmten Löwentor (2) führt, dem ältesten Beispiel für Monumentalarchitektur in Europa. Das Tor ist ein Meisterwerk eines antiken Trilithen: Zwei schwere vertikale Stützpfeiler tragen einen breiten, quer liegenden Stein, der sich in der Mitte verdickt. Die Blöcke über dem Türsturzes sind so behauen und angeordnet, dass die Hauptlast der darüber befindlichen Mauer nicht auf dem Architrav direkt über dem Durchgang ruht, sondern vertikal auf die Pfeiler übertragen wird. Die dadurch entstehende dreieckige Aussparung füllte man mit einem Schmuckrelief, in diesem Fall aus Stein, das weit weniger dick als die Mauer ist. Das Relief am Löwentor ist ein seltenes Beispiel für mykenischen figurativen Naturalismus. Es stellt zwei heraldische, einander gegenüberstehende Löwen auf einem hohen Sockel dar, die eine minoische Säule flankieren. Vielleicht handelt es sich dabei um ein Siegel oder ein Symbol des Königshauses, das durch die herrschende Dynastie der Atriden repräsentiert wurde.

130 Das berühmteste Motiv in Mykene ist zweifellos das Relief über dem Löwentor, so benannt nach den beiden Löwen, die sich an einer minoischen Säule gegenüberstehen. Die symbolische Bedeutung des Motivs ist noch ungeklärt.

130–131 Diese Maske wurde von Heinrich Schliemann fälschlicherweise als „Maske des Agamemnon“ bezeichnet. Sie zeigt jedoch das Antlitz eines unbekannten mykenischen Herrschers aus dem 16. Jh. v. Chr. (Athen, Nationalmuseum).

132 links Dieser vergoldete Löwenkopf wurde in Grab IV des Gräberrundes A entdeckt. (Athen, Nationalmuseum).

132 rechts So präsentiert sich die Zitadelle von Mykene den Besuchern, die von der Ebene von Argos kommen. Die solide Befestigungsanlage scheint mit dem Fels zu verschmelzen.

132–133 Wie viele Tore protohistorischer und historischer Städte steht auch das Löwentor am Ende eines Durchgangs.

133 unten links Grabungen am Südhang der mykenischen Zitadelle haben Wohngebäude zutage gefördert.

133 unten rechts Zwei Nebentüren und eine Passage mit falschem Bogen (Foto) der östlichen Befestigungsanlage von Mykene befinden sich in gutem Zustand. Sie wurden zwischen dem 14. und dem 13. Jh. v. Chr. errichtet.

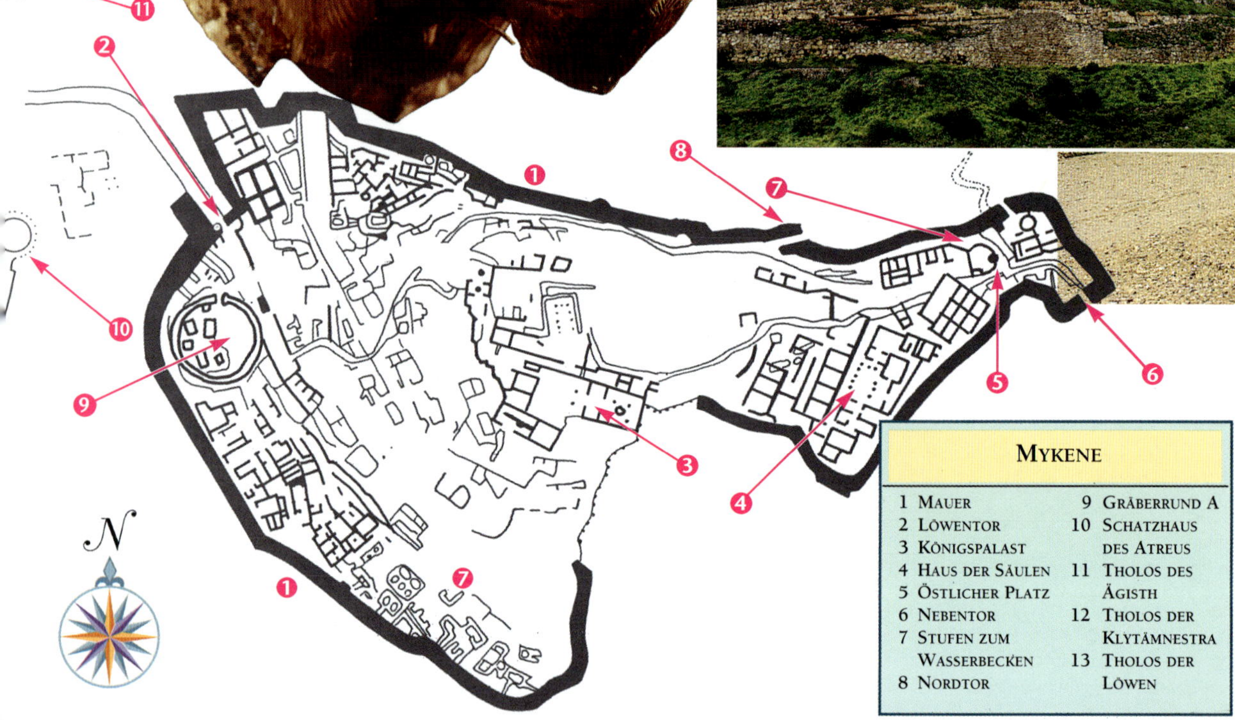

Eine steile Treppe führt zum Gipfel der natürlichen Akropolis, auf der sich die Ruinen des Königspalastes (3) befinden, der zwischen 1350 und 1330 v. Chr. erbaut wurde. Zentrum des Palastes ist ein breites, langes Megaron auf mehreren Ebenen mit einem Propylon und Innenhöfen. Die Dienstgebäude und Wohnräume sind teilweise über zwei Etagen verteilt, die über Treppen zugänglich waren. In diesem Palast lebten die Atriden, jene Dynastie, die ihre Herkunft auf den mythischen König Atreus zurückführte. Abgesehen von Stein, der vor allem für tragende Gebäudeteile verwendet wurde, dienten auch Holz, Lehm, Ziegel und Gips als Baumaterial.

Hinter den relativ uninteressanten Adelsresidenzen, wie etwa dem Haus der Säulen (4), befindet sich der Östliche Platz (5), dessen Nebentor (6) im Osten von einem prächtigen Kragsteingewölbe überdacht wird. Hier beginnt auch eine lange Treppe, die 18 m in die Tiefe zu einer Zisterne führt, die die Wasserversorgung der Stadt sicherte. An der Nordmauer der Akropolis befindet sich ein weiterer, als Nordtor (8) bekannter Nebeneingang in die Stadt.

Auf dem Weg zurück zum Löwentor stößt man auf den ersten großen Friedhof der Stadt, bekannt als Gräberrund A (9), der im 16. Jh. v. Chr. als königliche Be-

134–135 So könnte Mykene zur Regierungszeit Agamemnons ausgesehen haben, als die letzte Erweiterung der Verteidigungsmauern auch das Gräberrund A umschloss.

gräbnisstätte diente. Um 1250 v. Chr. umschloss man den Ort mit den Mauern der Zitadelle und verwandelte ihn in ein rundes Grabheiligtum mit Kultgebäuden, einem Heroon sehr ähnlich. Der Archäologe Heinrich Schliemann und sein Team gruben hier sechs Schachtgräber und zahllose Grabschätze aus. Bei den Schachtgräbern handelt es sich um große unterirdische Grabkammern (Hypogäen) mit Kieselfußboden, Bruchsteinmauerwerk und einem Dach (heute nicht mehr vorhanden) aus Holz oder dünnen Steinplatten. Nach einem Begräbnis wurde der Schacht über dem Holz- oder Steindach mit Erde bedeckt. Der niedrige Hügel war von einer massiven Bruchsteinmauer umgeben und konnte nur durch einen *dromos* (Eingangspassage) mit einem Trilithen betreten werden. Innerhalb der Mauern markierten elf Stelen, von denen einige verziert, die anderen blank waren, die Position der Gräber, die bei jedem neuen Begräbnis geöffnet und wieder verschlossen wurden. Man fand in den Schachtgräbern 19 Leichname (acht Männer, neun Frauen und zwei Kinder). Zu den kostbaren Grabschätzen, die hier entdeckt wurden, zählen auch die berühmten goldenen Totenmasken (Athen, Nationalmuseum).

135 Ein weiteres Beispiel für Heinrich Schliemanns Wunschdenken ist der Name, mit dem er diesen goldenen Kelch (16. Jh. v. Chr.) aus Grab IV des Gräberrundes A bedachte: „Becher des Nestor“ (Athen, Nationalmuseum).

136 Ungewöhnliche Ansicht vom Innersten des königlichen Megarons in Mykene, dem privaten und offiziellen Regierungssitz der Atriden. Hier soll der Legende nach Agamemnon ermordet worden sein.

136–137 oben Gräberrund A aus dem 16. Jh. v. Chr. enthielt die letzten Ruhestätten von mindestens drei Generationen der königlichen Familie. Im 14.–13. Jh. v. Chr. wurde es in ein heroisches Heiligtum umgewandelt.

136–137 unten *Auf diesem Bronzedolch hat ein (kretischer?) Künstler eine Löwenjagd verewigt. Man entdeckte den Dolch in Grab IV des Gräberrundes A (Athen, Nationalmuseum).*

Die Reise durch Mykene führt weiter zu den Grabstätten außerhalb der Mauern der Zitadelle. Das berühmteste und schönsten Tholosgrab des Altertums ist das „Schatzhaus des Atreus" (10), das um 1250 v. Chr. errichtet wurde. Der runden Kammer mit Kragsteingewölbe ist ein *dromos* vorgebaut, der 36 m lang und

137 oben *Dieses zarte Diadem aus Blattgold mit stilisierten Blumenmotiven in typisch mykenischem Stil stammt aus Grab III des Gräberrundes A.*

6 m breit war. Die Mauern des *dromos* bestehen aus riesigen, fast rechteckigen Blöcken, die in regelmäßigen Schichten angeordnet sind. Den Eintritt in die Grabkammer gewährte ein hoher (ca. 5 m x 3 m) Durchgang, dessen Tür, von der nur noch Bruchstücke gefunden wurden, von grünen Marmorsäulen flankiert wurde.

Das Schmuckrelief oberhalb der Tür, das ebenfalls von grünen Marmorsäulen gesäumt wurde, besteht aus einer Platte mit geometrischen und architektonischen Motiven. Der Türsturz (9,5 m x 1,2 m), aus einem einzigen Stein gefertigt, wiegt etwa 120 t.

Die runde Grabkammer ist mehr als 13,5 m hoch und hat einen Durchmesser von 14,5 m. Sie verfügt über ein Kragsteingewölbe, das heißt ihr Gewölbe besteht aus horizontalen Reihen exakt behauener Steinblöcke, die so angeordnet sind, dass die jeweils obere Reihe leicht über die darunter befindliche übersteht, sodass sich die Decke allmählich nach oben hin wölbt und zum Schluss mit einem einzigen Stein geschlossen werden kann. An einer Seite des Raumes wurde die kleine Sargkammer in den Fels gehauen, der sich unter dem Erdhügel befindet.

Die so genannte Tholos des Ägisth (11) wurde um 1550 v. Chr. errichtet. Obwohl Teile des Kragsteingewölbes eingestürzt sind, errechneten Wissenschaftler, dass die Grabkammer etwa 12 m hoch war und einen Durchmesser von 14 m hatte. Ebenso wie ein Teil der runden Grabkammer wurde der 22 m lange *dromos* dieses Grabes in den Fels gehauen.

137 unten *Über die Rampe, die zum Königspalast der Atriden in Mykene führt, laufen heute Scharen von Touristen über dieselben Stufen, über die bereits Agamemnon schritt.*

138 oben links Detail eines Bronzedolchs aus Grab IV des Gräberrundes A. Die Darstellungen der Jäger wirken wie Miniaturen der Figuren auf den Fresken in den minoischen Palästen jener Zeit.

Nicht weit von hier entfernt liegt die Tholos der Klytämnestra (12) aus dem Jahr 1250 v. Chr. mit einem 37 m langen *dromos*. Die Fassade des Eingangs war mit Halbsäulen geschmückt und mit bemalten Kalkplatten verkleidet. Die runde Grabkammer hat einen Durchmesser von 13,5 m.

In Mykene fand man weitere Gräber dieser Art, die zwischen 1400 v. Chr. und 1250 v. Chr. errichtet wurden. Die Tholos der Löwen (13), deren Kragsteingewölbe eingestürzt ist, verfügt über ähnliche Abmessungen wie die Tholos des Ägisth.

138 oben rechts Der unterirdische Tunnel im Nordostsektor von Mykene ist ein außergewöhnliches Beispiel für die Bauweise mit Scheinbogen.

138 unten Wundersamerweise trotzt die falsche Kuppel im „Schatzhaus des Atreus“ noch immer dem Zahn der Zeit. Sie ist ein wahres Meisterstück mykenischer Architektur.

138–139 Dem Eingang zu dem großen Hügel, unter dem sich das „Schatzhaus des Atreus“ befindet, wurde ein langer Durchgang vorgebaut, der aus enorm schweren Felsblöcken besteht.

139 unten links Der monolithische Architrav in der Tholos der Klytämnestra war zu schwach, um dem Druck der Kuppel über Jahrtausende hinweg zu standzuhalten.

139 unten rechts Die Tholos des Ägisth ist zwar weniger bekannt, aber auf Grund ihres langen Zugangkorridors, der teilweise aus dem Fels gehauen ist, äußerst interessant. Die Kuppel der Tholos ist leider eingestürzt.

Die alte Straße, die von Mykene nach Tiryns und Nafplion führt, erlaubt einen kurzen Zwischenstopp am Heraion von Argos bei der mykenischen Siedlung Prosymna. Das Heiligtum steht auf künstlich angelegten Terrassen und war einst von prachtvollen Stoen umgeben. Auf der mittleren Terrasse erkennt man die Fundamente des dorischen Peripteros mit Hexastylos, der Hera geweiht war und 420 v. Chr. wieder aufgebaut wurde. Seine lange Cella beherbergte einst eine chryselephantine Kultstatue der Göttin, die Polykleitos geschaffen hatte.

Leider sind die Überreste des antiken griechischen und römischen **Argos,** der mächtigen Polis, die sich in ständigem Kampf gegen die helladischen Mächte befand, eine herbe Enttäuschung. Die einzigen archäologisch interessanten Orte sind das Museum, die fächerförmige *cavea* des Theaters mit 20 000 Sitzplätzen (4.–3. Jh. v. Chr.) und die Ruinen der nahe gelegenen römischen Thermen (2. Jh.).

Auf einem kahlen Hügel nahe dem Golf von Argos findet man den protohistorischen Ort **Lerna,** der überaus faszinierend ist. Unter einem modernen Schutzbau befinden sich sieben archäologischen Schichten vom Neolithikum bis zur mykenischen Zeit. Hier findet man auch das archäologisch bedeutsame Haus der Dachziegel (2500 v. Chr.), eines der ersten

Tiryns

1 Nordrampe
2 Nordtor
3–4 Tore
5 Nördlicher Platz
6 Nördliche Steinhäuser
7 Propyläen
8 Östlicher Platz
9 Östliche Steinhäuser
10 Archive
11 Propyläen
12 Mittlerer Hof
13 Königliches Megaron
14 Südliche Wohnungen
15 Badezimmer
16 Nördliche Wohnungen
17 Südwestturm
18 Südlicher Eingang
19 Südliche Bastion

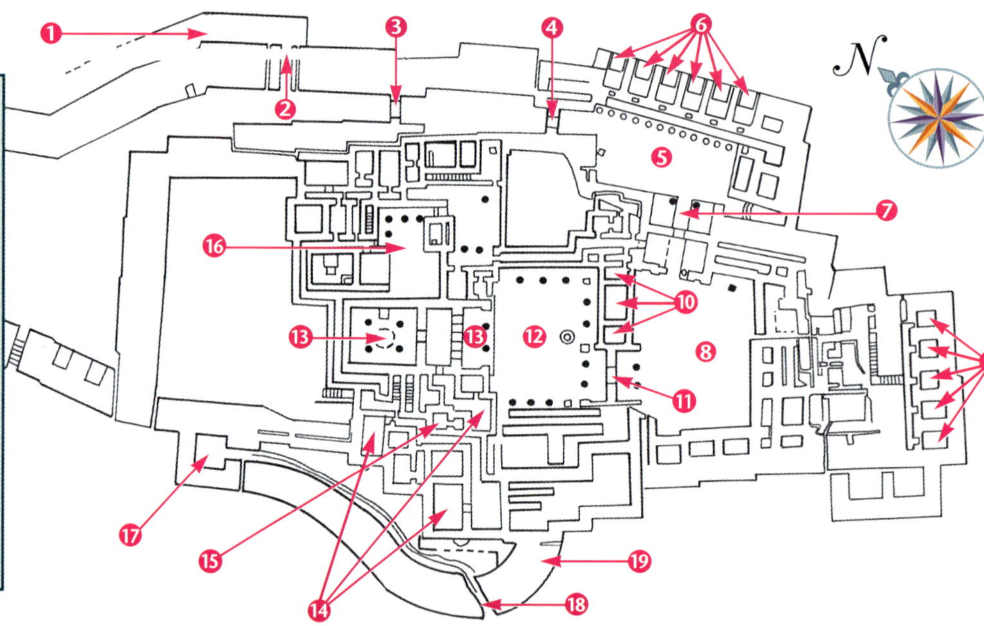

141 oben links Die Mauern von Tiryns sind ein gutes Beispiel für mykenische Befestigungsanlagen. Man beachte die gedrungenen Türme und die geschützten Durchgänge.

141 oben rechts Die Wohnviertel der befestigten Zitadelle in Tiryns. Die Gebäude sind hier besser erhalten als in Mykene.

Beispiele für Gebäude mit einer Überdachung aus dauerhaftem Material.

Auf dem Weg nach Nafplion sollte man auch die Ruinen von **TIRYNS** (2600–1100 v. Chr.) besuchen, einer ehemals mächtigen mykenischen Stadt. Die niedrige Akropolis erstreckt sich von Nordwesten nach Südosten und beherbergt das *Anaktoron*, umgeben von einer beeindruckenden Kyklopenmauer, das nur durch ein Labyrinth aus Rampen und Durchgängen sowie eine Art Zitadelle erreichbar ist, die unterhalb der Akropolis erbaut wurde. Der Palast war von Mauern und Korridoren umgeben, die im Osten und Süden mit Kragsteingewölben versehen waren und zu Kammern führten, die in die dicken Mauern gebaut waren. Es ist noch nicht geklärt, welche Funktion diese Kammern erfüllten. Vielleicht dienten sie als Vorratsräume. Da einige von ihnen jedoch über schießschartenähnliche Öffnungen verfügen, könnten von hier aus auch Bogenschützen das Gebäude verteidigt haben.

140 oben Dieser Korridor befand sich einst innerhalb der römischen Thermen.

140 unten Die Fächerform des aus dem Fels gehauenen Theaters von Argos findet man auch bei anderen hellenistischen Theatern, zum Beispiel in Pergamon (Bergama, Türkei).

140–141 Die Bäder von Argos (hier das Frigidarium) entstanden unter Trajan. Sie wurden im 4. Jh. renoviert und schließlich in eine christliche Kirche umgewandelt.

141 Mitte rechts Zwar sind die Kyklopenmauern von Midea weniger bekannt als die von Tiryns, aber auch sie wurden in polygonaler Bauweise errichtet.

141 unten links Nach einem zerstörenden Feuer unbekannten Ursprungs ist zum Schutz der kostbaren und überaus empfindlichen Überreste der aus Stein und ungebrannten Ziegeln bestehenden Hausmauern von Lerna (2500 v. Chr.) jedes Mittel recht.

Der Grundriss des Palastes ist im Stil eines Megarons gehalten: Ein großer Innenhof, gefolgt von einem breiten, mit einer Portikus versehenen Atrium, das zum Thronsaal führt, um den sich die privaten Gemächer und Diensträume gruppieren. Das Badezimmer ist luxuriös ausgestattet. Wie in Mykene gibt es auch an diesem Ort ein ausgeklügeltes System von unterirdischen Zisternen und eine lange Treppe, die einen Verteidigungsturm der westlichen Bastion mit einem gut getarnten Nebenausgang verbindet.

Das Museum in **NAFPLION** ist in einem venezianischen Palast aus dem 18. Jh. untergebracht. Seine Sammlung besteht aus Objekten der gesamten Region, darunter Schätze aus dem Gräberrund B in Mykene, die Bronzerüstung aus Midea, spätmykenisches architektonisches Dekor und Fragmente der Fresken aus Mykene und Tiryns.

Der letzte Halt auf dieser Reise ist der archäologisch bedeutende Ort **Epidauros** mit dem Heiligtum des Asklepios, das im Altertum überaus berühmt war. Als Kultstätte und Ort der Heilung erlebte Epidauros seine Blütezeit vom ausgehenden 5. Jh. v. Chr. bis zum Ende der Römerzeit. Während des großen Festes zu Ehren des Asklepios wurden nicht nur sportliche Wettkämpfe abgehalten, sondern auch Wettbewerbe in Musik und Drama. Dies fand ein abruptes Ende, als Theodosius I. im Jahr 391/392 alle heidnischen Kulte verbot und die katholische Lehre zur Staatsreligion erklärte.

Die Besichtigungstour führt in entgegengesetzter Richtung zu dem Weg, den die antiken Pilger einschlugen. Unmittelbar hinter dem Eingang liegt das berühmte prachtvolle Theater (1), das besterhaltene Griechenlands. Das Bauwerk verbindet harmonische Proportionen mit exzellenter Akustik. Man sollte der Aufforderung des Fremdenführers folgen und eine Münze auf den Stein in der Mitte der runden Orchestra werfen: Das klingende Geräusch ist in der gesamten riesigen *cavea* zu hören, die 12 000–15 000 Zuschauer fasste. Das Theater wurde um 350 v. Chr. von Polykleitos dem Jüngeren erbaut. Von der sehr einfachen Skene sind nur wenige Überreste erhalten. Die Korridore *(parodoi)*, die den Chor mit der Orchestra verbinden, waren mit hohen Türen und ionischen Säulen versehen. Die *cavea,* ebenfalls durch *parodoi* mit verzierten Türen zugänglich, öffnet sich wie ein Fächer und weist 55 stufenförmige Sitzreihen auf, die in der 34. Reihe von einem 2 m breiten *diazoma* (horizontaler Durchgang) geteilt werden. Die Sitze oberhalb des *diazoma* wurden nachträglich angefügt, als das Theater 170 v. Chr. erweitert wurde. Die ersten drei Reihen mit exquisit verzierten Sitzen waren für die städtischen hohen Beamten reserviert. Die *cavea* wird unterhalb des *diazoma* vertikal von 13 Treppen unterteilt, im oberen Teil von 23. Die Proportionen zwischen den einzelnen Elementen des Komplexes sind sehr sorgfältig gewählt, denn das Theater sollte durch seine Form die Kommunikation zwischen Schauspielern und Publikum fördern.

142–143 Einfach atemberaubend: Dies ist die einzig zutreffende Beschreibung für den Blick von der obersten Reihe der cavea im Theater von Epidauros, einem Meisterwerk von Polykleitos dem Jüngeren (350 v. Chr.)

143 links Der östliche parodos *des Theaters von Epidauros wurde kürzlich restauriert, ebenso wie der westliche Durchgang, auf dem man die* cavea *und die Orchestra betreten konnte.*

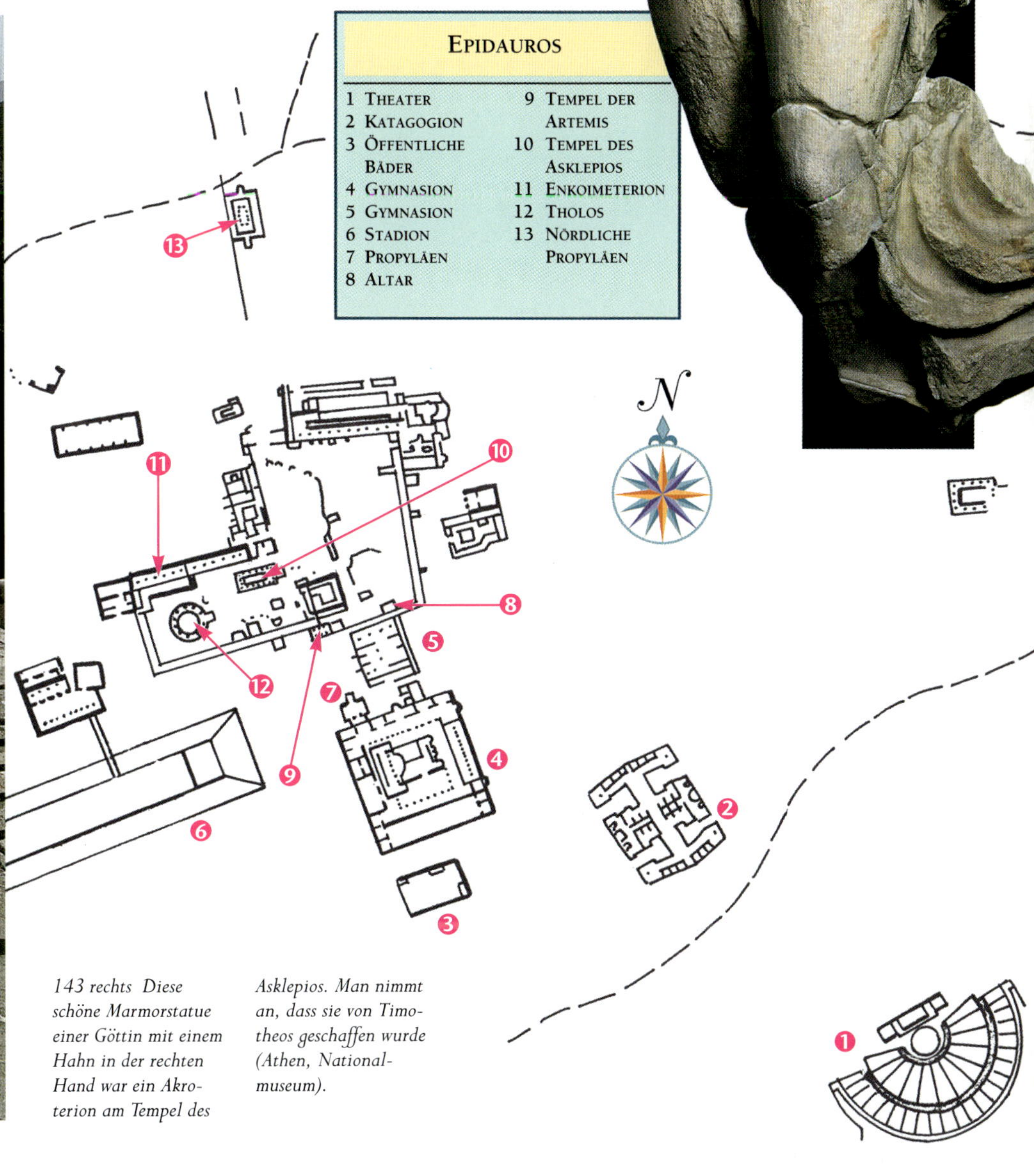

143 rechts Diese schöne Marmorstatue einer Göttin mit einem Hahn in der rechten Hand war ein Akroterion am Tempel des Asklepios. Man nimmt an, dass sie von Timotheos geschaffen wurde (Athen, Nationalmuseum).

144 oben Diese Rosette wählte Polykleitos der Jüngere für die Metope der Tholos, die 350 v. Chr. im Südwesten des größeren Tempels errichtet wurde (Epidauros, Archäologisches Museum).

144 unten Die Ruinen vieler Gebäude von Epidauros sind stark erodiert und kaum noch zu erkennen. Hier die Überreste des hellenistischen Gymnasions.

144–145 An der Südseite des Tempels des Asklepios stehen die Fundamente vieler Votivgabenbehälter, von denen einige auf einer halbrunden Exedra mit Sitzen ruhen.

Die Reise geht weiter zum Inneren des Heiligtums. Das erste Gebäude, auf das man dort stößt, ist das *Xenon* oder *Katagogion* (2), eine Art offizielles Gasthaus für antike Prominenz. Es wurde in polygonaler Bauweise gegen Ende des 4. Jh. v. Chr. errichtet und auf zwei Etagen mit 160 Zimmern ausgestattet, aber auch mit Gärten, Brunnen und einem dekorativen Wassersystem. Die nahe gelegenen, fast völlig zerstörten öffentlichen Bäder (3) stammen aus dem 3. Jh. v. Chr. Im selben Jahrhundert entstand auch das grandiose Gymnasion (4) mit einer Fläche von ca. 5300 m^2, einem Peristyl und etwa 20 Räumen unterschiedlicher Größe, darunter Hypostyla, die als Turnhallen, Bankettsäle und Konferenzräume dienten. Nach Errichtung eines kleinen Odeions in

mittels der Anastylose rekonstruiert werden soll. Unmittelbar zur Rechten liegen die Überreste eines Altars (8) aus dem 4. Jh. v. Chr. Links davon sieht man die Fundamente eines kleinen dorischen Peripteros der Artemis (9), dessen Cella mit ionischen Säulen ausgestattet war. Der Freiluftaltar war umgeben von einer Balustrade und durch eine Rampe mit dem Tempel verbunden.

Ebenfalls über eine Rampe war der Tempel des Asklepios (10) zugänglich, der als Höhepunkt des gesamten Heiligtums in dessen Zentrum liegt. Er wurde von dem Architekten Theodotos 380 v. Chr. auf einem älteren Bauwerk errichtet. Dieser dorische Peripteros mit Hexastylos aus *poros* besaß einst Ziergiebel mit Akroterien (Giebelfiguren) des großen Künst-

145 oben An der Tholos wurde erst kürzlich mit einer sorgfältigen Restaurierung begonnen, die vermutlich noch eine Weile andauern wird.

145 unten Eines der herrlichen korinthischen Kapitelle, die Polykleitos der Jüngere mit seinem unerreichten Talent entwarf und fertigte. Es stammt von einer Cellasäule der Tholos und befindet sich in fast perfektem Zustand (Epidauros, Archäologisches Museum).

der Mitte des Komplexes wurde in der Römerzeit ein weiteres, kleineres Gymnasion (5) am Temenos hinzugefügt.

Das Gymnasion war eng mit dem benachbarten Stadion (6) verbunden, das in einer natürlichen Senke liegt. Der Zugang führte durch eine unterirdische Passage. An der Nordseite des Gymnasions markierten hellenistisch-dorische Propyläen (7) mit Hexastylos und einer Rampe zum Temenos den Eingang für Athleten und Schiedsrichter zum innersten Heiligtum des Gottes.

Heute durchschreitet man die Mauer des Temenos inmitten eines chaotischen Ruinenhaufens aus Gebäudeteilen, Denkmalfundamenten, Inschriften und architektonischem Zubehör, der schon bald

lers Timotheos, deren erhaltene Elemente heute im Nationalmuseum in Athen zu besichtigen sind. Der Tempel selbst wurde aus unterschiedlichen Materialien erbaut, darunter pentelischer Marmor, Elfenbein, Gold, kostbares Holz und Steine in allen Farben und Formen.

Im Norden des Tempels liegt das hellenistisch-ionische *Enkoimeterion* (11), das mit einer Säulenhalle versehene Schlafgebäude der Pilger, die dort, nach Vollendung der vorbereitenden Rituale, darauf warteten, dass der Gott sie durch ihre Träume heilte. Hier fand man Inschriften von vielen dankbaren Geheilten, die heute im Museum bewundert werden können.

Das schönste Gebäude in Epidauros ist die Tholos (12), ein runder Monopteros, von Polykleitos dem Jüngeren entworfen, der in seiner protohistorischen, helladi-

schen Schönheit höchstens vom Tempel der Athene Pronaia in Delphi übertroffen wird. Das Gebäude ruhte auf sechs unterirdischen, konzentrischen Ringen. Die drei äußeren Ringe sollten die Peristasis stützen, die drei inneren, miteinander verbundenen Ringe waren dagegen über die Cella des Tempels zugänglich und sollten vielleicht auf die Schlange anspielen, die dem Asklepios heilig war.

Die Peristasis besitzt 26 schlanke dorische Säulen, gekrönt von einem Fries aus Triglyphen und Metopen mit Reliefrosetten. Die Traufe ist mit Wasserspeiern in Form von Löwenköpfen verziert, die sich mit Palmetten auf einem Bett aus fein gearbeiteten, ineinander verschlungenen Blättern abwechseln. Die Peristasis in der Cella verfügt über 14 korinthische Säulen und eine mit großen Blüten in Rahmen verzierte Kassettendecke. Die polychrome Wandmalerei alterniert mit weißem und schwarzem Marmor und verstärkt so das elegante Ambiente. Das konische Dach war mit Akroterien verziert, die Pflanzenmotive darstellen.

Als Abschluss der Besichtigung bietet sich ein Spaziergang zu den nördlichen Propyläen (13) an, die 330 v. Chr. oder etwas später erbaut wurden. Einst betraten die Pilger das Heiligtum durch diese Torgebäude mit dorischen Hexastylosfronten und einem hohen Stylobat mit schrägen Zugangsrampen. Das Innere dieser Gebäude schmückten korinthische Säulen.

Das Archäologische Museum in der Nähe des Theaters beherbergt eine Sammlung wunderschöner architektonischer und skulpturaler Dekorelemente aus den großen Gebäuden dieses Heiligtums.

146 Detailaufnahme des marmornen Tonnengewölbes in der Tholos. Die großen Blüten waren einst bemalt, wie so viele andere Teile des Gebäudes (Epidauros, Archäologisches Museum).

146–147 Auch dieses Beispiel belegt die Kunstfertigkeit Polykleitos' des Jüngeren. Hierbei handelt es sich um Verzierungen der Traufe mit Palmetten, Akanthusvoluten und löwenköpfigen Wasserspeiern (Epidauros, Archäologisches Museum).

147 Dieses Foto aus der Cella der Tholos zeugt von der Anmut der Säulen und Kapitelle, die Polykleitos der Jüngere schuf (Epidauros, Archäologisches Museum).

ACHAIA, ELIS UND MESSENIA

Achaia, die nördliche Region des Peloponnes, erstreckt sich entlang des Ionischen Meeres bis zum Isthmus von Korinth. An der Küste wechseln sich felsige Klippen mit Kieselstränden ab. Die Pinien in den oberen Bereichen der steilen Berge Panachaikon, Erymanthos und Aroania machen weiter unten dichten Wäldern aus Oleander, Zypressen und Eukalyptusbäumen Platz, die die gesamte Küste von Eghira bis Katos Achaia in üppiges Grün tauchen. Westlich von Katos Achaia liegt die etwas weniger herbe Landschaft von Elis.

In **PATRAS,** der größten Stadt auf dem Peloponnes, findet man heute nicht mehr viele Spuren des antiken Patrai, dessen Entstehung im Nebel der Frühgeschichte verborgen liegt. Während der Rivalitäten unter den hellenischen Poleis verhielt sich Patrai meist neutral und wurde zum Zentrum des Achaiischen Bundes (280–146 v. Chr.), ehe es unter den Römern seine Blütezeit erlebte, nachdem es unter Augustus zur Militärkolonie erklärt worden war. Zwar weiß man auf Grund der vielen Fundstücke, dass das Gebiet seit der Bronzezeit bewohnt ist, aber abgesehen von Fragmenten antiker Tempel, die zum Bau des mittelalterlichen Schlosses verwendet wurden, steht heute nur noch ein einziges antikes Monument, das Odeion (160), eine ehemals überdachte Konzerthalle. Die meisten Teile des Bauwerks müssten zwar dringend restauriert werden, das Proszenium mit kleinen Nischen und die Skene mit drei Türen und Nischen sind allerdings beinahe völlig intakt. Zahlreiche Sarkophage aus der Zeit des mittleren Römischen Reiches findet man überall auf dem Gelände.

Von Patras aus sollte man einen Abstecher nach **EGHIRA** (70 km auf der E65 in Richtung Osten) zu machen, das in der Antike als Aigeira bekannt war. Bereits in

148 oben Der kleine archäologische Park, der das Odeion in Patras umgibt, ermöglicht es, das antike Bauwerk aus unterschiedlichen Blickwinkeln zu betrachten.

148 Mitte In der Nähe des Odeions wurden einige Räume eines Gebäudes mit polychromen Mosaiken aus dem 3. Jh. v. Chr. entdeckt. Das Foto zeigt ein Detail mit geometrischen Motiven.

148 unten Ansicht der Außenmauer des Odeions in Patras. Im Vordergrund erkennt man ein großes polychromes Fußbodenmosaik aus dem 3. Jh. v. Chr. mit geometrischen und wellenförmigen Mustern.

148–149 Römische Sarkophage, architektonische Elemente und marmorne Sitze stehen vor dem restaurierten Konzertsaal aus der Römerzeit. Dies ist das bedeutendste Bauwerk aus dem Erbe von Patras.

der geometrischen Zeit erbaut, war die Stadt in der Römerzeit noch immer ein pulsierendes Zentrum. Interessant ist hier das in den Fels gehauene Theater aus dem 3. Jh. v. Chr. *cavea* und Orchestra sowie die Überreste der Skene sind gut zu erkennen. Weiter nördlich stößt man auf die Ruinen mehrerer kleiner hellenistischer Tempel, von denen zwei in der Cella mit Bodenmosaiken ausgestattet sind.

Die E55 führt von Patras aus nach Südwesten an die Grenze zu Elis, das sich durch weite fruchtbare Ebenen ankündigt, unterbrochen von Hügeln, die, weiter im Süden, zu Bergen werden. Das Ionische Meer brandet an die Küste und schafft breite Buchten, Salzwasserseen und Marschland bis zur Mündung des Nedas.

149 oben Ein anonymer Künstler des mittleren Römischen Reiches schuf dieses ausdrucksstarke Hochrelief eines Adlers mit Girlanden im Schnabel.

149 unten links Das Hochreliefdekor auf einem der Sarkophage des mittleren Römischen Reiches zeigt eine Jagd im Wald und weist auf den Rang des Verstorbenen hin: Die Jagd war ein Privileg des Adels.

149 unten rechts Auf diesem Sarkophag wirft sich ein riesiger Löwe auf einen vergleichsweise winzigen Reiter. Heroische Themen wurden vor allem von Adeligen bevorzugt.

Von Pyrgos geht es weiter Richtung Osten zum berühmtesten Heiligtum der Antike. Man verfällt schon bald dem Zauber des wunderschönen **Olympia,** das im Alfiostal (Alpheiostal) liegt. Die Entstehung von Olympia wird auf das Ende des 2. Jahrtausends v. Chr. datiert, obwohl der Ort bereits seit 2800 v. Chr. besiedelt war. Der älteste Kult in Olympia geht auf die zweite Hälfte des 2. Jahrtausends v. Chr. zurück und galt dem Pelops, dessen Grabbezirk einen heiligen Hain, die Atlis, bildete. Der Zeuskult kam erst zu Beginn des 1. Jahrtausends v. Chr. auf.

Ganz Hellas pflegte sich alle vier Jahre in Olympia zu versammeln, um die Olympischen Spiele abzuhalten. Für die Dauer der Spiele wurde eine Art Waffenruhe verhängt, während der alle Streitpunkte zwischen den Poleis friedlich diskutiert und gelöst werden mussten. Die Ruinen sind eng mit alten Mythen verflochten. Die Sage von der Liebesgeschichte zwischen dem Flussgott Alpheios und der Nymphe Arethusa zum Beispiel geht auf die Idealvorstellung einer Verbindung zwischen dem Peloponnes und den Griechen der westlichen Kolonien zurück. Andererseits symbolisiert der Mythos von Pelops die gleichermaßen starken Bande zwischen dem Heiligtum und den griechischen Kolonien. Dem Mythos gemäß kam Pelops von einem fernen Land im Osten. Er besiegte den grausamen König Oinomaos bei einem Wagenrennen, um damit die Werte Gerechtigkeit, Menschlichkeit und Respekt vor göttlichen Gesetzen zu bekräftigen. Ein anderer Mythos erzählt, dass Herakles den heiligen Olivenzweig aus dem Land der Hyperboreer holte und die Olympiade ins Leben rief – Wettkämpfe zu Ehren des Zeus und in Erinnerung an die Tat des Pelops.

Wegen der flachen Landschaft in Olympia mussten sich die Bauwerke nicht um einen kompakten Kern drängen, sondern konnten mit großem Abstand voneinander errichtet werden. So finden sich auf dem Gelände des Heiligtums neben den heiligen Gebäuden mit Anbauten, die den Priestern als Wohnräume oder als Verwaltungsbüros dienten, auch die architektonischen und künstlerischen Monumente, die Bauwerke für die Spiele sowie die Unterbringungsräume für Athleten, Besucher, Reisende, politische und diplomatische Delegationen. Auf den ersten Blick mag Olympia nicht so überwältigend wirken wie Delphi, dennoch sollte man nicht vergessen, dass das olympische Heiligtum bis zum Beginn des 5. Jh. eines der größten Zentren griechischer Kunst war, als Kaiser Theodosius I. alle heidnischen Kulte, Spiele und Feste bannte. Erdbeben, Erdrutsche und Überschwemmungen besiegelten schließlich den Untergang von Olympia, indem sie das gesamte Heiligtum unter einer dicken Schlammschicht begruben.

150 Eines wahres Meisterwerk ist die Skulptur des Hermes mit Dionysos als Kind. Sie wird dem Bildhauer Praxiteles zugeschrieben (um 340 v. Chr.), dem es gelang, der Figur ein diskretes Pathos zu verleihen (Olympia, Archäologisches Museum).

150–151 Von der Schönheit der Ruinen von Olympia künden hier die eleganten dorischen Säulen der Palästra (3. Jh. v. Chr.), des Übungsplatzes der Ringer .

151 Dieses beeindruckend Kapitell war einst Teil der Südportikus, einer eleganten Stoa im Süden des Buleuterions. Sie wurde etwa Mitte des 4. Jh. v. Chr. mit einer dorischen Front und einer korinthischen Kolonnade im Inneren erbaut.

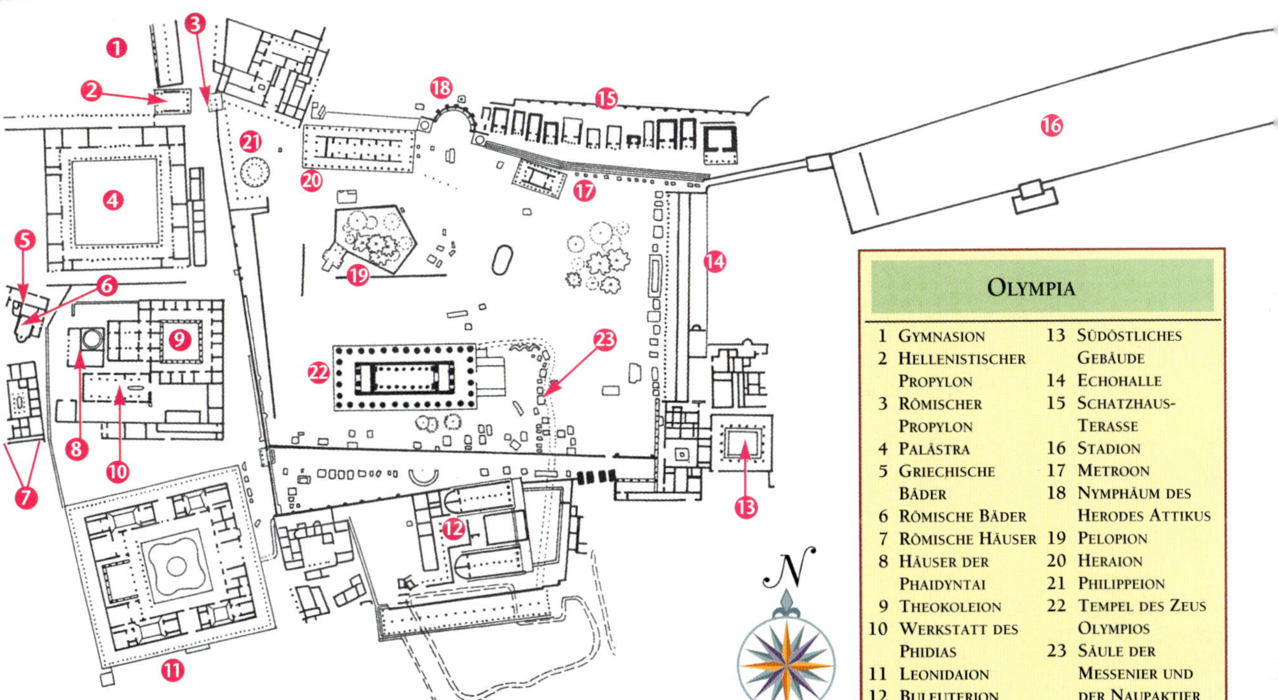

152 oben Die Ruinen einer frühchristlichen Basilika stehen heute über der Werkstatt des Phidias, wo das Sitzbild des Zeus Olympios aus Gold und Elfenbein gefertigt wurde (um 430 v. Chr.).

152 unten Der Helm des Miltiades aus der Schlacht von Marathon (490 v. Chr.) ist heute von unschätzbarem Wert. Miltiades weihte ihn dem Zeus, wie eine Gravur am Rand des Helmes besagt (Olympia, Archäologisches Museum).

152–153 Ansicht der Palästra in Olympia. Auf dem zentralen Platz (ca. 4000 m^2) fand teilweise das Freilufttraining einiger athletischer Disziplinen statt.

153 oben Es ist schwer, sich heute die elegante Anlage des Leonidaions vorzustellen, jener Luxusherberge für die Spitzensportler, mit ihren Gärten, den Brunnen und dem sanft gewundenen Kanal (350 v. Chr.).

153 unten Das Leonidaion zierte eine ionische Kolonnade. Später verwandelte man es teilweise in die Residenz des römischen Gouverneurs von Achaia.

welche die Olympiade organisierten. Die Werkstatt des Phidias (10) war eine riesige (fast 500 m²) rechteckige Halle, in der der berühmte Künstler um 430 das kolossale, chryselephantine Sitzbild des Göttervaters schuf. Bei Grabungsarbeiten in der Werkstatt fand man unter anderem eine Tasse mit der Aufschrift „Ich gehöre Phidias“. Die frühchristliche Basilika (400–410), die über der Werkstatt des athenischen Bildhauers errichtet wurde, ist ebenfalls zu erkennen.

Etwas weiter südlich steht das Leonidaion (11), ein großes Luxushotel, das um 350 v. Chr. von Leonidas von Naxos erbaut wurde. Hier waren die berühmten Athleten der Olympiade untergebracht. In der Römerzeit wurde das Gebäude zur Residenz des Gouverneurs von Achaia umgewandelt. Das Bauwerk verfügte über

Der Eingang zu Olympia liegt neben dem Parkplatz in der Nähe des Museums. Gleich danach stößt man rechter Hand auf die Ruinen eines großen hellenistischen Gymnasions (1) aus dem 3. Jh. v. Chr. Die doppelte Portikus auf der Ostseite des Gebäudes wurde von den Fluten des Kladios verschont. Diese Portikus, auch bekannt als Xystos, diente den Läufern als Trainingshalle. In der Antike betrat man diesen Bereich durch einen Propylon (2) in Form eines kleinen Tempels mit asiatisch-korinthischen Säulen. In der Römerzeit wurde diesem Bauwerk ein Propylon (3) mit Tetrastylos gegenübergesetzt. Südlich vom Gymnasion liegt die gut erhaltene große Palästra (4), der Trainingsbereich für Ringer, die aus einem großen Platz, umgeben von einer Portikus besteht. Der Zugang zur Palästra erfolgte durch einen dorischen Propylon in der nordwestlichen Ecke. Das dorische Peristyl umgaben 19 Räume.

In der südwestlichen Ecke befinden sich, Seite an Seite und teilweise sich überschneidend, die Ruinen griechischer Bäder (5), die an das Gymnasion bzw. die Ringerschule angegliedert waren. Die Bäder (450–350 v. Chr.) waren mit Einzelräumen und -wannen für heiße Bäder und Duschen ausgestattet sowie mit einem Schwimmbecken im Freien. In den Ruinen befinden sich aber auch die Überreste römischer Bäder (6), die so genannten Kladiosthermen, erbaut unter Kaiser Trajan, mit Mosaikfußböden sowie Räumen für Einzel- und Gemeinschaftsbäder. Südlich davon und mit den Thermen verbunden stehen zwei luxuriöse Residenzen (7) mit Peristyl aus der Zeit des Antonius und des Severus.

Östlich der Bäder findet man eine Ruine (5. Jh. v. Chr.), die vielleicht einst eine Art Hauptbüro und Kultgebäude (8) für die Beamten war, die man mit der Erhaltung der Kultstatue des Zeus Olympios betraut hatte. Daneben liegt das Theokoleion (9), das vermutlich eine Ringerschule war, ehe man es in ein Wohngebäude für die Priester umfunktionierte,

ein Peristyl, über Räume von unterschiedlicher Größe sowie über einen herrlichen Garten mit Brunnen und einem künstlich angelegten Kanal, was das Vergnügen eines Aufenthalts in diesem 6000 m² großen Komplex noch steigerte. Die Überreste dreier Thermalbäder zeugen davon, dass in diesem Hotel großer Wert darauf gelegt wurde, allen erdenklichen Komfort zu bieten.

Östlich davon stößt man auf die Überreste des Buleuterions (12) mit einer Ein-

gangsportikus und einem Innenhof, der als Kult- und Versammlungsort genutzt wurde (4. Jh. v. Chr.). Er ist zwischen zwei langen archaischen Gebäuden eingeschlossen. Die Südstoa, eine dorisch-korinthische Portikus mit einem zentralen Propylon mit Hexastylos an der Südseite, ist sehr malerisch an der Straße platziert, die zum heiligen Temenos des Zeus führte. Gleichfalls interessant ist auch das südöstliche Gebäude (13), ein Komplex, der zwischen dem 5. Jh. v. Chr. und der Zeit des Severus viele Male nicht nur seine Funktion, sondern auch sein Aussehen änderte. Vermutlich diente er einst auch als olympische Residenz des Kaisers Nero sowie als luxuriöses Badehaus (marine Bodenmosaiken).

154 oben Das Stadion, in dem die Olympischen Spiele stattfanden, bot als Sitzplätze lediglich die umliegenden, grasbewachsenen Hügel.

154 Mitte Das Heraion ist das perfekte Beispiel für die Entwicklung des dorischen Kapitells. Die ursprünglich hölzernen Säulen wurden durch steinerne ersetzt.

154 unten Nur ein Teil des Tonnengewölbes ist in der unterirdischen Passage (4. Jh. v. Chr.) zum Stadion von Olympia erhalten.

Wenn einem die Ruinen der langen Echohalle (14) heute lächerlich vorkommen, sollte man sich in Erinnerung rufen, dass dieses Gebäude 267 als Steinbruch verwendet wurde, um das Heiligtum während der Invasion der Heruler zu befestigen. Das einstige Bauwerk, das bekannt war für sein Echo, war eine doppelte, fast 100 m lange Portikus. Mit der Errichtung der Halle hatte man im 4. Jh. v. Chr. begonnen, fertig gestellt wurde sie jedoch erst unter Augustus.

Nach der Echohalle findet man entlang der Schatzhaus-Terrasse (15) die Sockel der *Zanes*, der Votivstatuen für Zeus, die mit den Geldstrafen der Athleten für Fouls oder Betrug bezahlt wurden. Man stellte sie als Warnung für die anderen Wettkämpfer vor dem Eingang zum Stadion (16) auf. Die Überreste des Stadions datieren aus den Jahren 330–320 v. Chr. Wenn man zur Schatzhaus-Terrasse zurückkehrt, kommt man an zwölf kleinen Gebäuden vorbei, die als tempelähnliche Museen für Votivgaben von Stadtstaaten dienten und zwischen Mitte des 6. Jh. v. Chr. und Ende des 5. Jh. v. Chr. errichtet wurden. Von Osten nach Westen waren die Schatzhäuser folgenden Stadtstaaten gewidmet: Gela, Megara, einer unbekannten Stadt, Iblea, Metapontium, Selinos, einer weiteren unbekannten Stadt, Kyrene, noch einer unbekannten Stadt, Sybaris, Byzanz, Epidamnus, Syrakus und Sikyon.

Am Fuß des Komplexes liegen die Ruinen des *Metroons* (17), eines dorischen Peripteros mit Hexastylos (4. Jh. v. Chr.), der zur Römerzeit in ein Haus des kaiserlichen Kults umgewandelt wurde. Direkt

154–155 Kaum mehr als das Fundament steht heute noch von dem prachtvollen Philippeion, dem Rundtempel im bedeutendsten Heiligtum des Peloponnes, der von Philipp II. von Makedonien errichtet wurde.

155 Blick auf das Nymphäum des Herodes Attikus (170). Der Brunnen wurde vom Wasser des 20 km entfernten Flusses Mouria gespeist und löste im Sommer das Problem der Wasserversorgung von Olympia.

daneben stößt man auf die Ruinen des Nymphäums des Herodes Attikus (18), ein ursprünglich marmornes Brunnenhaus aus dem Jahr 170. Später wurde es Mahnmal für den „göttlichen" Ruhm der römischen Kaiser und der athenischen Philanthropen, die es vor den antiken Altären der Hera und des Zeus erbaut hatten. Wiederum daneben befindet sich das Pelopion (19) aus dem 4. Jh. v. Chr., das dem Kult um Pelops geweiht war.

Nördlich vom Pelopion stehen die Ruinen des Heraions (20), des Heratempels, eines der ersten Beispiele für dorische Architektur. Es wurde im 7 Jh. v. Chr. erbaut und um 600 erneuert und galt als so heilig und wertvoll, dass man es fortwährend reparierte oder ersetzte. Pausanias, der Reiseschriftsteller aus dem 2. Jh., berichtet, dass er sogar noch eine der ersten originalen Holzsäulen erblickt habe. In der aus 6 x 16 Säulen bestehenden Peristasis befinden sich der Pronaos mit Distylos und die Cella mit vier inneren Stützmauern sowie acht Säulen, die dem flachen Dach Halt gaben. Nach der Einweihung des größeren Tempels wurde das Heraion in ein Museum umgewandelt. Hier fand man die Statue des Hermes, der den jungen Dionysos trägt, und die fälschlicherweise Praxiteles zugeschrieben wurde.

Nicht weit vom Heraion entfernt befindet sich das Philippeion (21), ein runder Monopteros, erbaut von Philipp II. von Makedonien nach seinem Sieg in Chaironeia (338 v. Chr.), jedoch erst unter Alexander dem Großen fertig gestellt. Während die äußere Peristasis der ionischen Ordnung folgte, waren die Säulen im Inneren des Gebäudes korinthisch. Das

156 oben links Viele Kunstwerke auf Sockeln aller Größen und Formen wurden im Lauf der Jahrhunderte rund um das Hauptgebäude der Altis positioniert, ohne geordnet oder sortiert zu werden.

Bauwerk beherbergte fünf chryselephantine Statuen Philipps II., Meisterwerke des Leochares.

Das letzte Gebäude auf der Reise durch Olympia ist zugleich der religiöse und architektonische Höhepunkt des gesamten Heiligtums. Obwohl sein ursprünglicher grandioser Bau von christlichen Fanatikern im 5. Jh. zerstört wurde und nachfolgende Naturkatastrophen das ihre dazu taten, besitzt der Tempel des Zeus Olympios (22), der 471–465 v. Chr. von dem Architekten Libon aus Elis erbaut wurde, noch immer viel von seinem alten Zauber. Als größter Tempel des Peloponnes (64 m x 28 m, ca. 20 m hoch) wurde er aus

156 unten links Beschädigt aber noch immer bezaubernd: die Siegesgöttin der Messenier und Naupaktier (425–420 v. Chr.), geschaffen von Paionios von Mende (Olympia, Archäologisches Museum).

156 oben rechts Die Zentauromachie ist das Meisterwerk eines protoklassischen Künstlers (460 v. Chr.). Sie befand sich einst am Westgiebel des Tempel des Zeus (Olympia, Archäologisches Museum).

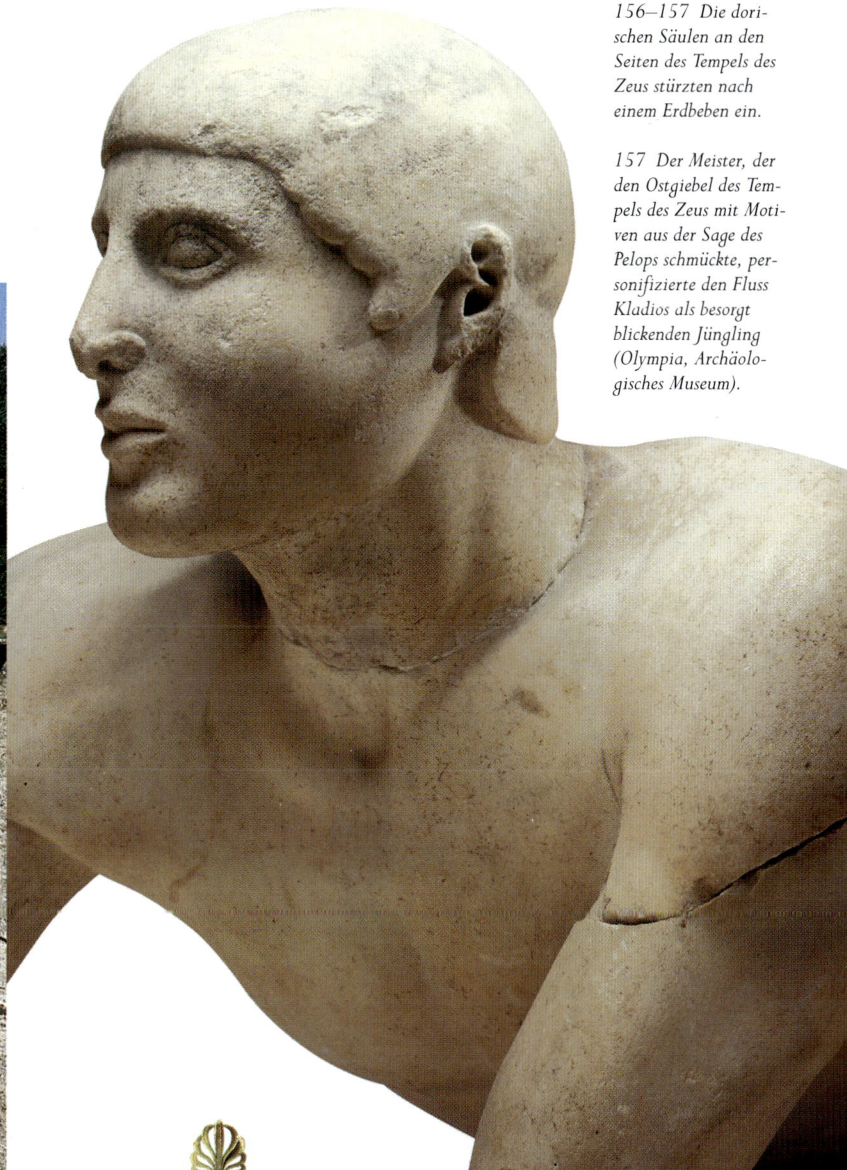

156–157 Die dorischen Säulen an den Seiten des Tempels des Zeus stürzten nach einem Erdbeben ein.

157 Der Meister, der den Ostgiebel des Tempels des Zeus mit Motiven aus der Sage des Pelops schmückte, personifizierte den Fluss Kladios als besorgt blickenden Jüngling (Olympia, Archäologisches Museum).

Muschelkalk erbaut und mit einem Marmor imitierenden Stuck verputzt. Der Tempel steht auf einem gedrungenen dreistufigen Krepidoma mit einer Zugangsrampe auf der Ostseite. Die Cella und die anderen Räume, aber auch die Überreste der Peristasis (6 x 13 Säulen) vermitteln ein eindrucksvolles Bild von den imposanten Dimensionen des Tempels. Das Giebeldach war mit großen Marmorziegeln gedeckt und die Traufen besaßen löwenköpfige Wasserspeier. Die einzelnen Säulentrommeln, die jeweils ca. 1,5 m hoch waren und einen Durchmesser von 2 m hatten, wurden durch versiegelte Scharniere an ihrem Platz gehalten. Die Ziergiebel und zwölf Metopen (sechs auf jeder Seite) aus parischem Marmor, die den dorischen Fries des Pronaos und des Opisthodomos schmückten, waren das Werk peloponnesischer Künstler. Einige Experten ordnen sie Hageladas und seiner Schule zu. Der Fries der Peristasis trug keinen Dekor. Der östliche Ziergiebel stellte das Wagenrennen zwischen Oinomaos und Pelops dar, der westliche die Kämpfe zwischen Menschen und Zentauren während der Hochzeit des Pirithous. Die Metopen zeigten die zwölf Arbeiten des Herakles.

Um 430 v. Chr. wurde das berühmte chryselephantine Sitzbild, das Phidias von Zeus angefertigt hatte und heute leider nicht mehr existiert, in der Cella des Tempels aufgestellt. Vor dem Eingang zum Tempel befindet sich die restaurierte Säule der Messenier und Naupaktier (23).

Ein Besuch im Archäologischen Museum von Olympia ist ein absolutes Muss. Man kann dort außergewöhnliche Kunstwerke des Heiligtums besichtigen, die zwischen der geometrischen Zeit und der Römerzeit einzuordnen sind. Zu den Höhepunkten zählen die Ziergiebelskulpturen und Metopen des Tempels des Zeus Olympios – protoklassische Meisterwerke –, die Nike des Paionios und der berühmte Hermes mit dem jungen Dionysos, der Praxiteles zugeschrieben wird.

Von Olympia aus führt die Tour an der Küste entlang nach Krestena. Es lohnt sich, in **Kaiafas** anzuhalten und die Grotte zu besichtigen, in deren Gewässer der Zentaur Nessus seine tödlichen Wunden von Herakles' Pfeilen wusch und es so für immer mit dem Geruch seines faulenden Blutes befleckte.

Von Tholo an der Küste führt die Strecke ins Landesinnere. Nach etwa 50 km kann man den gut erhaltenen dorischen Peripteros des Apollo Epikourios (der Helfer) in Phigaleia, heute **Vasses,** besichtigen. Er ist das Werk der beiden genialen Architekten Iktinos und Kallikrates, die bereits den Parthenon in Athen erbaut hatten, und soll an das Ende der Pest im Jahr 425 v. Chr. erinnern.

Aus dem ortsüblichen Kalkstein mit einigen Marmordetails erbaut, entdeckt man an diesem Tempel stilistische Widersprüche, die sich aus dem Baumaterial ergeben, das von älteren Gebäuden stammt. Der Grundriss ist verlängert, seine Dimensionen richten sich nach dem archaischen 5 : 2-Verhältnis, nicht nach dem 9 : 4-Verhältnis des Parthenons. Die optischen Effekte der Säulen und des Stylobats sind dagegen typisch klassisch. Andererseits ist die Cella mit ihren inneren transversalen Stützmauern und den peloponnesischen Türen eine Mixtur verschiedener Architekturstile, mit denen bereits in Athen experimentiert wurde. Außerdem trug das Gebälk der Cella einen Hochrelief-Fries mit Kampfszenen von Amazonen und Zentauren, der sich heute im Britischen Museum in London befindet.

158 oben links Der Geruch des schwefelhaltigen Wassers in der Grotte von Kaiafas soll angeblich davon herrühren, dass der Zentaur Nessus darin seine tödlichen Wunden wusch.

158 unten links Der Hügel in Vasses, auf dem der Tempel des Apollo Epikourios steht.

158 Mitte oben Die Kolonnade des Tempels des Apollo Epikourios in Vasses wurde in dorischer Ordnung errichtet, während die Cella ionische Stilmerkmale aufweist.

Nach Überquerung des Nedas betritt man Messenia mit seiner zerklüfteten Küste und seinen herrlichen Sandstränden. Die Landschaft ist hier etwas rauer als in Elis. Die Berg- und Hügelketten werden einzig durch die kleine Pamissos-Ebene unterbrochen. Die Grenze zu Lakonien im Osten markiert der hohe Berg Taygetos. Kurz vor Kyparissia führt eine Ausfahrt der E55 zur spätmykenischen Nekropole **Peristeria** mit ihren eingestürzten Tholosgräbern.

Man sollte nicht versäumen, etwas weiter südlich den Hügel von Epano Englianos zu besuchen. Hier förderten archäologische Grabungen (begonnen in den 1930er-Jahren) die Ruinen des palastartigen Herrenhauses von **Pylos** zutage, das moderne Wissenschaftler als das *Anaktoron* (Königspalast) des homerischen Königs Nestor von Pylos identifizierten. Der weitläufige Komplex war, abgesehen von einem niedrigen Schutzwall, unbefestigt und wirkt wie ein ländliches Herrenhaus mit angrenzenden Palastwerkstätten, das ganz offensichtlich von der umliegenden fruchtbaren Gegend profitierte. All das entnahm man den Berichten über das letzte Blütejahr des Palastes, die, auf Lehmtafeln festgehalten, in einem Archiv am Eingang des Komplexes gefunden wurden. Sie sind in Linear B verfasst, dem Alphabet der mykenischen Sprache, und haben nur überlebt, weil sie in dem Feuer, das den Palast um 1190 v. Chr. zerstörte, zu Ziegeln gebrannt wurden. Die Entdeckung dieser Tafeln gilt als Meilenstein in der Geschichte der Archäologie.

Auf einer Längsachse angeordnet befinden sich ein Propylon (1), flankiert von zwei Wachzimmern und den königlichen Archiven (2–3), gefolgt von einem Hof in tirynischem Stil (4), der zu einem Doppelvestibül (5) führt, das sich in den Thronsaal (6) öffnet. Darin befanden sich an einem Ende ein festgemauerter Thron und eine zentrale Feuerstelle zwischen vier hölzernen Säulen, die einen offenen, turmähnlichen Dachaufsatz trugen, der für ausreichend Licht und Frischluft sorgte.

Über Korridore gelangte man in die umliegenden kleineren Räume. Diese dienten als Wohnräume oder Büros bzw. Lagerräume, wie zum Beispiel der Raum im Nordwesten (17), der mit gut erhaltenen Bänken versehen war, auf denen Öl- oder Weinkrüge gelagert wurden.

158 Mitte unten *Kallikrates schmückte die Säulen in der Mitte der hinteren Mauer und an den Seiten der Cella des Tempels des Apollo Epikourios mit korinthischen Kapitellen.*

158 rechts *Das mykenische Tholosgrab in der Nähe des Palastes in Pylos datiert aus dem 15. Jh. v. Chr. Es ist eines der größten Gräber der Region.*

158–159 *Einer der attraktivsten Bereiche im Palast in Pylos ist das Badezimmer mit der bemalten Terrakottawanne und der Trittstufe, die das Einsteigen erleichtern sollte.*

159 *Die Residenz des Herrschers von Pylos war mit einem Privatgemach ausgestattet, in dessen Mitte sich ein niedriger runder Herd befand.*

Reste von Treppen weisen darauf hin, dass noch ein weiteres Stockwerk vorhanden war. Das Baumaterial bestand vor allem aus Holz und Gips, vielleicht auch aus Lehmziegeln, die durch ihr geringes Gewicht den Aufbau der oberen Etage ermöglichten.

Die Gebäude, deren Entstehungszeit zwischen dem 15. (das große Tholosgrab) und dem 13. (der gesamte Palast) Jh. v. Chr. liegt, bieten einen überaus kostbaren Einblick in das Leben einer blühenden mykenischen Stadt.

Viele der Gegenstände, die im *Anaktoron* gefunden wurden, sind heute in den Archäologischen Museen von **Chora Trifylias** und Pylos ausgestellt. In Chora Trifylias kann man auch die mykenische Nekropole **Volimidia** besichtigen, die sich außerhalb der modernen Stadt befindet.

Pylos

1 Propylon	14–15 Lager für Öl	30 Badezimmer
2–3 Archive	16 Korridor	31 Privatgemach mit Herd
4 Zentraler Hof	17 Lager für Öl	32–33 Schlafräume
5 Doppelvestibül	18–22 Lager für Lebensmittel	34 Wachturm
6 Thronsaal	23 Treppe	35 Weinlager
7–10 Nebenräume	24–26 Privatgemächer	36 Werkstätten
11 Korridor	27 Vestibül	37 Wohnhaus des Militärkommandanten
12 Treppe	28–29 Private Höfe	
13 Lagerraum		

N

Das antike **Messene** liegt etwas weiter im Norden, im Herzen der Region, an den Hügeln, die sich schließlich zum Berg Ithomi erheben, nahe der Ortschaft Mavrommati. Die Ruinen der archäologischen Stätte datieren aus der klassischen Periode, obwohl die antike Stadt bereits in archaischen Zeiten ein stolzer, wenn auch erfolgloser Gegner Spartas war. Die klassische Stadt wurde 370 v. Chr. von Epaminondas gegründet, dem Diktator der kurzlebigen thebanischen Hegemonie.

160 links Die cavea des Odeions von Messene ist gut erhalten. In dem Gebäude fanden Konzerte anlässlich des Asklepios-Festivals statt, aber auch religiöse Versammlungen.

Messene

1 Odeion	6 Altar des Asklepios
2 Propylon	7 Propylon
3 Buleuterion	8 Terrasse des Sebasteions
4 Schule	9–13 Schreine
5 Tempel des Asklepios	

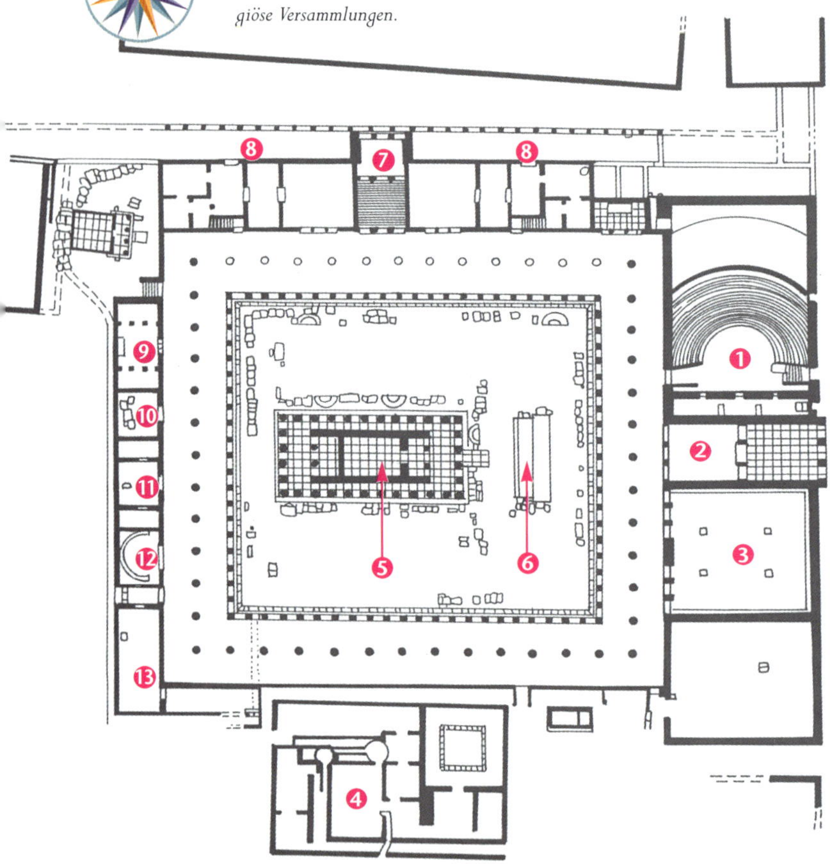

Sie gedieh bis 395, als sie von den Goten zerstört wurde.

Wunderbar erhaltene, pesudoisodomische Mauern (9 km lang, 2,5 m dick, 4,5 m hoch) umgeben die Stadt und werden an der Nordseite vom Arkadischen Tor durchbrochen, dem schönsten Exemplar eines befestigten Stadttores in der gesamten griechischen Architektur. Flankiert von 6 m breiten Schutztürmen, öffnet sich das Tor zu einem kreisrunden Platz mit einem Durchmesser von beinahe 20 m. Überall in der Stadt, in der noch heute gegraben wird, sind Teile der Straße zu erkennen, die mit Basalt gepflastert und mit Spurrinnen versehen war.

Das spektakuläre Heiligtum des Asklepios (Asklepieion) liegt in der Nähe der

Agora. Unter den Ruinen befinden sich die Überreste eines von Portiken umgebenen Hofes, in dem sich mehrere spätklassische, hellenistische und römische Kapellen befanden.

Das anmutige Odeion sowie der dorische Peripteros mit Hexastylos, der dem Gott des Heilens und den damit verbundenen Gottheiten (Hygieia, Machaon und Podalirius) geweiht war, überblicken den gesamten Platz. Vor dem Tempel steht ein großer Freiluftaltar, auf dem Opfer dargebracht wurden.

Die Überreste des Theaters und des Stadions liegen ebenfalls in der Nähe des Asklepieions. Weitere Tempelruinen findet man auf dem Gipfel des Berges Ithomi und im Ostteil von Mavrommati.

160 rechts Die Mauern von Messene (4. Jh. v. Chr.) sind eines der schönsten Beispiele für antike Befestigungen.

160–161 Das Arkadische Tor basiert auf einem Tenaille-Grundriss mit einem Umfang von etwa 20 m. Auf dem Foto ist im Hintergrund einer der 30 Mauertürme zu erkennen.

161 unten links Der Raum, der den Messeniern als Buleuterion diente, wurde in rustikaler Quadersteintechnik erbaut, die in hellenistischer Zeit üblich war. Durch hoch oben in den Wänden platzierte Fenster konnte Licht dringen.

161 unten rechts Blick von der Südostseite des mit Portiken versehenen Hofes im Asklepieion von Messene. Der Tempel in der Mitte barg Statuen des berühmten Bildhauers Damophon.

ARKADIEN UND LAKONIEN

Besucher, die sich Arkadien von der modernen griechischen Provinz Korinth aus nähern, werden als Erstes von der Bastion auf dem Berg Menalon begrüßt, an dessen bewaldeten Hängen einst Dionysos die Prozessionen der Bacchanten angeführt haben soll.

Die wenig beeindruckenden Ruinen des antiken **ORCHEMENOS,** das seine Blütezeit zwischen dem 7. und dem 3. Jh. v. Chr. erlebte, befinden sich in dieser Gegend. Am Ende der Straße, die zur Akropolis führt, stehen die gut erhaltenen Stadtmauern aus dem 4. Jh. v. Chr., unterbrochen von vielen viereckigen Türmen. Die Mauern sind etwa 2,3 km lang. In ihrem Inneren liegt die Agora, gesäumt von zwei großen Stoen. Beide Säulenhallen weisen dorische und ionische Stilmerkmale auf. Weiter südlich findet man die Fundamente eines ionischen Tempels mit Tetrastylos, der der Artemis Mesopolitis geweiht war (550–500 v. Chr.), sowie die

Überreste eines vorgebauten Freiluftaltars. Man kann hier außerdem ein elegantes Theater aus der Zeit zwischen dem 4. und 3. Jh. v. Chr. besichtigen, an dem vor allem die Marmorverkleidung in der *prohedria* und zwei ungewöhnliche Throne auffallen, die in einem 60°-Winkel in der Orchestra platziert wurden.

Die Tour durch Arkadien führt als Nächstes nach Tripolis und dem Grabungsort **MANTINEIA,** das sich in eine muschelförmige Senke inmitten hoher Berge kauert. Das Gebiet war dreimal Schauplatz entscheidender griechischer Schlachten: 418, 362 und 207 v. Chr. Der thebanische Feldherr Epaminondas fiel in der zweiten Schlacht, in der Theben den Sieg über Sparta davontrug. Bei den Ausgrabungen wurden die beinahe 2 m hohen steinernen Sockel einer gut befestigten Stadtmauer (370 v. Chr.) freigelegt, die fast 3,5 km lang ist. Den Verteidigungskreis bildeten zwei parallel zueinander verlaufende Steinmauern in archaischem Stil (polygonale Bauweise). Der dadurch entstandene Zwischenraum wurde mit Geröll aufgefüllt und mit einem Aufbau aus Lehmziegeln (heute nicht mehr erhalten) versehen. Die zehn Eingangstore sind ebenfalls in archaischem Stil erbaut. Sie verfügen über ansteigende Zugangsrampen, die eine scharfe Kurve machen, sodass die Angreifer sofort zu sehen waren. Das erstaunlichste Merkmal dieser Mauern sind die 122 viereckigen Türme. Die Straßen an allen Toren laufen auf der Agora zusammen. Der heute zu sehende Marktplatz ist die römische Version. Im Westen befindet sich der untere Teil der *cavea* des Theaters aus derselben Zeit, in der die Mauern errichtet wurden. Im Gegensatz zu sonstigen griechischen Gepflogenheiten wurde das Theater auf einer künstlich angelegten Terrasse in polygonaler Bauweise errichtet, und zwar mit einer Außentreppe, die zur obersten Sitzreihe führt.

Nur 7 km südöstlich von Tripolis liegt **TEGEA.** Hier verführte Herakles angeblich die Athenepriesterin Auge. Der Ort ist aber auch archäologisch interessant, denn hier befindet sich ein dorischer Peripteros mit Hexastylos, der der Athene Alea geweiht war. Er wurde zwischen 370 und 350 v. Chr. von dem berühmten Skopas aus lokal abgebautem Marmor errichtet. Die Proportionen des Tempels werden durch die Verhältnisse verschiedener architektonischer Komponenten zueinander und durch die Dimensionen insgesamt ausgedrückt. Die schlanken Säulen der Peristasis, das leicht wirkende Gebälk, die Cella mit den Halbsäulen und die optischen Korrekturen, sie alle verbinden sich zu einem der besten architektonischen Experimente, das unmittelbar hinter dem Parthenon einzustufen ist. Die kurzen Seiten des Tempels waren mit Metopen verziert, die auf der Ostseite den Kampf zwischen Herakles und Kepheus darstellen und auf der Westseite den Mythos von

162 links In den Ruinen des Athene-Alea-Tempels in Tegea fand man Fragmente, die der große Bildhauer Skopas bearbeitet hatte. Im 4. Jh. v. Chr. galt dieser Tempel als architektonisches Meisterwerk.

162 rechts Das Theater in Megalopolis stammt aus der kurzen Blütezeit dieser arkadischen Stadt. Wie alle anderen noch erhaltenen Gebäude besitzt es monumentale Abmessungen, die auf die Macht der Stadt hinweisen.

162–163 Ein weiteres schönes Theater befindet sich in Mantineia. Hier musste man massive Kyklopenmauern zur Stütze des Theaters errichten, da es keinen natürlichen Hügel gab.

163 oben links Dieses Foto aus Megalopolis zeigt die kaum noch erkennbaren Überreste des Thersileions. Dabei handelte es sich um einen großen Saal mit Hypostylos, der als Versammlungsort diente.

163 oben rechts Die bemerkenswerten Ruinen des Tempels der Demeter Despoina in Lykossoura, mitten in den Bergen von Arkadien. Der Tempel enthielt vier Kultstatuen des Bildhauers Damophon aus Messene.

Telephos. Die von Skopas geschaffenen Ziergiebel zeigen im Osten die Jagd nach dem Kalydonischen Eber und im Westen den Kampf zwischen Achill und Telephos in Kaikos. Einige noch erhaltene Statuen beherbergt das örtliche Museum, die übrigen befinden sich im Nationalmuseum in Athen. Im Park der Kirche Kimissis tis Theotokou, im nahe gelegenen Palea Episkopi kann man außerdem die bescheidenen Überreste des Theaters, der Agora und einer frühchristlichen Basilika mit Bodenmosaiken (5. Jh.) besichtigen.

34 km von Tripolis entfernt liegt, an der Autobahn E65 nach Kalamata, der bedeutende Grabungsort **MEGALOPOLIS.** Die Stadt entstand während der thebanischen Hegemonie als Nebenprodukt des Feldzugs gegen die Spartaner und wurde 222 v. Chr. von diesen zerstört, jedoch von den Römern wieder aufgebaut. Die Hauptgebäude der „Großen Stadt" scheinen äußerst prachtvoll gewesen zu sein. Das Theater aus dem 3. Jh. v. Chr konnte 20000 Zuschauer fassen. Beim *Thersileion,* einer über 3000 m^2 großen Halle mit Hypostylos waren die äußeren Säulen so raffiniert angeordnet, dass sie dem Publikum einen ungehinderten Blick auf die Plattform gewährten. Auf der Agora steht das Heiligtum des Zeus Soter (der Retter), ein ionisch-dorisches Bauwerk, sowie die massive, 155 m lange philippische Stoa (4.–2. Jh. v. Chr.).

Südlich des Lykeon, des heiligen „Berges der Wölfe", befindet sich das antike Heiligtum (4. Jh. v. Chr.) der Demeter Despoina (Herrscherin) in **LYKOSSOURA.** Man kann hier das Fundament des Tempels, einige Altäre und den Temenos besichtigen. Das Heiligtum beherbergte einst die Kultstatuen von Demeter, Despoina, Artemis und Anytos, die Damophon aus Messene im 2. Jh. v. Chr. geschaffen hatte.

Es ist etwas schwierig, den archäologischen Grabungsort **GORTYS** an der Grenze zu Elis, nahe bei Dimitsana, zu erreichen. Man findet dort eine doppelte Schutzmauer aus dem 4.–3. Jh. v. Chr., einen Asklepiostempel und Thermen aus derselben Periode.

Anschließend geht es zurück nach Tripolis und weiter in Richtung Lakonien, einer bergigen Region mit einem Hochland, das von den Bergen Taygetos und Parnon bis hinab zum Tal des Flusses Eurotas reicht. Die hügelige Landschaft erstreckt sich in Form von zwei „Fingern" ins Meer, die zerklüftete Küste formte zahlreiche natürliche Häfen.

Sparta, über die E961 mit Tripolis verbunden, ist der historisch und archäologisch bedeutendste Ort dieser Region. Die Überreste der antiken Stadt befinden sich inmitten einer Betonwüste, die archäologische Grabungen so gut wie unmöglich macht. So manchem enttäuschten Besucher bleibt nur der Trost, sich die ruhmreiche Vergangenheit des alten Sparta ins Gedächtnis zu rufen.

Sparta wurde im 10. Jh. v. Chr. von den Doriern gegründet und verfolgte ab dem 8. Jh. v. Chr. sein ehrgeiziges Ziel, den südlichen Peloponnes zu beherrschen. Im 7. und 5. Jh. v. Chr. erreichte es tatsächlich die volle Hegemonie. Der Stadtstaat schien jedoch an kolonialer Expansion nur wenig interessiert, so blieb Taras (das heutige Taranto) seine einzige Kolonie. Die berühmte Verfassung, die angeblich von Lykurg entworfen wurde, teilte die Gesellschaft in Kasten und basierte auf einem ethno-aristokratischen System. Nur „echte" Spartaner, die von den Gründern abstammten, durften sich Bürger nennen. Die politische Struktur war sehr einfach: In der Stadt regierten zwei Könige, die wiederum von den höchsten Beamten (Ephoren) und dem Ältestenrat (Gerusia) kontrolliert wurden, sekundiert von einer Volksversammlung (Apella), zu der alle Spartiaten ab dem 30. Jahr Zutritt hatten. Wirtschaft und Organisation der Stadt basierten auf einem einfachen Prinzip: Es herrschte Gleichheit, jedoch nur innerhalb der Kasten, und es gab keine Möglichkeit, in eine höhere Kaste aufzusteigen. Das Hauptaugenmerk des Stadtstaates richtete sich auf die Aufrechterhaltung einer kolossalen Militärmacht. Von frühester Kindheit an mussten sich fast alle Spartaner einer strengen militärischen und zivilen Ausbildung unterziehen. Die Familie spielte dabei keine Rolle.

Um Produktion und Handel, die der Gemeinschaft beträchtlichen Wohlstand einbrachten, kümmerten sich die Periöken, freie und grundeigentumsberechtigte, aber politisch rechtlose Bürger.

Sparta

1 Akropolis
2 Theater
3 Heiligtum der Athene Poliouchos
4 Spätantike Mauern
5 Unterbau der Agora

Ackerbau und Viehzucht war Aufgabe der Sklaven (Heloten), die als menschliche Ware betrachtet wurden und von Generation zu Generation ihrem Schicksal ausgeliefert waren. Tatsächlich waren sie die Nachfahren der unterworfenen Völker aus der Region um Lakonien und Kriegsgefangene aus benachbarten Provinzen (vor allem aus Messene).

Aus städteplanerischer Sicht ähnelte Sparta anderen hellenistischen Städten, ehe der hippodamische Gittergrundriss in Mode kam. Innerhalb und außerhalb der Stadt gab es mehrere Heiligtümer und weitere Kultstätten aus uralten Zeiten. Die vielen Votivobjekte, die man entdeckte, unterstreichen die Bedeutung und die lange Tradition der verschiedenen Kulte über die Jahrhunderte hinweg.

Die Akropolis (1) wurde in römisch-hellenistischer und in byzantinischer Zeit völlig umgestaltet. Die Fundamente des Tempels und des Heiligtums der Athene Poliouchos (3), die sich in der Nähe des Theaters (2) befinden, sind kaum noch zu erkennen. Der Tempel wurde im 6. Jh. v. Chr. von dem spartanischen Architekten, Bildhauer und Poeten Gitiadas errichtet. Das gesamte Gebäude war mit Bronzeplatten verziert, von denen viele Reliefskulpturen trugen, über die Pausanias noch 700 Jahre später begeistert schrieb.

Das Theater hat einen Durchmesser von über 140 m und lehnt sich gegen den Südwesthang der Akropolis. Die erhaltenen Überreste stammen aus dem 2. Jh. v. Chr. und von späteren Renovierungen unter den römischen Kaisern Augustus, Hadrian und Konstantin. Das archaische Heiligtum der Artemis Orthia (der Gerechten), das in der Römerzeit völlig verwüstet wurde, befindet sich am Ufer des Flusses Eurotas. Hier mussten die jungen Spartaner bei Prüfungen, wie zum Beispiel beim rituellen Verprügeln, ihre Ausdauer beweisen. Im Südosten der Stadt liegen die Überreste des Tempels des Menelaos, eines Heiligtums aus dem 5. Jh. v. Chr., das dem heroischen Kult um Menelaos und Helena geweiht war.

Fünf Kilometer weiter südlich gelangt man nach **Vafio.** Hier kann man die Ruinen des mykenischen Tholosgrabes besichtigen, dessen kostbare Grabbeigaben aus Gold und Silber heute im Nationalmuseum in Athen ausgestellt sind. Die Sammlung des Archäologischen Museums in Sparta umfasst viele Epigramme, archaische und klassische Votiv-Reliefskulpturen, darunter auch die Büste des Leonidas aus parischem Marmor (5. Jh. v. Chr.), sowie außergewöhnliche lakonische Tonwaren, die zwischen dem 7. und dem 6. Jh. v. Chr. in die gesamte griechische Welt geliefert wurden.

Gythion, der letzte Halt auf der Tour durch Lakonien, war in frühesten Zeiten ein Marinestützpunkt der Spartaner, wurde später jedoch die Hauptstadt der Vereinigung „Freie Lakonier“, die sich aus den vom römischen Kaiser Augustus aus der Versklavung entlassenen spartanischen Heloten gebildet hatte. Hier gibt es heute ein hübsches Theater aus der späten römischen Kaiserzeit. Die *cavea* aus Kalkstein war in vier *kerkides* geteilt, das heißt die Sitzreihen bildeten keilförmige Blöcke. Die vorderste Reihe jedes Blocks, die *prohedria,* bildeten Ehrensitze aus Marmor, die für Priester oder hohe Beamte reserviert waren. In der Orchestra fand man Hinweise auf einen Brunnen.

164 links Die Ruinen des Theaters in Sparta zeigen eine hellenistisch-römische Konstruktion.

164 rechts Diese goldene Tasse ziert das Motiv einer Stierjagd. Sie wurde in Vafio (nahe Sparta) im Grab eines unbekannten mykenischen „Prinzen“ aus dem 15. Jh. v. Chr. gefunden.

164–165 Die Ruinen der christlichen Basilika Aghios Nikon liegen auf der Akropolis des antiken Sparta.

165 unten links Blick auf die Ruinen des Tempels des Menelaos aus dem 5. Jh. v. Chr. Er wurde offensichtlich aus Gründen der politischen Propaganda erbaut, um an die legendäre Vergangenheit Spartas zu erinnern.

165 unten rechts Die spärlichen Überreste eines Prinzengrabes in Vafio, allgemein bekannt als „das Grab des Menelaos“. Tatsächlich wurde hier jedoch jemand anderes begraben.

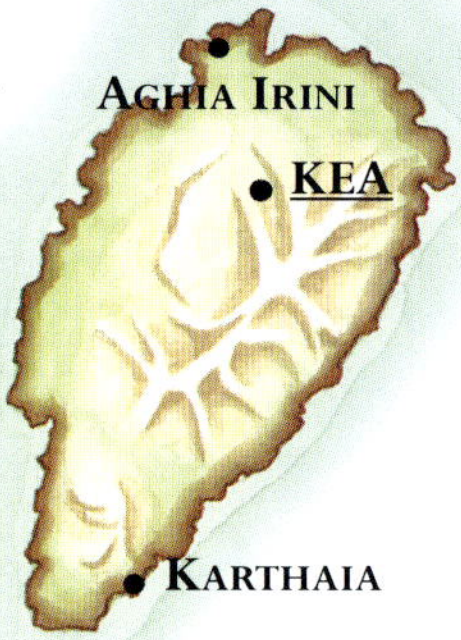

KEA

166 oben Die Ruinen von Aghia Irini auf Kea sind der ideale Ausgangspunkt für eine Besichtigungstour durch die kykladische Architektur, die ihre Blütezeit im 2. Jahrtausend v. Chr. erlebte.

Auf **KEA** (dem antiken Keos, im 6. Jh. v. Chr. Heimat des Dichters Simonides), der westlichsten Insel der Kykladen, gibt es einige sehr interessante archäologische Orte. Nahe bei Vourkari im Nordwesten befindet sich die kykladische Siedlung **AGHIA IRINI,** deren Blütezeit zwischen 2800 und 2000 v. Chr. lag. Danach war der Ort 300 Jahre verlassen, ehe er neu besiedelt wurde und unter dem Einfluss

166 unten Diese in den Fels gemeißelte Statue eines Löwen aus dem 6. Jh. v. Chr. ist von Wind und Wetter gezeichnet.

der minoischen Kultur (1700–1450 v. Chr.) abermals zu Wohlstand gelangte. In der mykenischen Zeit (14.–13. Jh. v. Chr.) wurde er vermutlich von den Seevölkern zerstört. 1050–1000 v. Chr. war Aghia Irini ionische Kolonie und seine Einwohnerzahl stieg in klassischen und hellenistischen Zeiten beträchtlich an.

Die Reste der Mauer mit Türmen (1) an den Ecken umschließen einen kleinen Platz (2), der von Häuserblöcken umgeben war. Die Häuser waren nur durch enge Gassen voneinander getrennt und besaßen eine unterirdische Kanalisation. Im Süden des Platzes liegt ein Wohnkomplex, Haus A (3), der ursprünglich sogar über ein oberes Stockwerk verfügte. Im Südostsektor, an der Küste, wurde eine Tempelruine freigelegt (4). Der Tempel war Dionysos geweiht und gilt als das älteste Heiligtum in der gesamten Ägäis. Nur 1 km weiter nordwestlich stößt man auf einen beeindruckenden riesigen Grablöwen, der im 6. Jh. v. Chr. aus dem Fels gehauen wurde.

In **KARTHAIA** an der Südostküste der Insel Kea können mehrere Tempelfundamente besichtigt werden (darunter befindet sich ein dorischer Athenetempel aus dem 5. Jh. v. Chr.) sowie die Ruinen eines Theaters und die mit Türmen bewehrte Stadtmauer aus der klassischen Periode.

AGHIA IRINI

1 MAUERN UND TÜRME
2 KLEINER PLATZ
3 HAUS A
4 TEMPEL

Region. Man fand hier mehrere Tafeln, die mit der bis heute noch nicht entschlüsselten kretischen Schrift Linear A beschrieben sind.

Die Errichtung massiven Mauern im 15. Jh. v. Chr. weist auf den Beginn eines Übergangs zur mykenischen Kultur hin, in deren Zuge später auch der Palast in ein mykenisches königliches Megaron umgewandelt wurde.

Im Zentrum von Plaka (Milos) stößt man auf die Überreste der Stadtmauern, auf das mit Türmen bewehrte Osttor in polygonaler Bauweise (6. Jh. v. Chr.) und auf ein Gebäude aus der römischen Kaiserzeit, das vielleicht den Anhängern des Dionysoskultes als Versammlungsort diente.

Der 65 m² umfassende *andron* (Bankettsaal der Männer) weist einen Mosaikfußboden auf mit dionysischen Motiven und der humorvollen Inschrift: „Gebt uns alles, nur kein Wasser!" Die christlichen Katakomben am Hügel Tripiti datieren aus dem 3. Jh. und sind die größten außerhalb von Rom.

MILOS

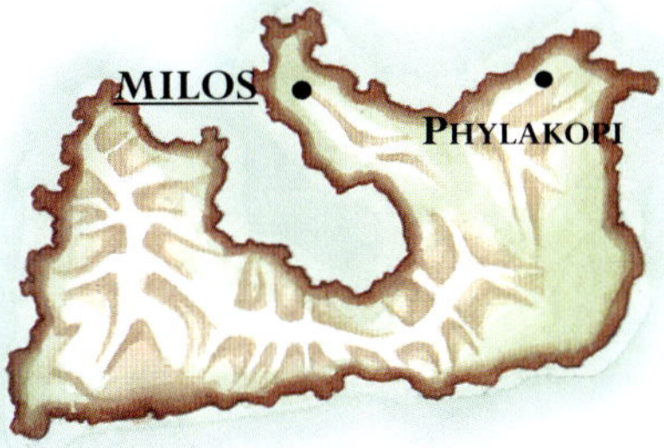

Die Vulkaninsel **MILOS** war vom Neolithikum bis zur Bronzezeit ein bedeutendes Zentrum für Bergbau und für den Export von Obsidian. Während des Peloponnesischen Krieges wurde das unabhängige Milos von den Athenern unterdrückt, von Sparta befreit und erlebte schließlich in der hellenistischen und römischen Ära seine Blütezeit.

PHYLAKOPI an der Nordküste ist der interessanteste archäologische Ort auf der Insel. Zwischen 2000 und 1500 v. Chr. wurde auf der alten kykladischen Siedlung aus dem 3. Jahrtausend v. Chr. eine Stadt im Gittergrundriss errichtet, deren Häuser wie die von Akrotiri mit Fresken verziert wurden.

Die Überreste des Palastes im minoischen Stil aus der Zeit um 1600 v. Chr. zeugen vom einstigen Wohlstand der

166–167 Die Sitze im eleganten hellenistischen Theater von Tripiti auf der Insel Milos waren mit weißem, grau geädertem Marmor verkleidet. Das Theater bietet einen herrlichen Panoramablick.

167 unten links Blick auf die Stadt Phylakopi, die in der ersten Hälfte des 2. Jahrtausends. v. Chr. von den Minoern und später von den Mykenern beherrscht wurde. Die Stadt liegt an der Nordküste von Milos.

167 oben rechts Die großen christlichen Katakomben von Tripiti können in ihrer künstlerischen Ausführung nicht mit denen in Rom konkurrieren, machen dies jedoch durch ihre erstaunliche Größe wett.

167 unten rechts Die vielen Nischen und Kammern der Katakomben von Tripiti sind in das vulkanische Felsgestein der Insel Milos gehauen.

DELOS

DELOS

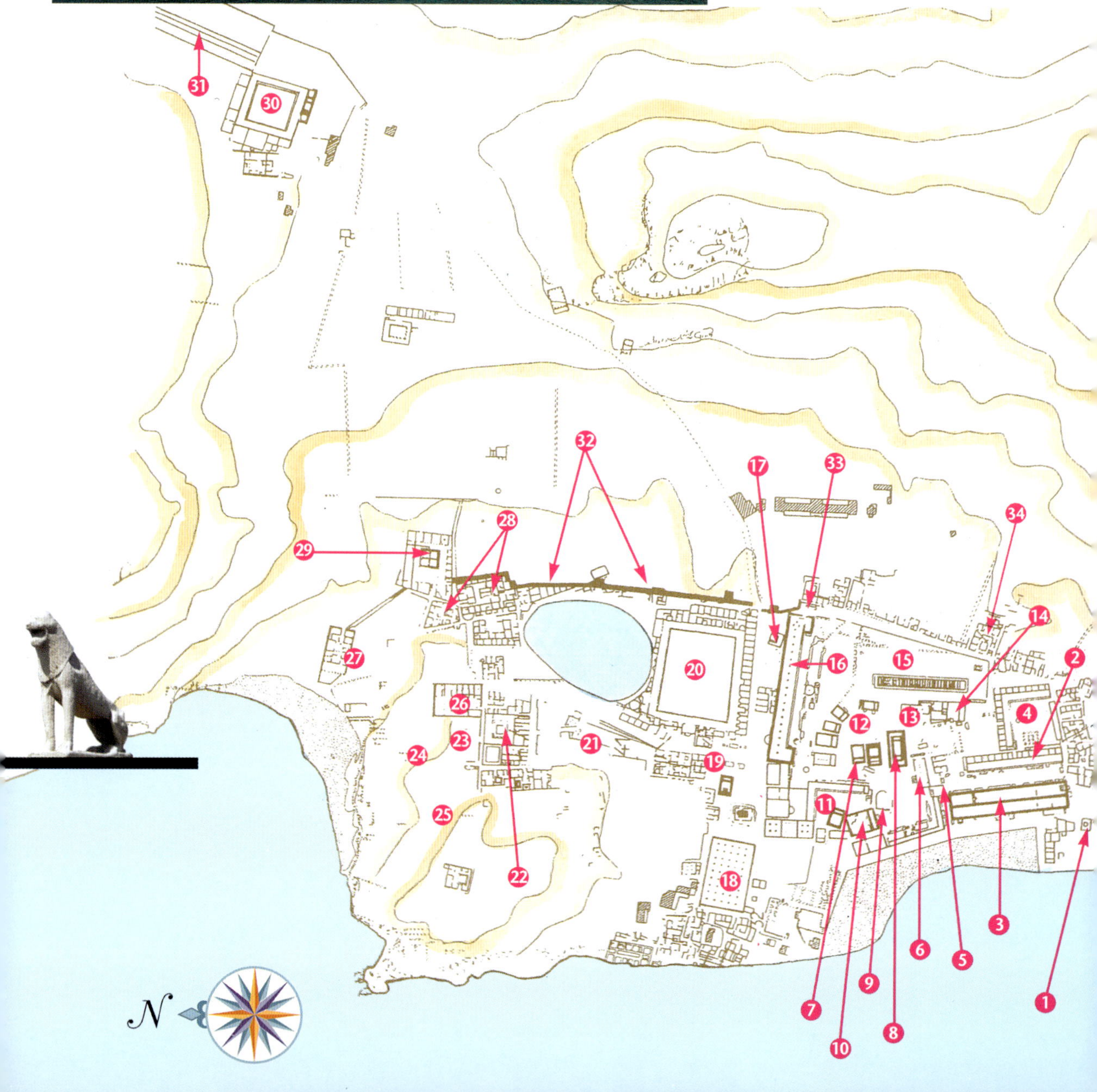
1
2
3
4
5
6
7
8
9
10
11
12
13
14
15
16
17
18
19
20
21
22
23
24
25
26
27
28
29
30
31
32
33
34
N

Die raue und windige Insel **Delos** mit dem Heiligtum des Apollo und seiner Schwester Artemis, die der Legende nach hier geboren wurden, und mit seinem blühenden Freihafen in der Römerzeit (ab 166 v. Chr.) ist einer der interessantesten archäologischen Stätten der Welt. Wer die Insel besuchen will, muss wissen, dass die Fähren, die vom nahen Mykonos ablegen, wegen der starken Strömung nur frühmorgens und nachmittags auslaufen. Auf Grund der vielen interessanten und bedeutenden Grabungsstätten sollte man sich für Delos einige Tage Zeit nehmen und sein Quartier entweder in dem einzigen Hotel der Insel oder auf Mykonos beziehen. Man sollte auch etwa 1 Stunde für einen Besuch im Archäologischen Museum einplanen, in dem sich Skulpturen und Mosaiken von außergewöhnlichem historischem und künstlerischem Wert befinden.

Vom antiken Hafen geht es direkt zur späthellenistischen Agora der „Kompitaliasten“ oder „Hermaisten“ (1). Dies waren die mächtigen italischen Kaufmannsgilden, die hier viele Kunstwerke stifteten (deren Sockel noch immer vor Ort sind).

Aus dem Jahr 130 v. Chr. stammen die Überreste eines kleinen runden Monopteros mit rechteckiger Einfriedung und einem konischen Dach, ferner die Ruinen eines kleinen rechteckigen (ionischen?) Tempels für Hermes und Maia, den die Hermaisten gestiftet hatten, sowie die Überreste eines kleinen ionischen Tempels mit Tetrastylos in der Nordostecke des Platzes, den die Kompitaliasten den *Lares Compitales* stifteten, den Schutzgottheiten der Grenzen und Wegkreuzungen. Hier liegt auch der Anfang des Heiligen Weges, an dem sich die Fundamente Dutzender Votivbehältnisse aneinander reihen. Dieser Weg passiert die Ruinen der dorischen Stoa der Attaliden von Pergamon (2) aus der Mitte des 3. Jh. v. Chr. mit ihren Werkstätten sowie die noch etwas längere Stoa Philipps V. von Makedonien (3), die zwischen 210 und 200 v. Chr. errichtet wurde. Hier kann man, ehe man weiter dem Mittelpunkt des Heiligtums zustrebt, einen kurzen

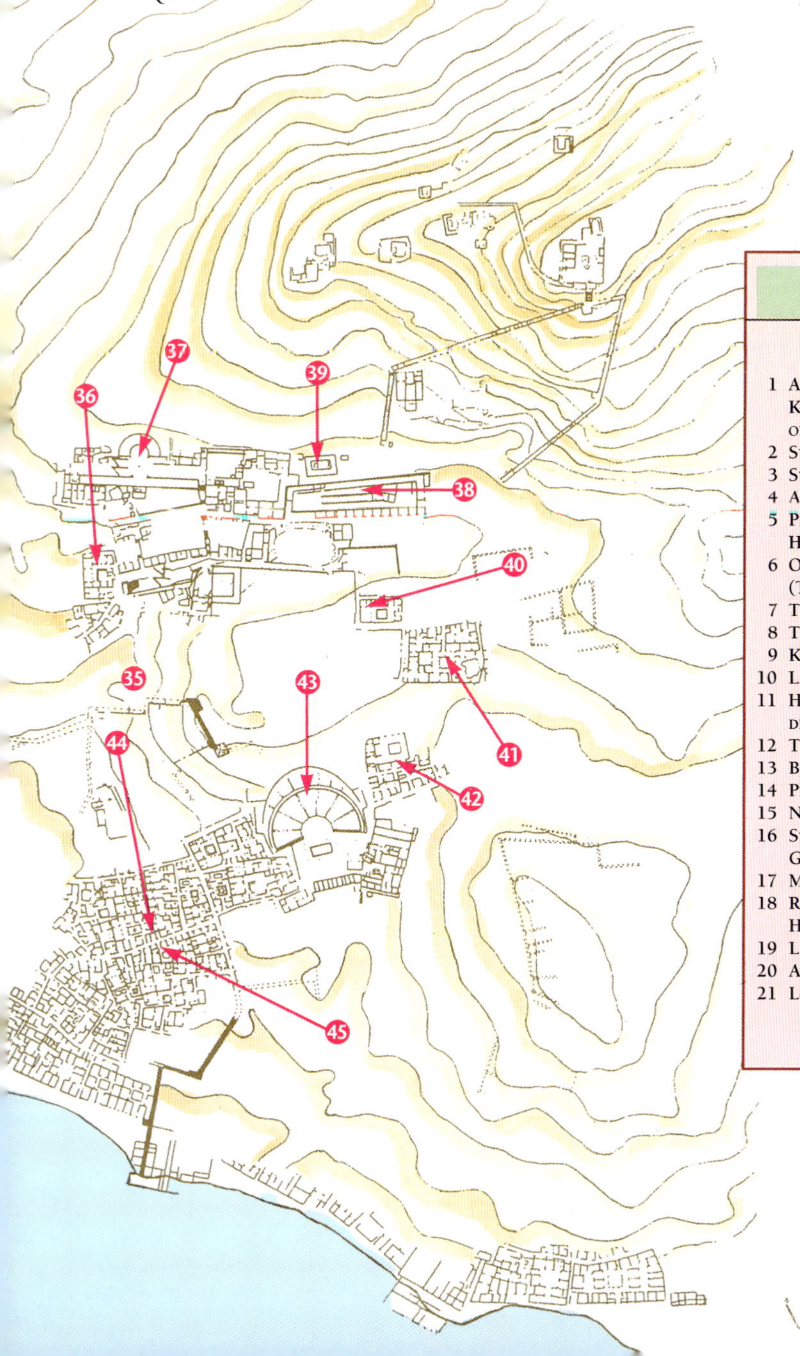

Delos

1 Agora der Kompitaliasten oder Hermaisten
2 Stoa der Attaliden
3 Stoa Philipps V.
4 Agora Tetragona
5 Propyläen zum Heiligtum des Apollo
6 Oikos der Naxier (Tempel des Apollo 2)
7 Tempel des Apollo 3
8 Tempel des Apollo 4
9 Keraton
10 Labyrinth
11 Heiligtum der Artemis
12 Thesauren
13 Buleuterion
14 Prytaneion
15 Neorion
16 Stoa des Antigonos Gonates
17 Minoischer Brunnen
18 Raum mit Hypostylos
19 Letoon
20 Agora der Italer
21 Löwenterrasse
22 Haus der Poseidoniasten von Berytos
23 Haus der Juwelen
24 Haus der Schauspieler
25 Haus der Siegel
26 Haus des Diadoumenos
27 Haus der Skardana
28 Seehaus und Seegymnasion
29 Granitgymnasion
30 Gymnasion
31 Stadionbezirk
32 Triarius-Mauer
33 Schrein des Dionysos
34 Haus der Cerdone
35 Haus des Hermes
36 Haus des Inopos
37 Heiligtum der syrischen Gottheiten
38 Serapeion 3
39 Heraion
40 Haus der Delphine
41 Haus der Masken
42 Gasthaus
43 Theater
44 Haus des Dionysos
45 Haus der Kleopatra und des Dioskurides

168 So präsentiert sich Delos, die Insel des Apollo, dem Besucher, der sich ihr von Mykonos aus nähert.

Das Theaterviertel erstreckt sich von den Hängen des Berges Kynthos bis zur Küste.

Blick auf die Agora Tetragona (4) werfen, einen von Säulenhallen umgebenen Platz mit einem oder zwei Stockwerken und vielen Werkstätten, der hinter der Stoa der Attaliden liegt und im 3.–2. Jh. v. Chr. an der Südseite der archaischen und klassischen Agora errichtet wurde.

Als Nächstes gelangt man zu herrlichen Propyläen (5) mit dorischer Tetrastylos-Fassade im Süden und Distylos-Fassade im Norden, die im 2. Jh. v. Chr. – von den Athenern finanziert – wieder aufgebaut wurde.

Man sollte auch die Ruinen des berühmten *Oikos* (6) beachten, des zweiten, Apollo geweihten Tempels im Heiligtum, ein Geschenk der Naxier (550 v. Chr.). Er wurde mit einer zweigeteilten ionischen Cella errichtet, unter der man die Überreste eines früheren Bauwerkes (650 v. Chr.) fand. An der Nordseite des *Oikos* steht der kolossale Marmorsockel einer 8 m hohen archaischen Apollostatue. Um 530 v. Chr. wurde der *Oikos* in ein Schatzhaus umgewandelt, vermutlich als der Tyrann Peisistratos, der das Ziel verfolgte, die athenische Hegemonie in der Ägäis zu verbreiten, den *porinos naos* errichten ließ, einen ionischen Tempel mit Tetrastylos aus attischem *poros*-Kalkstein. Das gleiche Schicksal ereilte auch das dritte Kultgebäude (7), das 470 v. Chr. zum berühmten Schatzhaus des mächtigen Delisch-attischen Seebundes wurde. Danach begann man mit dem Bau eines vierten Apollotempel (8), eines klassisch-dorischen Peripteros mit Hexastylos, der jedoch nie vollendet wurde. Um 420 v. Chr. wurde ein fünfter Apollotempel errichtet, ein

ebenfalls dorischer Hexastylos auf einem hohen Fundament, von dem noch zwei herrliche Giebelakroterien im Museum zu besichtigen sind.

Alle Tempel bis auf den ersten wurden von Westen her betreten, wo mit Apsiden versehene Fundamente (vielleicht) die Kanope trugen, die den berühmten *Keraton* (9) schützte, den Altar, den Apollo selbst gebaut haben soll. Als Baumaterial dienten ihm der Sage nach die Hörner der von Artemis erlegten wilden Ziegen. Rund um diesen Altar feierten die Athener angeblich den rituellen „Kranichtanz" im Andenken an die Zeremonien, die Theseus nach seinem Sieg über den Minotaurus zu Ehren des Apollo vollzogen hatte. Falls diese Hypothese zutrifft, wäre das große angrenzende Gebäude, ein rechteckiger, 400 m² großer Raum mit einem ionischen Dekastylos-Pronaos, das

Labyrinth (10) gewesen, in dem der Tanz begonnen hätte. Dieses Labyrinth sollte an Theseus' Abenteuer auf Kreta erinnern.

Die Süd- und die Westseite des Platzes werden von den Überresten der spätarchaischen ionischen Stoa der Naxier gesäumt. In einer Ecke der inneren Kolonnade befindet sich der Sockel der Bronzepalme, die laut Inschrift Nikias im Jahr 417 v. Chr. stiftete.

Das kleinere Heiligtum der Artemis (11) wurde im 2. Jh. v. Chr. errichtet. Es verfügt über eine L-förmige Stoa an der Nord- und der Ostseite, einen ionischen Hexastylos, der die letzte Version eines Kultgebäudes aus der mykenischen Zeit darstellt, und über ein Grab, in dem, so sagt Herodot, zwei der hyperboreischen Jungfrauen begraben liegen, die hierher kamen, um Apollo zu verehren. Die Jungfrauen brachten ihm in der Regel eine Locke ihres Haares dar, ehe sie heirateten.

170 Einige Ruinen von Delos sind kaum noch zu erkennen; hier das einstige Handels- und Hafenviertel westlich vom Heiligtum des Apollo.

170–171 Blick auf das Theaterviertel in Richtung Hafen. Hier findet man viele hellenistische Häuser mit den typischen Peristylen.

171 oben rechts Folgt man dem Heiligen Weg, sind die Reste der dorischen Portikus, die die Attaliden von Pergamon errichten ließen, zu sehen.

171 unten links Im heiligen Bereich des Artemistempels kann man die Überreste der Apollostatue aus der archaischen Zeit besichtigen.

171 unten rechts Die Agora der Kompitaliasten säumen die Sockel vieler Kunstwerke, die die römischen und italischen Kaufleute den Göttern weihten.

Nördlich davon befinden sich die Ruinen des *Ekklesiasterions,* jenes Saales, in dem sich die Deler zu versammeln pflegten, sowie die nahe gelegenen Bankettsäle (5. Jh. v. Chr.).

Im Norden und Osten der Apollotempel sieht man die Fundamente der fünf Thesauren (12), die auf die Zeit zwischen 520 und 475 v. Chr. datiert werden. Hier liegen auch die Verwaltungsgebäude der Insel: das doppelschiffige Buleuterion (13) und das Prytaneion (14) mit einem dorischen Tetrastylos-Eingang und einem gepflasterten Hof. Beide Gebäude verfügen über ein Vestibül, einen Schrein der Göttin Hestia und über Bankettsäle.

Gleichfalls interessant ist das nahe gelegene *Neorion* (15), besser bekannt als „der Saal der Stiere“. Hierbei handelt es sich um ein großes Gebäude, das 306 v. Chr. von Demetrios I. Poliorketes begonnen und von dessen Sohn Antigonos Gonates 255 v. Chr. fertig gestellt wurde. Es sollte einen Dank an Apollo darstellen und die Siege über die ägyptischen Ptolemäer verherrlichen.

Das Bauwerk öffnet sich nach Süden mit einem Hexastylos-Prothyrum, das zu einem langen, überdachten Laufgang führt, der mit einem hübschen Fries aus Meeresgeschöpfen (Nereiden und Seepferdchen) verziert war (heute außerhalb des Gebäudes zu besichtigen). Dieser Gang endete in einer Art Nische, in der ein marmorner Schiffsbug auf einem dreieckigen Sockel ruhte, welcher über zwei enge Korridore erreichbar war, deren Halbsäulen mit Stierköpfen verziert waren. Die Funktion des Gebäudes ist folgendermaßen zu erklären: Durch den in der Mitte abgesenkten Fußboden entstand ein Bassin, das mit Wasser gefüllt wurde, sodass es das Flagschiff von Antigonos' Flotte aufnehmen konnte, das Apollo geweiht war.

172 oben Die Positionierhilfen an den Blöcken zeigen, dass der vierte Apollotempel (475 v. Chr.) noch nicht vollendet war, als 420 v. Chr. bereits mit dem Bau des fünften Tempels begonnen wurde.

Der Temenos wirkt von der Nordseite betrachtet besonders prachtvoll. Hier, in einem Bereich, der mit Sockeln und Fundamenten für Denkmäler aus hellenistischer und römischer Zeit übersät ist, befindet sich auch die Ruine der 119 m langen Stoa des Antigonos Gonates (16) aus dem 3. Jh. v. Chr. Sie besteht aus einer Portikus mit Seitenflügeln und verfügt innen über 20 ionische, außen über 47 dorische Säulen. Das dorische Gebälk zeigt Metopen mit Stierköpfen, die eindeutig denen im Neorion der Antigoniden ähneln. Eine lange Plattform vor der Portikus trug die Bronzestatuen der Vorfahren der makedonischen Dynastie sowie in der Mitte, hervorgehoben durch eine halbrunde Mauer mit einem *altariolum,* die Tholos, ein mykenisches Grab aus dem 15. Jh. v. Chr., in dem zwei weitere hyperboreische Jungfrauen begraben sein sollen.

Im Norden der Stoa befindet sich das monumentale Becken des minoischen Brunnens (17), der noch immer von einer Quelle gespeist wird und über eine Treppenflucht mit einem säulenbestandenen Eingang (6.–5. Jh. v. Chr.) erreichbar ist. Wenn man sich von hier aus nach Westen wendet, gelangt man in das Handelsviertel der Stadt, zur Agora des Theophrastos, so benannt nach dem Magistrat, der ihre Pflastersteine stiftete (125 v. Chr.). Hier kann man auch viele Monumente

172 unten Die Nordseite des Neorions, *des Pavillons, der das Flagschiff der Flotte der Antigoniden enthielt. Das Schiff wurde Apollo als Geschenk dargebracht.*

172–173 Dieser Blick auf das Neorion *lässt die beachtliche Größe erahnen, die selbst in der Ära der grandiosen Kolossalbauten (3. Jh. v. Chr.) als außergewöhnlich galt.*

173 unten links Gajus Billienus, Prokonsul der römischen Provinz Asien, ließ dieses Monument um 100 v. Chr. in der Nähe der Stoa des Antigonos Gonates errichten.

173 unten rechts Eine Herme mit dem kaum noch zu erkennenden Gesicht des Hermes Propylaios an den Propyläen, dem Eingang zum inneren Heiligtum des Apollo.

besichtigen, die in der hellenistischen und römischen Ära gestiftet wurden. Die 2000 m^2 große Ruinenlandschaft des Saales mit Hypostylos (18) aus dem Jahr 208 v. Chr. ist beispielsweise sehr eindrucksvoll. Der Saal diente als Lager für Getreide aus Ägypten und vielleicht auch für Waren, die durch den ägäischen Freihafen gingen. Ursprünglich besaß das rechteckige Gebäude an der Südseite eine Fassade, die mit 44 Säulen geschmückt war sowie einen zentralen Innenhof und vier konzentrische Peristyle, von denen das äußere dorisch, die anderen ionisch waren.

Auf dem Rückweg in östlicher Richtung kommt man am *Dodekatheon* vorbei, einem dorischen Hexastylos, der aus der Zeit um 300 v. Chr. datiert und den zwölf Hauptgöttern des Olymp geweiht war. Man passiert auch das *Letoon* (19), den marmornen Tempel der Leto, der um 540 v. Chr. entstand. Das Geißblattdekor an der äußeren Bank ist ein archaisches Motiv aus Delphi.

Die Agora der Italer (20), der größte Monumentalkomplex auf Delos, der so benannt wurde, weil römisch-italische Kaufmannsgilden (mit Unterstützung reicher Finanziers) ihn um 120 v. Chr. zu Ehren Apollos stifteten, war ein Bauwerk, das nur über zwei enge und daher leicht kontrollierbare Passagen erreichbar war. Hauptsächlich wurde hier mit Sklaven gehandelt, auf deren Arbeitskraft die gesamte antike Wirtschaft basierte.

Wenn man anschließend zum Letoon zurückkehrt, sollte man sich in Richtung

Norden zum Fundament des so genannten „Granitmonuments" begeben. Hierbei handelte es sich ursprünglich um ein zweistöckiges Gebäude mit Lagerräumen und Büros. Als Nächstes erreicht man die Löwenterrasse (21). Hier platzierten die Naxier um 550 v. Chr. mindestens neun Marmorlöwen, die wachsam auf ihren Sockeln kauern. Es scheint, als wollten sie den heiligen Ort bewachen, ähnlich wie bei den langen Prachtstraßen, die zu den Tempeln ägyptischer Heiligtümer führten, was vielleicht auf den Einfluss ägyptischer Händler zurückzuführen ist.

Wenn man von dieser Terrasse nach Osten blickt, kann man versuchen, sich die glitzernde blaue Wasseroberfläche des heute ausgetrockneten Heiligen Sees vorzustellen. Hier soll Leto der Legende gemäß Apollo und Artemis zur Welt gebracht haben.

Ein kurzer Weg führt hinauf zum nördlichen Teil von Delos, wo vor allem zwischen 120 und 90 v. Chr. gebaut wurde. Hier findet man das Haus der Poseidoniasten von Berytos (22), eine Vereinigung von Kaufleuten, Schiffseigentümern und Hoteliers aus dem heutigen Beirut im Libanon, die hier unter dem Schutz von Poseidon, Astarte-Aphrodite, Roma und einer vierten Gottheit wohnten. Wenn man den engen Durchgang passiert hat, gelangt man in einen rechteckigen Hof

174–175 Ansicht der Löwenterrasse. Hier blicken die Statuen von neun wilden Bestien aus dem 6. Jh. v. Chr., gemeißelt aus naxischem Marmor, auf den Heiligen See.

174 unten links Vom dorischen Peristyl eines Hauses im Theaterviertel, südlich vom delischen Stadtkern, schweift der Blick auf das Meer.

174 unten rechts Die Bogen der Wasserbecken im Theaterviertel bestehen, wie viele andere Gebäude des hellenistischen Delos, aus lokalem Gneis.

175 oben Halb stehend, halb kauernd und mit zornig aufgerissenen Mäulern wirken die marmornen Bestien auf der Löwenterrasse trotz ihrer von der salzigen Seeluft erodierten Züge sehr geheimnisvoll.

175 unten links Das prächtige Haus der Poseidoniasten von Berytos zierten einst zahlreiche Kunstwerke, darunter auch diese fragmentarisch erhaltene Statue der Göttin Roma in nüchternem hellenistischen Stil (100 v. Chr.).

175 unten rechts Typisch für die Architektur des hellenistischen und republikanischen Delos waren große, geräumige Häuser mit vielen Räumen auf mehreren Ebenen, die sich um ein von Kolonnaden umgebenes Atrium gruppierten.

mit vier Altären. An der Westseite befand sich ein kleines Heiligtum mit vier Schreinen, die einst Kultstatuen bargen. An der Ostseite des Hofes war die Herberge mit Räumen, die um ein dorisches Peristyl mit einem zentralen, ehemals überdachten Wasserbecken angeordnet waren. Ein dreifaches Tor führt zum westlichen Hof, der als Versammlungsort diente, während auf der Südseite Läden, Lagerräume und Werkstätten lagen, von denen eine die Skulpturengruppe „Aphrodite und Pan“ anfertigte, die heute im Nationalmuseum in Athen ausgestellt ist.

Nach einem kurzen Blick auf die vier Häuser im Wohnviertel (westlich gelegen), überquert man die Kreuzung und betritt die Sackgasse zur Rechten. Hier kann man das Haus der Juwelen (23) erforschen, in dem Schmuck und Mosaiken gefunden wurden, die Athene und Hermes darstellen (heute im Museum), sowie das Haus der Schauspieler (24), das seinen Namen auf Grund der Theatermalereien in seinem Inneren erhielt. Wenn man das dorisch-ionische Peristyl, das ursprünglich zweistöckig war, ausgiebig bewundert hat, sollte man das angrenzende Haus der Tritonen besichtigen. Es weist wunderschöne polychrome Bodenmosaiken in dem Bankettsaal auf der Nordseite auf, die eine Tritonin und einen geflügelten Eros zeigen.

An der Westseite der Straße trifft man auf eine weitere Häusergruppe sowie, etwas abseits, auf das Haus der Siegel (25). Hier entdeckte man 15 000 Siegel aus der Zeit der Römischen Republik, die zu einem Archiv von Papyrusdokumenten gehörten. Im Atrium des Hauses kann man außerdem eine Sonnenuhr bewundern.

Weiter westlich liegt ein interessantes Haus am Hügel, in dem sich ein großes Wasserbecken befindet.

176–177 Viele große Häuser wurden an den Hängen des Berges Kynthos freigelegt. Das Foto zeigt in der Mitte das Haus des Hermes, vielleicht eines der schönsten Exemplare.

176 unten links Das hellenistische Haus der Tritonen ist sehr hübsch. Hier sieht man den nördlichen Bankettsaal mit einem Bodenmosaik, das einen weiblichen Triton und einen geflügelten Eros zum Motiv hat.

176 unten rechts Kolossale Phalli auf Sockeln mit dionysischen Reliefs am Eingang zum Schrein des Weingottes. Sie standen an der nordöstlichen Ecke des heiligen Bereichs des Apollo.

177 oben links Die eindrucksvolle obere Loggia des Hauses des Hermes überblickte das Peristyl und verfügt noch heute über viele ihrer schlanken Säulen.

177 oben rechts Die Größe und Vielzahl an Motiven der Mosaikfußböden in den hellenistischen Häusern ist beeindruckend. Dieses Mosaik besteht aus Kieselsteinen.

177 unten links Das ionische Seehaus. Den hellenistischen Architekturkriterien folgend öffneten sich auch hier die Haupträume zum Peristyl.

Steigt man den Hügel in östlicher Richtung hinab, gelangt man zum großen Haus des Diadoumenos (26). Man fand darin die Replik des Meisterwerks von Polykleitos sowie den so genannten Pseudo-Athleten von Delos (beide Objekte sind heute im Nationalmuseum in Athen ausgestellt). Die Menge der Kunstwerke, die in diesen Häusern entdeckt wurde, lässt sich dadurch erklären, dass sie neben den privaten Wohnräumen über eine große Anzahl an Empfangssälen verfügten. Sie legt außerdem Zeugnis darüber ab, wie schnell sich die Bewohner (zumeist Römer und Italer) für die hellenische Kunst erwärmten.

Ein kleiner Umweg in nördliche Richtung erlaubt es, die polychromen Bodenmosaiken im Haus der Skardana (27) zu bewundern, das in der gleichnamigen Bucht liegt. Dieses Gebäude verfügte einst über zwei Stockwerke, einen Eckturm und ein Peristyl mit Portikus.

Der nächste Halt auf der Tour durch Delos sind das Seehaus und die Ruinen des Seegymnasions (28), eines Komplexes aus dem 3.–2. Jh. v. Chr. mit einem Innenhof und Wasserbecken.

Von ähnlicher Größe aber wesentlich besser erhalten ist das nahe gelegene Granitgymnasion (29) mit einem peristylen Innenhof und einem Xystos mit einer Portikus an der Nordseite.

Von hier gelangt man auch zu dem großen trapezförmigen Anbau, der mit der Pferderennbahn verbunden ist, und weiter zum Gymnasion (30) aus der Zeit um 300 v. Chr. mit quadratischem Grundriss, 48 ionischen Säulen und einem Propylon an der Südseite. Ein Vestibül an der Nordostecke führt zum Xystos, der überdachten Trainingsbahn, sowie zum Stadion, in dessen Nähe sich ein weiteres Wohnviertel mit hellenistischen Häusern (31) befindet. Die Überreste der ältesten noch erhaltenen Synagoge liegen nahe an der Küste.

Wenn man nun zum Granitgymnasion zurückkehrt, kann man seine Reise entlang der Triarius-Mauer (32) fortsetzen. Dieses Bauwerk wurde unter Pompejus

Magnus errichtet und sollte das Heiligtum vor Piraten schützen (1. Jh. v. Chr.). Wenn man an der östlichen Mauer des hellenistischen Temenos entlanggeht, gelangt man zum Schrein des Dionysos (33), der an seinen von riesigen erigierten Phalli gekrönten Säulen leicht zu erkennen ist. Die eine Säule auf der rechten Seite stiftete Karystios um 300 v. Chr. anlässlich eines Sieges. Ihre Schmuckreliefs zeigen delikate dionysische Motive. An der südöstlichen Ecke des Temenos steht das Haus der Cerdone (34) aus dem 2. Jh. v. Chr.

Von hier aus kann man zum Haus des Hermes (35) hinaufsteigen, das eines der interessantesten Häuser der Insel ist. Es ist zeitlich zwischen dem 3. und dem 2. Jh. v. Chr. einzuordnen und erhielt seinen Namen von der Götterstatue, die dort gefunden wurde. Da dieses Haus am Hügel liegt, besitzt es mehrere Ebenen bzw. Stockwerke. Seine Innenwände sind mit einem sehr experimentell wirkenden Dekor verziert, das eine Marmorverkleidung imitiert. Das Zentrum des Hauses ist über ein Atrium zu erreichen, von dem mehrere Badezimmer abzweigen. Es bestand nur aus Räumen, die der Entspannung bzw. Versorgung dienten. Diese gruppierten sich um ein dorisches Peristyl, durch das Tageslicht in die Räume gelangen konnte. Der obere Balkon kann über eine Treppe erreicht werden. Die ionische Loggia führt zu einem schönen *Oikos* mit einem großen Bankettsaal.

Steigt man den Hügel weiter hinauf, gelangt man zum Serapeion 1, dem ältesten Gebäude, das der Anbetung des ägyptischen Gottes Sarapis (3. Jh. v. Chr.) gewidmet war.

Danach folgt das Haus des Inopos (36), dessen kleine Räume mit Mosaiken verziert sind, sowie das *Samothrakeion*, ein außergewöhnliches Heiligtum für die Götter von Samothrake. Das Bauwerk wurde auf zwei Terrassen (4.–2. Jh. v. Chr.) errichtet und orientiert sich an den gewohnt dramatischen Kriterien hellenistischer Architektur.

Das noch höher gelegene Heiligtum der syrischen Gottheiten (37) beeindruckt durch seine Lage und seine Erhabenheit. Seinen Bau finanzierte die reiche kaufmännische Vereinigung des hellenistischen Syriens gegen Ende des 2. Jh. v. Chr. Der Kultbereich befindet sich in dem südlichen quadratischen Innenhof mit Schreinen und Dienstträumen. Die lange, von Säulen umgebene Terrasse im Westen trägt die *cavea* eines Theaters, das bei rituellen Anbetungen der Göttin Atargatis, die später Aphrodite gleichgesetzt wurde, Verwendung fand.

Gleichermaßen beeindruckend und groß ist das Serapeion 3 (38), das Sarapis, Isis, Anubis und Harpokrates geweiht war und um 180 v. Chr. errichtet wurde. Südlich von diesem Heiligtum stößt man auf das außergewöhnlichste Element dieses Komplexes, der in zwei Bereiche unterteilt und gänzlich von Säulenhallen umgeben war: die Prachtstraße der Sphinxe (70 m lang), die den Prozessionswegen zu den ägyptischen Heiligtümern nachempfunden wurde. Der Wiederaufbau des distylen dorischen Tempels wurde von den Athenern im Jahr 135 v. Chr. zu Ehren der Isis finanziert. Noch heute befindet sich dort die Kultstatue der Göttin, leider jedoch ohne Kopf. Aber auch die oberhalb liegenden Ruinen des Heraions (39) entbehren nicht einer gewissen Dramatik. Hierbei handelt es sich ebenfalls um einen distylen dorischen Tempel aus der Zeit zwischen 520 und 500 v. Chr.

Ein steiler Treppenaufgang führt zum Gipfel des Hügels, von dem man einen herrlichen Ausblick genießen kann. Vorher jedoch passiert man die Ruinen verschiedener Kultgebäude, die jedoch kaum zum Verweilen einladen.

Vom Heraion aus kann man direkt in das Südviertel der heiligen Stadt hinabsteigen. Auf diesem Weg kommt man am Haus der Delphine (40) vorbei, einem weiteren bemerkenswerten Exemplar eines hellenistischen Hauses mit Peristyl. Eines seiner Bodenmosaiken zeigt das bekannte Motiv von Eroten, die göttliche Symbole tragen und auf Delphinen reiten. Dies ist das Werk des Mosaikkünstlers Asklepiades von Arados (Phönizien), der auch das Fußbodendekor im Vestibül mit dem magisch-religiösen Zeichen der phönizischen Göttin Tanit schuf, die der unbekannte Hauseigentümer wohl verehrte.

Etwas weiter den Hügel abwärts steht auf einer Art Platz, der über eine elegante Straße mit Kolonnaden erreichbar ist, das

178 Mitte Blick auf die Cella des Isistempels. Der Schrein wurde auf dem Berg Kynthos errichtet und birgt noch die Kultstatue der Göttin.

178 oben rechts Das Haus des Tridenten kann nicht mehr besichtigt werden, ist jedoch ein schönes Exemplar eines delisch-hellenistischen Hauses mit einem Peristyl. Die vorspringenden Konsolen der Säulen zierte ein Dekor mit Tierköpfen.

178 unten links Die beiden Eingangssäulen zum Heratempel sind noch immer fast intakt. Sie stammen aus dem 6. Jh. v. Chr., als das Bauwerk, vielleicht auf Befehl des Polykrates, errichtet wurde.

178 unten rechts Das Haus des Tridenten befindet sich inmitten eines Wohnblocks am Theaterweg.

179 Die zweisäulige Fassade des renovierten kleinen Isistempels (135 v. Chr.)

180 oben Das Haus des Dionysos im Theaterviertel, vielleicht das schönste Haus auf Delos, zierten herrliche Mosaikfußböden. Hier das Peristyl mit ionischen Marmorsäulen.

181 unten rechts Das dorische Peristyl des Hauses der Kleopatra und des Dioskurides. Das unvergleichliche Blau von Himmel und Meer leuchtet im Hintergrund, ein letztes Geschenk des Gottes für alle, die seinen Wohnsitz besuchen.

180 unten Die Statuen von Kleopatra und Dioskurides im dorischen Peristyl des gleichnamigen Hauses sind ein ungewöhnliches Beispiel für den nüchternen hellenistischen Stil (die Originale befinden sich im Museum).

180–181 Dies ist der herrliche Blick auf das Theater von Delos. Es ist zwar nicht gerade das größte der griechischen Welt, verfügte jedoch über die gewohnt harmonischen Proportionen und eine hervorragende Akustik.

181 unten links Die Mauern der Häuser von Delos haben ihren Verputz aus weißem Gips und die Fresken, mit denen die Wände der wichtigsten Räume bemalt waren, verloren. Alles, was blieb, ist die Basis aus lokal abgebautem Gneis.

große Haus der Masken (41). Es ähnelt stark dem römischen Haus auf Rhodos mit seinen herrlichen dionysischen Mosaiken in den vier Bankettsälen und dem prachtvollen Peristyl.

Wenn man die Straße hinabgeht, trifft man auf das rechteckige Marmorportal des Gebäudes, das als Gasthaus (42) bekannt ist. Darin befindet sich ein Wasserbecken mit einem Fassungsvermögen von 27 000 l. Auch das Theater (43), in dessen *cavea* 6000 Zuschauer Platz fanden, lohnt einen Besuch. Von dem Dekor in der Orchestra ist nur wenig erhalten. Das große Becken, das noch acht Stützbogen der einstigen Überdachung aufweist, ist jedoch gut zu erkennen. Zu den Wohnhäusern aus dem 2.–1. Jh. v. Chr., die die Straße am Theater säumen, zählt auch das Haus des Dionysos (44), so benannt nach seinem Mosaikboden im Impluvium, der den Gott des Weines auf einem Tiger reitend zeigt, sowie das Haus der Kleopatra und des Dioskurides (45), in dessen dorischem Peristyl Kopien von Statuen (137 v. Chr.) zu sehen sind, deren Originale sich heute im Museum befinden.

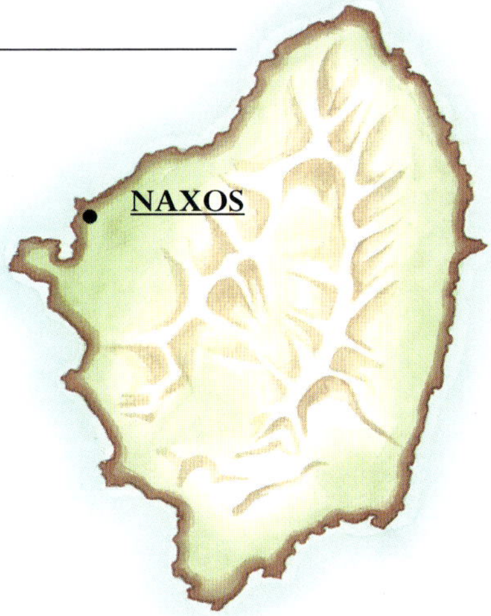

NAXOS

182 links Die Portara, das Portal der Cella im Apollotempel (540–530 v. Chr.) erhebt sich über Naxos und das Meer. Den Tempel verdankten die Naxier dem Tyrannen Lygdamis.

182 rechts Die größte Kuriosität des Altertums kann man im Marmorsteinbruch in Apolonas an der Nordküste der Insel besichtigen: einen kolossalen und unvollendeten Koros.

NAXOS, die größte Insel der Kykladen, ist ein Touristenziel voll archäologischer Schätze und gilt als Geburtsstätte von Dionysos, dem Gott des Weines.

Die Insel war im 3. Jahrtausend v. Chr. ein wichtiges Zentrum der Kykladenkultur, wie die Überreste der befestigten Siedlung **GROTA** an der Nordküste belegen, über die in mykenischer Zeit eine Zitadelle mit Kyklopenmauern errichtet wurde. Die mykenische Stadt wurde erst im 9. Jh. v. Chr. aufgegeben, als die Bewohner auf die Akropolis umzogen, wo sich heute ein venezianisches Schloss aus dem 13. Jh. befindet.

Dank ihrer Marmorsteinbrüche und ihrer geschäftstüchtigen Kaufleute erlebte die Insel im 7. und 6. Jh. v. Chr. eine Blütezeit. **NAXOS** erweiterte seine Hegemonie auf das gesamte Archipel und wurde zur selben Zeit unter der Tyrannis des Lygdamis (538–524 v. Chr.) zu einem bedeutenden Kunstzentrum mit einer der besten Bildhauerschulen, die den archaischen Stil der ionischen Inseln kreierte.

Auf dem Mitropoleos-Platz in der modernen Stadt Naxos kann man die Überreste der antiken Agora mit dorischen Kolonnaden auf drei Seiten bewundern, die aus der Zeit um 200 v. Chr. stammt.

Den Höhepunkt eines Besuchs auf Naxos bildet der Ausflug zu der kleinen Insel Strongyle, dem heutigen Palati, die über einen schmalen, künstlich angelegten Damm in der Nähe des alten Hafens zu erreichen ist. Dort befinden sich die Ruinen des nie ganz fertig gestellten pseudoperipteralen, ionisch-archaischen Apollotempels (540–530 v. Chr.), eines der ältesten Beispiele für diesen Architekturstil. Die Cella des Tempels wird von zwei Säulenreihen in drei Schiffe unterteilt und öffnet sich in einen Pronaos und einen Opisthodomos, beide mit Distylos. Zwischen Cella und Opisthodomos befindet sich das Adyton (Allerheiligstes). Der imposante Durchgang zur Cella, die Portara, wurde von den Christen teilweise zerstört. Man erkennt, dass sie nie fertig gestellt wurde, weil noch immer die hervorstehenden Quader zu sehen sind, mit deren Hilfe die einzelnen Komponenten positioniert wurden.

In der Sammlung des Museums im venezianischen Herzogspalast befinden sich unter anderem kykladische „Götzenfiguren“ aus dem 3. Jh. v. Chr., mykenische Keramiken und einige bemerkenswerte Großplastiken aus dem 7.–2. Jh. v. Chr.

Der archaische Marmorsteinbruch in **APOLONAS** mit einem unvollendeten Koros, der vielleicht Dionysos darstellt, kann ebenfalls besichtigt werden. Die Statue ist über 10 m hoch und stammt aus der zweiten Hälfte des 6. Jh. v. Chr. Zwei weitere Koroi aus demselben Jahrhundert sind im antiken Steinbruch von Melanes zu sehen.

Santorin

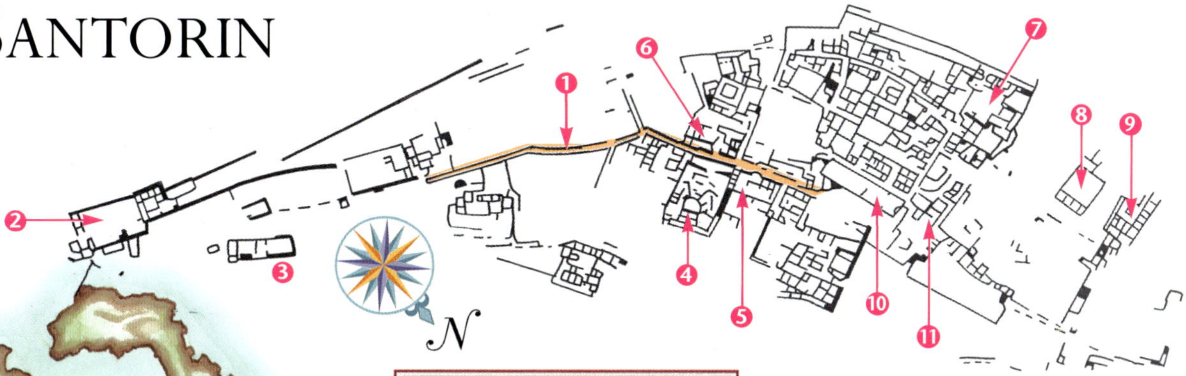

Thera	
1 Heiliger Weg	6 Haus mit Peristyl
2 Schule der Epheben	7 Palast
3 Tempel des Apollo Karneios	8 Gymnasion
4 Theater	9 Ptolemäische Garnison
5 Tempel der Tyche	10 Königliche Portikus
	11 Tempel des Dionysos

183 oben Blick auf das hellenistische Theater in Thera. Es scheint, als wollten die ptolemäischen Architekten das tiefblaue Meer als Hintergrund nutzen.

183 unten Die Ruinen von Thera stehen am Rand eines steilen Felshangs direkt am Meer. Die meisten Überreste stammen aus hellenistischer Zeit, als die Insel von den ägyptischen Ptolemäern regiert wurde, und aus der Römerzeit.

Das antike **Thera,** das heute Thira oder Santorin heißt, wird oft als die schönste griechische Insel bezeichnet. Es handelt sich bei dieser Insel ebenso wie bei den kleineren Inseln Aspronisi und Therasia um die Reste eines bei einem gewaltigen Ausbruch (um 1525 v. Chr.) gesprengten Vulkankegels. Die Insel wird deshalb manchmal auch „ägäisches Pompeji“ genannt. Diese Naturkatastrophe bedeckte die wohlhabende kykladische Insel mit einer Lava-, Aschen- und Schlackendecke und mit einer bis 30 m hohen Schicht von Bimssteintuff.

Erst 1967 hat man mit Ausgrabungen beim Dorf **Akrotiri** begonnen. Die Grabungsstätte liegt an der Nord-Süd-Achse zu einer Straße, die allgemein als „Telchines-Straße“ bekannt ist und zum Hafen hinabführt. Bisher wurde etwa die Hälfte einer antiken Stadt freigelegt, von der einige Wissenschaftler vermuten, dass sie 2 ha umfasste. Man fand Plätze und Wohnhäuser mit zwei oder drei Stockwerken, von denen einige zweifellos Adeligen, andere dagegen reichen Bürgern gehörten und von denen wieder andere Apartmenthäuser waren, die von mehreren Familien bewohnt wurden. *Xeste 3* zum Beispiel scheint das Haus eines Edelmannes gewesen zu sein, der priesterliche Autorität innehatte. Das Gebäude verfügt im Westteil über einen privaten Bereich mit Dienstäumen im Erdgeschoss und Wohnräumen im ersten Stock sowie im Ostteil mehrere Kulträumen, deren Wände Öffnungen aufweisen, die mit Schiebeplatten verschlossen werden konnten. Die herrlichen Fresken, die hier entdeckt wurden und die im lebhaften Naturalismus der minoischen Kunstrichtung die Hochzeitsvorbereitungen einer Frau zeigen, befinden sich heute im Nationalmuseum in Athen (wie alle anderen Fresken aus Akrotiri).

Die Telchines-Straße führt weiter bis zum Platz der Mühle und zu der engen Stelle, an der sich der Beta- und der Gamma-Sektor der Stadt überschneiden. Der Beta-Sektor verfügt über ein Heiligtum mit Fresken, die Initiationsriten junger Männer zeigen. Fresken mit Motiven, die auf Fruchtbarkeit und den Verlauf des Lebens anspielen, wurden in einem anderen Kultraum im Delta-Sektor entdeckt. Der Raum, in dem sich die Mühle befand, ist ebenfalls leicht identifizierbar (D15).

Ein Stück weiter gelangt man auf einen dreieckigen Platz, der vermutlich als eine Art Agora diente. Er wird dominiert von Haus O, das wohl die Residenz eines politisch bedeutenden städtischen Beamten war. Die Tatsache, dass das Fenster im ersten Stock dem Platz zugewandt ist,

aber auch die Fresken in Raum 5, die als Motiv die Verbindung zwischen Inselbewohnern und Meer zeigen, lassen vermuten, dass der Besitzer des Hauses und seine Familie eine führende Rolle in der kleinen Inselgemeinschaft spielten.

Gleichermaßen eindeutig erscheint die Funktion des Hauses der Frauen, in dem Raum 1 offensichtlich als häuslicher Schrein diente und dessen Fresken Themen zu Heirat und Ehe behandeln. Ein Mühlenkomplex samt Lagerräumen für das Mehl (mit Vorratskrügen im minoischen Stil), der ebenfalls zur Besichtigung freigegeben ist, nimmt den gesamten Alpha-Sektor im Nordteil der Stadt ein.

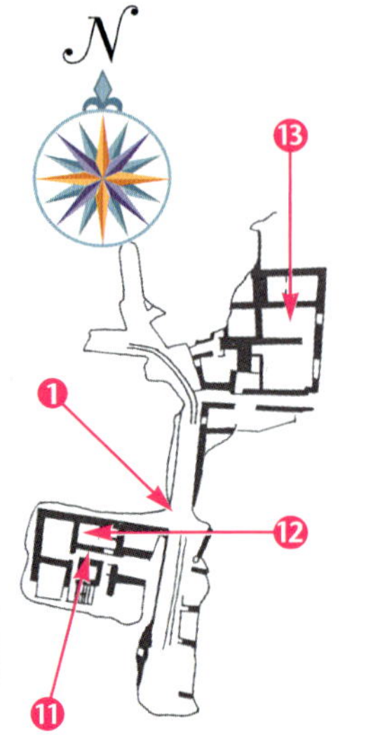

Akrotiri

1 Telchines-Strasse	8 Platz
2 Xeste 3	9 Westliches Haus
3 Platz der Windmühle	10 Raum 5
4 Beta-Sektor	11 Haus der Frauen
5 Gamma-Sektor	12 Raum 1
6 Delta-Sektor	13 Alpha-Sektor
7 Raum D15	

Das antike **Thera** wurde im 10. Jh. v. Chr. als dorische Kolonie gegründet. Die Stadt gelangte schnell zu Wohlstand und gründete ihrerseits im Jahr 631 v. Chr. eine Kolonie in Kyrene an der libyschen Küste. Die heute noch sichtbaren Überreste datieren jedoch aus dem Goldenen Zeitalter der Stadt, als sie der ptolemäische Marinestützpunkt in der Ägäis war.

Am Ende des steilen Pfades, der zum Grabungsort hinaufführt, befinden sich die Kultgebäude, die Artemidoros von Perge, der Admiral der ptolemäischen Flotte, zu Ehren der Concordia, der Dioskuren (Kastor und Pollux), des Zeus, des

184 oben links Der Schutz vor Wettereinflüssen garantierte das Überleben des „ägäischen Pompeji", jenes namenlosen minoischen Zentrums in Akrotiri.

184 oben rechts Die Fresken im Kultraum (16. Jh. v. Chr.) des Beta-Sektors zeigen minoische Initiationsriten (Athen, Nationalmuseum).

184 unten Dieses Fresko (16. Jh. v. Chr.) stammt aus Raum 5 in Haus O, einem häuslichen Heiligtum, dessen Äquivalent in minoischen Häusern von gewissem Status gefunden wurde.

184–185 unten Dieses Fresko mit der seltenen Darstellung einer exotischen, vielleicht ägyptischen Flussfahrt, befand sich in Raum 5 in Haus O (Athen, Nationalmuseum).

Apollo und des Poseidon errichten ließ (250–240 v. Chr.). Einige Inschriften erklären die Bedeutung seiner Stiftung.

Setzt man seinen Weg auf dem stufigen Pfad fort, erreicht man die Agora. Eine Treppe zur Rechten führt zu den Überresten der Kaserne und zu einem kleinen Gymnasion für die Soldaten. Etwas weiter südlich liegt der chaotisch wirkende Wohnkomplex des Inselgouverneurs aus der Ptolemäerzeit mit allerlei Abänderungen und Anbauten aus der Zeit des Antonius. Am Südhang der Agora findet man eine Reihe von Werkstätten, die dem Rastermuster vieler hellenistischer Städte entsprechend angeordnet sind. Noch weiter südlich, beinahe in der Mitte zwischen dem nördlichen und dem südlichen Platz, steht der kleine Tempel, der zunächst dem dynastischen Kult der Ptolemäer geweiht war, ehe er dem römisch-imperialen Kult diente. Hinter dem Platz mit der Königlichen Portikus in Form einer Doppelstoa an der Westseite liegen Wohnviertel und das Theater mit einem herrlichem Blick auf das Meer. Das Theater stammt aus der Ptolemäerzeit, wurde jedoch unter Julius Claudius weiter aus- und umgebaut.

Über den Heiligen Weg, der durch die Überreste von Monumenten und Schreinen führt, gelangt man zum Heiligtum des Apollo Karneios. Auf dem Heiligen Weg und dem Tempelvorplatz wurden die *Karneiai,* archaische Feste spartanischen Ursprungs, abgehalten, die an Theras koloniale Wurzeln erinnern sollten.

185 links Fresko mit Krokussammlern, Anspielung auf den Kult um Persephone (16. Jh. v. Chr.). Es wurde in Raum 3 in Xeste 3 gefunden, einem häuslichen Schrein (Athen, Nationalmuseum).

185 rechts Dieses Fresko zweier Jungen beim Boxen bezieht sich auf den Kampfgeist, den die Jugend entwickeln sollte. Es stammt aus Raum B1 im Beta-Sektor (Athen, Nationalmuseum).

Rhodos

Rhodos ist die größte Insel des Dodekanes und war zunächst nur eine minoische Siedlung, ehe sie zu einem blühenden mykenischen Köngreich wurde. Während des griechischen Mittelalters wurde sie von den Doriern kolonialisiert. Die bereits relativ großen Siedlungen Ialysos, Lindos und Kameiros vereinigten sich 407 v. Chr. und schufen so eine der berühmtesten Städte des Altertums.

Zwischen dem 4. und dem 2. Jh. v. Chr. erreichten Insel und Stadt einen hohen Grad an Wohlstand, Bevölkerungszahl und Lebensstandard. Als maritime Handelsmacht, aber auch als künstlerisches und kulturelles Zentrum spielte die Insel eine wichtige Rolle in jener Periode. Der Niedergang von Rhodos begann 167 v. Chr., als Rom aus Rache für die unentschlossene Haltung der Insel im Konflikt zwischen Römern und Makedoniern den Hafen von Delos öffnete und damit den Zusammenbruch der auf Handel basierenden Wirtschaft von Rhodos herbeiführte. Während der gesamten Römerzeit blieb die Insel jedoch ein lebhaftes wirtschaftliches und kulturelles Zentrum.

Lindos ist die attraktivste archäologische Stätte von Rhodos mit einer natürlichen Akropolis, die sich hoch über einen der schönsten Strände von ganz Griechenland erhebt. Geschützt von gut erhaltenen byzantinischen und mittelalterlichen Mauern beherbergt die Akropolis die faszinierenden Überreste des hellenistischen Heiligtums der Athene Lindia.

Lindos, mit den Ruinen eines Theaters aus dem 4. Jh. v. Chr. in der Nähe von Aghios Pavlos, wurde vermutlich bereits in der mykenischen Periode gegründet (14.–13. Jh. v. Chr.) und nahm teil an der Kolonialisierung von Asia Minor und Magna Graecia. Viele Jahrhunderte lang gedieh die Stadt und profitierte in der hellenistischen Periode ab Ende des 5. Jh. v. Chr. von dem politischen und kommerziellen Prestige von Rhodos. In der Stadt kann man einen von dorischen Kolonnaden umgebenen Platz aus dem 3.–2. Jh. v. Chr. sowie die Überreste des Grabes von Archokrates und von Keloboulos aus dem 4.–3. Jh. v. Chr. besichtigen.

Ein Tempel und ein heiliger Bereich zu Ehren der Athene Lindia befanden sich in archaischen Zeiten (8.–6. Jh. v. Chr.) direkt am Abhang über einer Höhle, die in noch viel früheren Zeiten ebenfalls als Heiligtum diente. Die heutigen Ruinen sind zwischen dem Ende des 4. und dem Beginn des 2. Jh. v. Chr. einzuordnen, als das Heiligtum einer umfassenden Renovierung unterzogen wurde. Diese beinhaltete auch das Anfügen von Treppen und Kolonnaden, die für die hellenistische Architektur typisch sind.

Die natürliche Akropolis ist zwar nicht ganz leicht zu erklimmen, entlohnt dafür aber mit einem atemberaubenden Panorama. Viele Kunstwerke, Votivgaben an Athene Lindia, standen einst zwischen den Säulen, auf den offenen Plätzen und entlang des Heiligen Weges.

186 Die obere Stoa im Heiligtum der Athene Lindia ist eines der größeren Bauwerke des Komplexes.

Lindos

1 Kleiner Platz der Wasserbecken	5 Haus des Kommandeurs	12 Obere Stoa
2 Exedra des Aglochartos	6 Esplanade	13 L-förmiger Hof
3 Relief des Hagesandros	7 Exedra des Pamphilidas	14 Bankettsäle
4 Byzantinisches Verteidigungsgebäude	8 Unterer Tempel	15 Tempel der Athene Lindia
	9 Stützpfeiler	16 Byzantinische Kirche des Aghios Ioannis
	10 Untere Stoa	
	11 Treppe	

186–187 Das heutige Lindos bietet einen herrlichen Blick über die natürliche Akropolis und die massive mittelalterlichen Befestigungsanlage, die das Heiligtum der Athene Lindia aus dem 4.–2. Jh. v. Chr. umgibt.

187 unten links Diese Ansicht der mittelalterlichen Befestigungsanlage von Lindos zeigt die östliche Bastion mit ihrem Vorwerk. Man beachte die Treppe zur unteren Terrasse ganz rechts.

187 unten Mitte Viele Teile in diesem Monumentalkomplex wurden wieder aufgebaut, oft mit Originalmaterialien.

187 unten rechts Die Strenge der dorischen Ordnung scheint unwiederbringlich und erfreulicherweise in der proportionalen Eleganz und Leichtigkeit der hellenistischen Gebäude untergegangen zu sein, wie man auch im antiken Lindos sehen kann.

Jenseits der mittelalterlichen Mauern wird der Weg ab dem kleinen Platz der Wasserbecken (1) noch steiler. Eine halbrunde Exedra (2), die aus dem Fels gehauen wurde, trägt Inschriften, die der Priester Aglochartos, der die Exedra stiftete, in der späten römischen Kaiserzeit hinterließ. Weiter oben stößt man auf derselben Seite auf ein großes in den Fels gehauenes Relief eines Kriegsschiffes (3), gestiftet zu Ehren Poseidons von Admiral Hagesandros, ausgeführt von dem Bildhauer Pythokritos.

Vor dem Haus (5), das der Kommandeur der lokalen Garnison der Ritter von Rhodos (Ritter von Malta) bewohnte (15. Jh.), führt die steile Treppe durch Öffnungen in der Mauer des byzantinischen Verteidigungsgebäudes (4) zu einem flachen Bereich am Fuß der unteren Terrasse. Dort findet man mehrere Marmorsockel, deren größter der des Pamphilidas in Form einer halbrunden Exedra (7) ist. Die nahe gelegenen Ruinen stammen von dem so genannten Unteren Tempel (8), der dem Kaiserkult diente (1. Jh.).

Geht man an den von Bogen überspannten Stützpfeilern (9), die die untere Terrasse tragen, entlang, gelangt man zur 88 m langen unteren Stoa (10) mit vorspringenden Seitenflügeln. 28 dorische *poros*-Säulen zieren das Bauwerk, acht weitere jeden Seitenflügel. Die Portikus war der Treppe (11) vorgebaut, die zur oberen Terrasse führt.

188 oben links Blick auf die hellenistische Felsennekropole von Akandia aus dem 3.–2. Jh. v. Chr. mit den großen Gräbern.

188 unten links Der dorisch-hellenistische Tempel des Apollo Pythios entstand im 3. Jh. v. Chr.

188 unten rechts Die Ruinen des Brunnens im heiligen Bereich des Tempels des Apollo Pythios in Kameiros, der später in einen mit einer Portikus versehenen Raum umgewandelt wurde

188–189 Der südliche Teil von Kameiros, hier der Blick auf den Tempel der Athene, wird von der dorischen Stoa dominiert.

189 oben Die Grotte der Nymphen wurde im Südteil des Kultkomplexes des Apollo Pythios entdeckt.

189 unten Aphrodite ordnet ihr Haar nach dem Bade (um 100 v. Chr.). Dies ist eine merkwürdige, seltsam leblose Variante der besser bekannten Aphrodite von Diodalsas (Rhodos, Archäologisches Museum).

sollte das Heiligtum des Apollo Pythios besichtigen, das auch als das *Hierothytheion* bekannt ist. Es befindet sich mit Schreinen, Exedren und einem monumentalen Brunnen aus dem 4. Jh. v. Chr. in einem von Kolonnaden umgebenen Hof. Die große, von Norden nach Süden führende Straße wird zu beiden Seiten von Wohnhäusern mit Peristylen flankiert.

Die Akropolis mit der eindrucksvollen dorischen Stoa und den Seitenflügeln ist 200 m lang und mit 87 Säulen verziert, die wie ein Vorhang die dahinter liegenden 46 Räume abschirmten, in denen Reisende eine Herberge fanden. Zugleich bot die Stoa auch Zugang zu dem archaischen und klassischen Heiligtum der Athene Kameiras.

Die kleinere obere Stoa (12) diente als eleganter dorischer Propylon mit Dekastylos. Die rückwärtige Mauer besaß fünf Türen, jeweils flankiert von einem Säulenpaar, die sich auf den breiten, L-förmigen Hof (13) mit dorischen Säulengängen an der Nord-, Süd- und Westseite öffneten. Drei Bankettsäle (14) für rituelle Zwecke weisen in Richtung Westportikus und bieten einen herrlichen Blick auf den dorischen Tempel der Athene Lindia (15) mit Tetrastylos, der sich an der linken Seite des Komplexes befindet.

Rhodos, die Hauptstadt der Insel, ist eine Stadt mit mittelalterlich-venezianischem Ambiente. Hier sind noch Spuren des ursprünglichen hippodamischen Gitterplans zu finden. Vom Eleftherias-Platz in Mandraki führt das mittelalterliche Freiheits-Tor zu den Ruinen des dorischen Aphroditetempels am Simis-Platz. Von hier gelangt man zum Arghirokastro-Platz, auf dem sich die Überreste des Tetrapylonen befinden, eines würfelförmigen korinthischen Bogens aus dem 3. Jh., der das Arsenal von der Stadt trennte. Ein Besuch des reich bestückten Archäologischen Museums, das in dem ehemaligen Ritterhospital aus dem 15. Jh. an der unteren Akropolis untergebracht ist, ist ein Muss. Hier, im Heiligtum des Helios und in Sichtweite des Hafens, grüßte eines der sieben Weltwunder, der 32 m hohe bronzene Koloss von Rhodos, den Chares aus Lindos (um 300 v. Chr.) geschaffen hatte. Auf der Akropolis befindet sich heute ein Park mit vielen Ruinen der hellenistischen Stadt, darunter auch das Heiligtum des Apollo Pythios, das Stadion und das Odeion. Hier kann man auch eine gut erhaltene hellenistische Brücke über den Fluss Karakonero besichtigen sowie die in den Fels gehauene hellenistische Nekropole von Akandia.

Die bescheidenen Überreste des minoischen und mykenischen Ialysos in der Nähe von Trianda sind nicht sehr interessant, die Ruinen von **Kameiros** an der Westküste dagegen schon. Die Ruinen stammen von dem Städteplanungsprojekt gegen Ende des 3. Jh. v. Chr. Man

Kos

Der Sage nach wurde **Kos,** eine der Inseln des Dodekanes von Asklepios, dem Gott der Heilung, besonders geliebt. Hier wurde Hippokrates geboren, jener Arzt, der als Begründer der wissenschaftlichen Heilkunde gilt und der die Ärzteschule von Kos ins Leben rief. Neben dem Dichter Theokrit, der bekannt für seine bukolischen Verse war, und dem Maler Apelles verliebte sich auch der ägyptische Herrscher Ptolemaios II. Philadelphos in Kos. Er brachte dort eine kulturelle Entwicklung in Gang, die beispiellos war . Heute ist Kos mit seinen sauberen Stränden und den vielfältigen antiken und mittelalterlichen Grabungsorten ein idealer Urlaubsort.

Ihre erste Blütezeit erlebte die Insel in der minoischen (17.–15. Jh. v. Chr.) und der mykenischen Epoche (14.–12. Jh. v. Chr.). Die Ankunft der Dorier setzte in der Kunst die Entwicklung des geometrischen Stils in Gang sowie die Entstehung eines Stadtzentrums, das 366 v. Chr. auf dem Gipfel des Wohlstandes neu gestaltet wurde und erst im 6. Jh. durch mehrere Erdbeben zerstört wurde. In klassischer, hellenistischer und römischer Zeit war der Hafen von Kos ein lebhafter Knotenpunkt zwischen Kleinasien und den westlichen Märkten. Man exportiert unter anderem den berühmten Wein der Insel und hochwertige Stoffe in die antike Welt.

Ehe man die Ruinen der antiken Polis im historischen Zentrum der Hauptstadt besichtigt, sollte man zunächst eine Tour zu den anderen archäologischen Sehenswürdigkeiten unternehmen, beginnend mit dem Asklepieion, dem Heiligtum des Asklepios, das sich 4 km südwestlich von der Stadt befindet. Der Komplex wurde vermutlich zwischen der zweiten Hälfte des 4. Jh. v. Chr. und dem Ende des 2. Jh. v. Chr. errichtet. Er steht auf vier künstlichen Terrassen, die aus dem Hang eines Hügels gegraben und in isodomischer Technik mit Pfeilern verstärkt wurden. Eine ansteigende Klimax im Pergamon-Stil führte den Besucher auf seinem Pilgergang zu den Portiken, Brunnen und Tempeln.

Die Ruinen der Bäder aus dem 1. Jh. befinden sich im östlichen Bereich der Terrasse IV (1). Von hier führten eine Rampe und ein dorischer Propylon (2) zu Terrasse III (3), einen Platz, der auf drei Seiten von einer dorischen Portikus gesäumt wurde, an der zahlreiche Behandlungs- und Schulungsräume lagen. Das Wasser aus einer Quelle an der oberen Terrassenmauer füllte die Becken und Brunnen und floss an der geschützten Seite der Portikus in Kanäle.

Zur Rechten, am Fuß der Treppen (6), die zu Terrasse II führt, stehen die Ruinen eines ionischen Tempels (7). Hippokrates, der das Gift untersucht hatte, das Neros Vorgänger Claudius getötet hatte, weihte ihn dem „Neuen Asklepios“ (Kaiser Nero).

190 unten Die Ansicht der Terrasse III des Asklepieions zeigt, welch großer Platz von den Portiken umschlossen und von den Bogen in der Stützmauer der Terrasse II begrenzt wurde.

190 oben Die Ruinen der Peristasis am korinthischen Tempel (2. Jh.), der dem Kult des Antonius Pius geweiht war, stehen im Ostsektor der Terrasse II, am Fuß der Treppe zum größeren Tempel.

190–191 Ansicht der Terrasse II mit den Säulen des Tempels des Antonius Pius. Im Hintergrund erkennt man die Ruinen einer großen römischen Therme, die in zwei Phasen errichtet wurde (1. Jh. v. Chr.–1. Jh. n. Chr.).

191 oben Nur das Fundament ist noch übrig von dem, was vielleicht den Sockel für ein bedeutendes Kunstwerk am Fuß der Terrasse I bildete.

191 unten Die Ruinen des Asklepiostempels I (300–270 v. Chr.) im Westsektor der Terrasse II. Der Tempel wurde in ionischem Stil erbaut, mit zwei Säulen zwischen den Türen in der Seitenwand.

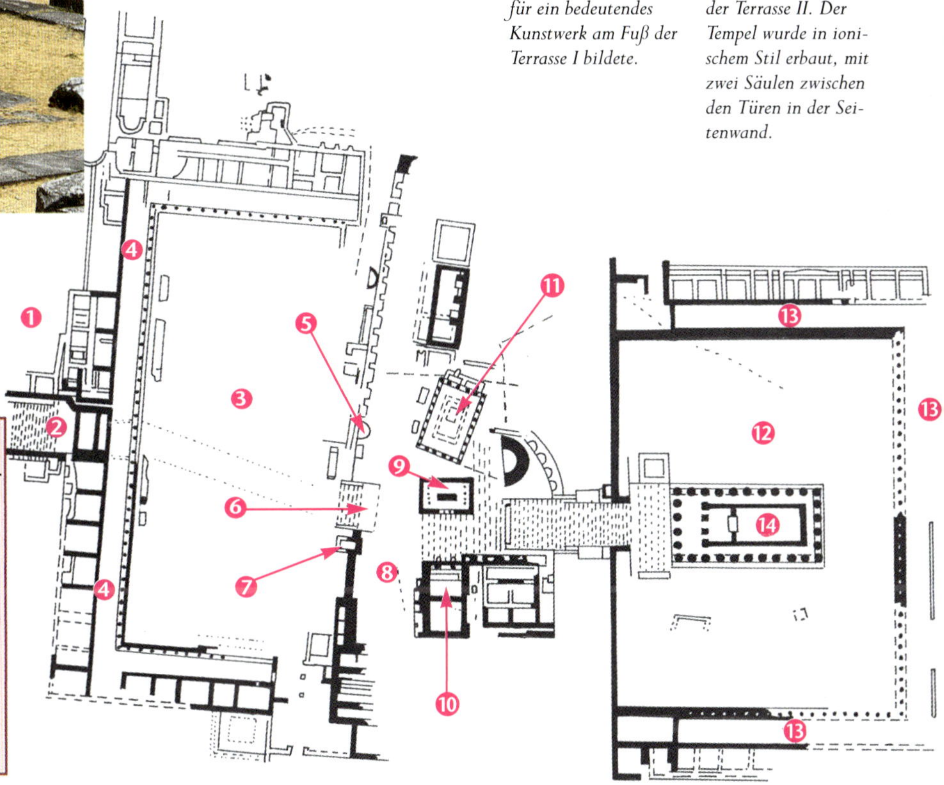

Askleipieion

1 Terrasse IV
2 Dorischer Propylon
3 Terrasse III
4 Dorische Portikus
5 Quelle
6 Treppe
7 Ionischer Tempel
8 Terrasse II
9 Altar des Asklepios
10 Asklepios-tempel I
11 Asklepios-tempel II
12 Terrasse I
13 Säulen-hallen
14 Asklepios-tempel III

Terrasse II (8) ist wesentlich schmaler als die anderen und diente als Zentrum der religiösen Aktivitäten. Man beachte das Fundament des Altars (9), der auf einem Podium stand und mit Reliefs aus der Werkstatt des Praxiteles verziert war. Außerdem sollte man die Überreste des Asklepiostempels I (10) besichtigen, der zwischen 300 und 270 v. Chr. entstand. Der Tempel mit ionischem Distylos wurde später in ein Schatzhaus umgewandelt, in dem die Pilger ihren Tribut ablieferten. Auch das Fundament des Asklepiostempels II (11), der auf einem älteren Tempel des Apollo Delios aus der klassischen Ära errichtet wurde, ist sehenswert.

Zu Terrasse I (12) führt eine prächtige Treppe. Die Terrasse verfügte ebenfalls an drei Seiten über Säulenhallen (13), in denen die Kranken behandelt wurden. Zwei der Portiken sind dorisch und aus Marmor, die anderen besaßen ursprünglich Holzsäulen, die später durch marmorne ersetzt wurden.

Zu Beginn des 2. Jh. v. Chr. wurde hier der Asklepiostempel III (24) errichtet, ein dorischer Peripteros mit Hexastylos und einer ungewöhnlichen erhabenen Cella.

Setzt man seinen Weg nach Westen fort, erreicht man etwa 9 km nach der Stadt Kos die Überreste der christlichen Basilika Aghios Pavlos mit Mosaikfußböden (6. Jh.). Ein ähnlicher Komplex befindet sich in Kapama im Süden.

43 km weiter in südwestlicher Richtung lohnt sich an der Küste ein Besuch der malerischen Ruinen der Basilika Aghios Stefanos, die nur vom Strand aus zugänglich sind.

In Kos selbst sollte man die antike Agora, den Hafen und das Heiligtum der Aphrodite besichtigen, das 200–150 v. Chr. wieder aufgebaut und von einer großen vierseitigen Portikus umgeben wurde. Im Heiligtum befinden sich zwei dorische Tempel auf einer hohen Plattform, beide mit vorgestellten Altären und einem tetrastylen korinthischen Propylon. Sie wurden von römischen Kaufleuten in Auftrag gegeben und orientierten sich an dem Vorbild der Zwillingstempel der Fortuna und Mater Mantua am Viehmarkt in Sant' Omobono in Rom, nahe dem Flusshafen.

Die Überreste des Heiligtums des Herakles liegen in der Nähe der großen Dattelpalme, die für die Landschaft dieses Grabungsortes typisch ist. Das Heiligtum verfügt über einen kleinen Tempel mit einer trapezförmigen Portikus aus der mittleren Kaiserzeit. Von der großen christlichen Basilika nebenan (um 490) stehen noch einige Säulen der protohellenistischen Stoa aus der Zeit des Kaisers Diokletian, die beide Heiligtümer miteinander verband. Südlich von diesem Gebiet kann man dem Straßennetz folgen, das am nördlichen Wohnbezirk vorbeiführt, in dessen Nähe man neben Wohnhäusern auch Läden aus dem 2.–5. Jh. freigelegt hat. Blickt man nach Westen, sieht man die spektakulären Ruinen der 16 000 m² großen Agora. Von den marmornen Portiken, die sie einst umgaben, stehen leider nur noch vereinzelte Säulen.

Von der Agora aus sollte man sich dem restaurierten römischen Haus zuwenden, einem luxuriösen, zweistöckigen, hellenistischen Gebäude, das bis zum 3. Jh. mehrmals renoviert wurde. Das Gebäude umfasst verschiedene Bereiche: einen mit Fenstern versehenen Hof vor dem Eingang, ausgestattet mit einem Wasserbecken und einem Mosaik, das einen Panther zeigt, der einen Hirsch angreift; einen kleinen Raum, der zum Hof hinausgeht; daneben einen weiteren Raum mit den Resten von Wandmalereien; das *Andron,* das sich zum großen rhodisch-korinthischen Peristyl hin öffnet; den Raum, in dem die Sklaven untergebracht waren; das schöne Triklinum, komplett mit hochwertigem Marmor ausgekleidet, und das Garten-Nymphäum mit polychromen Mosaiken.

Nach der Besichtigung Ruinen der großen mittleren Therme sollte man den Wohnbezirk am *Decumanus Maximus* des römischen Kos besuchen. Hier findet man zu beiden Seiten der über 40 m breiten Straße die Überreste von Häusern und

192–193 Ein Besuch der riesigen Agora von Kos ist ein beeindruckendes Erlebnis (im Vordergrund die Überreste einer dorischen Kolonnade). Der größte Teil der Agora wurde zwischen 1911 und 1945 freigelegt.

193 oben Blick auf die Agora. Im Vordergrund die Überreste eines Marmorgebälks mit dem typischen Mäander der klassischen Ära.

193 unten Die dorischen Säulen mit Gebälk und der Fries aus Metopen und Triglyphen stammen von der Portikus des westlichen Gymnasions in Kos. Sie markieren den Grundriss des Xystos, der überdachten Rennbahn.

Werkstätten. Zwischen Akropolis und Straße liegt das Haus der Ratte (100–120). Hier wurden griechische Stilelemente mit einem römischen Grundriss kombiniert und im Cubiculum befindet sich ein Mosaik mit einer Ratte. Auch das Haus des Silenus mit hübschen Mosaiken lohnt einen Besuch. Setzt man seinen Weg auf dem *Cardo Maximus* fort, sollte man bei den Ruinen der großen westlichen Therme (3. Jh.) mit einer perfekt restaurierten öffentlichen Latrine pausieren. Auch die Ruinen, die einst das Haus des Urteils des Paris darstellten (mit Mosaiken vom Ende des 2. Jh.), laden zu einem Besuch ein. Das westlich gelegene Gymnasion verfügt über 17 dorische Säulen, die mit der Portikus des Xystos (2. Jh. v. Chr.) korrespondieren. Auf der anderen Straßenseite kann man das römische Theater aus dem 2. Jh. besichtigen. Die sechs Säle des Archäologischen Museums in Kos beherbergen bedeutende Kunstwerke, darunter Großplastiken sowie zwei Mosaiken.

192 links Das zweistöckige ionische Peristyl des römischen Hauses, komplett freigelegt und restauriert.

192 rechts Bodenmosaiken aus den Häusern und Komplexen der Römerzeit wurden teilweise auf die Agora von Kos verlegt. Im Hintergrund erkennt man die Überreste von Gebäuden aus einer früheren Periode.

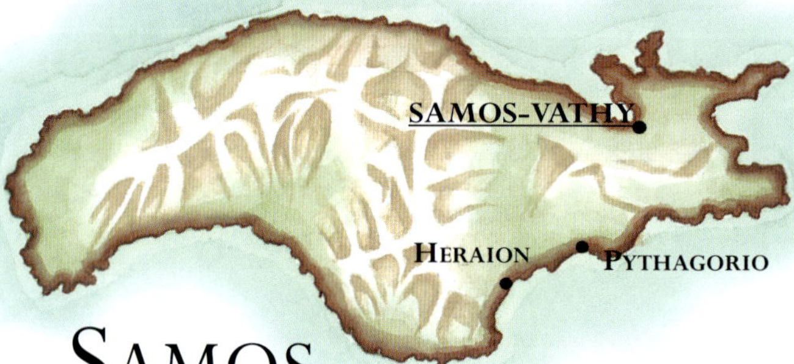

SAMOS

SAMOS, die Heimat von Pythagoras, Epikur und Aristarchos war bereits in der Bronzezeit bewohnt und im 11. Jh. v. Chr. das Ziel der ionischen Kolonialisierung. 400 Jahre später begann unter einer aristokratisch-oligarchischen Regierung der wirtschaftliche und kulturelle Aufschwung der Insel, eine Entwicklung, die unter der Tyrannis von Aiakes und von Polykrates weiterging. Polykrates machte Samos zu einer politischen und militärischen Macht in der Ägäis und zum bedeutenden Zentrum für Kunst und Philosophie. Nach einer Phase politischer Unschlüssigkeit konnte sich Samos durch seine Unterstützung im Kampf gegen die Perser in Mykale (479 v. Chr.) sowie als Mitglied des Delisch-attischen Seebundes weiterhin zu den wichtigsten Poleis des 5. Jh. v. Chr. zählen. Die nicht immer friedlich verlaufenden Wechsel zwischen demokratischen und oligarchischen Regierungen (440–320 v. Chr.) beschleunigten die politische Marginalisierung der Insel, die sich in hellenistischer und römischer Zeit fortsetzte.

Von der antiken Stadt, die teilweise vom heutigen Pythagorio überbaut ist, sieht man noch die Reste der hellenistischen Mauern (310–290 v. Chr.) in polygonaler Bauweise. Sie verfügten über Rundtürme und mit einer Brustwehr versehene Laufgänge, die noch teilweise erhalten sind. Am Westhang des Hügel ist ein Aquädukt zu sehen, der auf einer Länge von etwa 1 km in den Fels gehauen wurde, ein Entwurf des Architekten Eupalinos aus Megara (6. Jh. v. Chr.). Mit diesem Aquädukt wurde Wasser von den Aghiades-Quellen durch Tonrohre in die Stadt geleitet.

Ein Besuch des größten Heiligtums Ioniens, dem **HERAION** am Fluss Imbrasos, ist obligatorisch. Glaubt man dem Mythos, der etwa um 1100 v. Chr. entstand und vor allem im archaischen Zeitalter blühte, wurde hier Hera geboren. Das sumpfige Terrain macht eine Besichtigung nicht gerade einfach. Es ist ratsam, am Heratempel 4 (1) zu beginnen, dem größten je gebauten griechischen Tempel (ca. 55 m x 108 m), der von Polykrates originalgetreu rekonstruiert wurde (538–522 v. Chr.) und das ältere Modell (um 570 v. Chr.) ersetzte, das die Architekten Rhoikos und Theodoros von Samos entworfen hatten und das durch ein Erdbeben zerstört wurde. Eine einzelne Säule dieses kolossalen ionischen Dipteros mit Oktastylos ist noch heute an der Nordostecke zu sehen. Ein wahrer „Säulenwald“ umstand einst den tiefen Pronaos und die lange Cella, die jeweils dreigeteilt waren, während eine dreifache Säulenreihe die kurzen Seiten zierte. Die Kapitelle der äußeren Peristasis wiesen das übliche Volutenmotiv auf, während die im Inneren der Peristasis dem ionischen Kyma nachempfunden waren. Ein umlaufender Fries schmückte den oberen Bereich an den Wänden im Pronaos und in der Cella. In den Fundamenten kann man noch immer die Sockel der Säulen sehen, die einst zum älteren Heraion gehörten. Gegenüber vom Tempel schützte ein kleiner ionischer Monopteros (2) den Sockel der Kultstatue (8. Jh. v. Chr.). Daneben liegen die Ruinen des kleinen Heratempels 5 (3) aus der Zeit des Kaisers Augustus und die des Altars (4), der um 570–560 v. Chr. errichtet wurde. Im Süden befindet sich die Exedra des Cicero (5), ein Monument zu Ehren des römischen Politikers und seiner Familie, als Dank für dessen Unterstützung nach den Kunstdiebstählen des Gajus Verres.

In den Ruinen der Kult- und Dienstgebäude des Heiligtums liegen die des Opferhauses (6), ein Entwurf von Gheneleos (560–550 v. Chr.). Darin befinden sich die Kopien von Statuen einer ortsansässigen Aristokratenfamilie. Das Vathy-Museum zeigt archaische Großplastiken und Votivgaben aus dem Heiligtum.

195 oben rechts Folgt man dem Netzwerk von Pfaden, die zu dem Aquädukt führen, den Eupalinos aus Megara entwarf, stößt man immer wieder auf Überreste der Mauern von Samos.

194 Ein Foto des Heraions, jenes riesigen archäologischen Terrains auf Samos, wo die Schwester und Gemahlin des Zeus geboren worden sein soll. Der Zeuskult etablierte sich mit der ionischen Kolonialisierung.

194–195 Kopien der berühmten Statuen vor dem Opferhaus, das Gheneleos entwarf. Die Statuen stellten eine einflussreiche adelige Familie von Landbesitzern dar, die im 6. Jh. v. Chr. auf Samos lebte.

195 unten links Dieses ionische Kapitell stammt aus der inneren Peristasis des Dipteros der Hera. Es verfügt über keine seitlichen Voluten und ist dem Kyma nachempfunden.

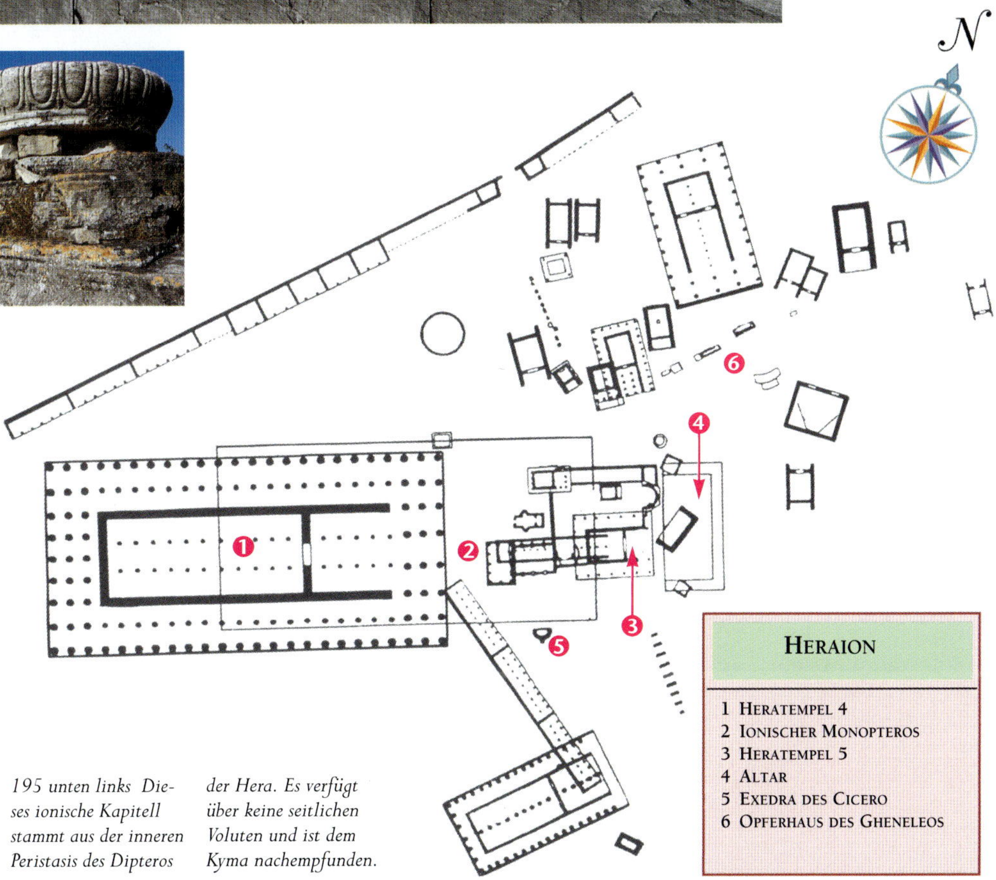

KRETA

Auf Kreta wurden viele bedeutende archäologische Funde der minoischen Kultur (erste Hälfte des 2. Jahrtausends v. Chr.) gemacht, aber man entdeckte auch Überreste aus mykenischen, griechischen und römischen Zeiten.

Besuchern, die vom peloponnesischen Hafen Gythion aus nach Kastelli am Golf von Kissamos übersetzen, sollten zunächst das kleine Museum aufzusuchen, in dem Funde aus dem lokalen minoischen Palast und aus den nahe gelegenen hellenistischen Städten Polyrrhenia und Phalasarna gezeigt werden. Lohnenswert ist auch ein Abstecher an die Südküste der Insel zu der Ortschaft Soughia. Ungefähr eine Stunde Fußmarsch von hier befinden sich die Ruinen des bedeutenden hellenistischen und römischen Heiligtums **LISSOS.** Es liegt neben einer Quelle mit heilkräftigem Wasser und war den Gottheiten Asklepios und Hygieia geweiht.

Das Archäologische Museum in **CHANIA** beherbergt sehenswerte Funde aus den großen minoischen und mykenischen Zentren von Westkreta. Fährt man weiter nach Osten, kann man in **ARMENI** (14. Jh. v. Chr.) die unterirdischen Passagengräber besichtigen, von denen einige in ihrem Inneren einen zentralen Pfeiler, monolithische Grabstelen sowie Sitzplätze aufweisen. In **RETHYMNON** sollte man sich das Archäologische Museum in der eleganten Sammicheli-Loggia nicht entgehen lassen (16. Jh.).

Wer sich für archäologisch-speläologische Orte interessiert, sollte die Höhle von **IDEON** besichtigen, die auf 1500 m Höhe liegt und einen etwas längeren Anfahrtsweg ins Innere der Insel erfordert. Die Überlieferung sagt, dass hier Zeus geboren wurde und dass König Minos alle neun Jahre hierher kam, um die Wünsche des Göttervaters zu erkunden.

Wenn man nach Anoghia zurückkehrt, folgt man den Wegweisern nach Gonies und **TYLISSOS.** Hier kann man die Überreste von drei minoischen Villen aus dem 17.–16. Jh. v. Chr. besichtigen.

Von Iraklion, der Hauptstadt der Insel, geht es weiter in Richtung Süden nach **GORTYNA.** Der Ort wurde im geometrischen Zeitalter von Laconi aus Amyklai gegründet und erlebte seine Blütezeit im 5. Jh. v. Chr., bis er seine Hegemonie im 3.–2. Jh. v. Chr. auf ganz Kreta ausgedehnt hatte. Von der Eroberung durch die Römer (67 v. Chr.) bis zu seiner Zerstörung durch die Araber (824) galt Gortyna als Verwaltungshauptstadt und bedeutendstes Wirtschaftszentrum der Insel.

Die archaische und klassische Agora lässt sich anhand der imposanten Ruinen der justinianischen Basilika Aghios Titos identifizieren, die Monogramme des Kaisers auf ihren Säulenkapitellen tragen. Nicht weit vom Museum entfernt findet man ein gut erhaltenes Odeion aus der Zeit der Triumvirn. Die halbrunde *cavea* ruht teilweise auf Durchgängen mit Gewölben. Die Bühne war gerade, besaß jedoch gerundete Enden. Unterhalb der Portikus liegen abgerundete Steinblöcke, in die ein langer Text in archaisch-dorischem Griechisch gemeißelt wurde, der noch vollständig lesbar ist. Es handelt sich dabei um den Codex von Gortyna, der privates und öffentliches Recht behandelt und die vollständigste Gesetzessammlung der griechischen Antike darstellt. Die Blöcke stammen aus einem runden *Ekklesiasterion* und wurden in das neue Gebäude eingefügt.

196 Die Überreste des Odeions von Gortyna, erbaut aus Hohlziegeln mit Marmorverkleidung, stammen von einem Renovierungsprogramm aus dem 2. Jh.

196–197 Die Ruinen der Basilika Aghios Titos (um 550) zeugen von der Bedeutung Gortynas in der Geschichte des hellenistischen, römischen und christlichen Kretas.

197 oben rechts Die römischen Statuen, die öffentliche und private Gebäude in Gortyna schmückten, können heute im Archäologischen Museum bewundert werden

197 unten links Eine fragmentarische Inschrift aus justinianischer Zeit (der Buchstabe „S" wurde wie „C" geschrieben) befindet sich neben den Ruinen der Basilika Aghios Titos.

197 unten rechts Diese Statue eines sitzenden Römers aus dem 2. oder 3. Jh. stammt vielleicht aus der Werkstatt der berühmten Bildhauerschule des Aphrodisias in Caria (Kleinasien).

Von Aghios Titos geht es in Richtung Osten zum **Aghia Deka,** dem Tempel des Apollo Pythios, neben dem sich die Ruinen eines römischen Theaters befinden. Interessant sind auch die nahe gelegenen Ruinen des Heiligtums der ägyptischen Götter mit einer großen dreigeteilten Cella und einer Portikus mit Architrav, der eine Inschrift der Stifter aufweist (2. Jh.).

Man kann die Route mit einem Halt bei dem monumentalen Komplex des *Praetoriums* aus derselben Zeit beenden. Hierbei handelt es sich um die administrative und private Residenz des Provinzgouverneurs aus der Römerzeit. Von Norden nach Süden angeordnet findet man hier: die Ruinen einer Basilika, öffentliche Bäder und einen Tempel, umgeben von einer vierseitigen Portikus. Das große rechteckige Wasserbecken eines Nymphäums aus

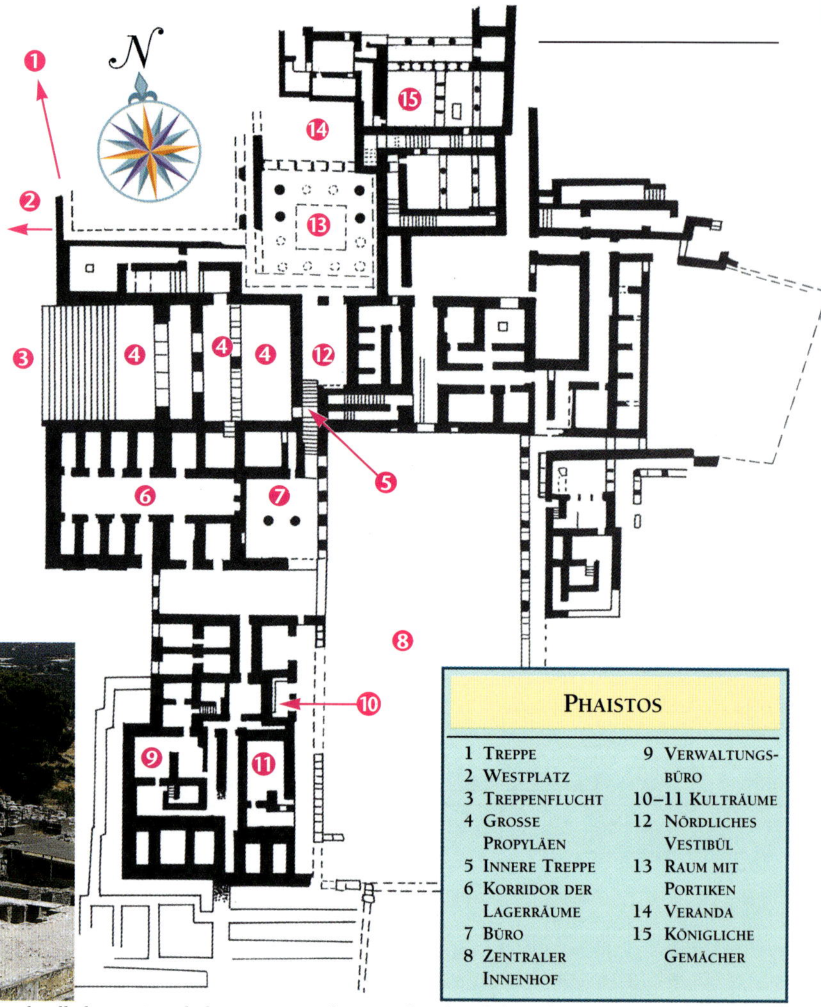

der Zeit des Antonius ist am *Decumanus* zu besichtigen. Wer noch Zeit hat, sollte einen Abstecher zu den Ruinen des Asklepios-Heiligtums in **Lebena** unternehmen. Das Bauwerk verfügt über zwei Säulen und einen Mosaikfußboden im Pronaos.

Ein Besuch in der minoischen „Palaststadt" in **Phaistos** ist unumgänglich. Der Ort erlebte seine Blütezeit zwischen 1900 und 1700 v. Chr. Danach wurde er zerstört und nicht nur in kleinerem Stil wieder aufgebaut, sondern auch der mächtigen „Villa" des benachbarten Aghia Triada untergeordnet. Archäologische Grabungen förderten den größten Teil des zweiten, aber auch wichtige Sektoren des ersten Palastes zutage. Am besten betrachtet man den Komplex zunächst von oben. Im Stil einer typischen Palaststadt ordneten sich alle Räume um einen riesigen zentralen Hof an. West- und Nordflügel sowie Teile des Ostflügels sind noch vorhanden. Über die Treppe (1) gelangt man zum Westplatz (2), wegen der acht langen Sitzreihen an der Nordseite auch Theaterplatz genannt. Die unterschiedlichen Ebenen rühren daher, dass die Anordnung der Plätze bei den beiden Palast-Versionen ebenfalls unterschiedlich war. Möglicherweise war der freie Platz vor dem Hauptzugang eine Agora für öffentliche Versammlungen. Die Fassade des zweiten Palastes stand an der Ostseite des Platzes. Es handelte sich dabei ursprünglich um ein zweistöckiges Gebäude mit Mauern aus Stein, Holz und ungebrannten Ziegeln. Eine Treppenflucht (3) verlieh dem Zugang zu den Großen Propyläen (4) etwas Feierliches. Die Propyläen wurden von Säulen, Pfeilern und einer Portikus in drei Bereiche unterteilt (man beachte das Wachzimmer auf der Seite) und führten in einen Hof, von dessen südöstlicher Ecke eine Tür zu einer Treppe (5) abging. Wenn man diese Treppe hinabsteigt, kann man die Lagerräume besichtigen, die auf beiden Seiten eines zentralen Korridors (6) liegen. Davor befand sich ein Büro (7) mit Säulen und Wänden, die mit Alabaster verkleidet waren. Das Büro öffnete sich zu einem weiteren Hof (8), von dem aus man in die Verwaltungsbüros des Palastes (9) sowie in zwei Räume (10–11) gelangte, die vielleicht rituellen Zwecken dienten.

Von der Treppe (5) aus gelangt man auch durch ein Vestibül (12) in den Nordflügel und dort als Erstes in einen Raum umgeben von Portiken (13). Eine Veranda (14) an der Nordseite war mit den zweistöckigen königlichen Gemächern (15) verbunden, die noch heute gut zu erkennen sind. Darin befanden sich unter anderem Räume für private religiöse Zeremonien. Die Räume nördlich und östlich des zentralen Hofes wurden als Bankettsäle, Läden und Werkstätten identifiziert.

198 links An der Westseite der minoischen Palaststadt Phaistos befand sich der Haupteingang in den Komplex, der von italienischen Archäologen freigelegt wurde.

198 rechts Wie alle kretischen Palaststädte besaß auch Phaistos einen großen Bereich zur Aufbewahrung von Nahrung. Das Foto zeigt die großen pithoi *(Krüge).*

Ein kurzer Weg trennt Phaistos von der „königlichen Villa“ in **Aghia Triada,** die auf einer älteren Residenz aus der Proto-Palastperiode erbaut wurde. Die Villa übernahm von 1700 v. Chr. bis zur mykenischen Eroberung 1400 v. Chr. die Herrschaft über die Palaststadt. Danach wurden der Residenz ein Megaron und andere Gebäude angefügt.

Die Aghia Triada war ein L-förmiges Bauwerk mit einem offenen Hof. Links vom Weg sieht man die Überreste eines Hauses aus dem 16. Jh. v. Chr. (1), ebenfalls mit einem Hof ausgestattet. Im Ostflügel befand sich eine Portikus, im Westflügel die Lagerräume. Ein mykenischer Schrein (2) mit einem Vestibül, einer Cella und einem Altar lag hinter dem Südbereich des Gebäudes. Zwischen dem Haus und dem Platz, auf den der Nord- und der Westflügel der Villa weisen, sieht man die Reste einer gepflasterten Straße (3), die Aghia Triada mit Phaistos verband sowie eine Treppenflucht (4), die zu einer weiteren gepflasterten Straße (5) führte, die an der Nordseite der Villa entlang lief. Folgt man dieser Straße, gelangt man zum Nordflügel des Komplexes, wo die Überreste des mykenischen Megarons (6) von minoischen Gebäuden überlagert werden. Das Westviertel (7) ist um einen gepflasterten Hof mit einer L-förmigen Portikus arrangiert und mit dem königlichen Megaron (8) verbunden. Dabei handelt es sich um einen großen Wohnbereich mit einem Vestibül, einem Wohn- und einem Schlafraum auf der Rückseite. Man beachte die Spuren der Alabasterverkleidung an den Wänden (die Kandelaber sind Kopien). Hier und in den Räumen, die als Archive und als Heiligtum identifiziert wurden, entdeckte man Reste einer Freskenbemalung. Im Süden des Westviertels liegen die Ruinen von Töpfereien und Lagern (9). Eine Bastion (11) mit ungeklärter Funktion trennt die Villa von der Agora (10). Portiken mit Läden und Lagern säumten diesen Platz, der offensichtlich ausschließlich kommerziellen Zwecken diente.

Aghia Triada

1 Überreste eines Hauses
2 Mykenischer Schrein
3 Gepflasterte Strasse
4 Treppenflucht
5 Gepflasterte Strasse
6 Mykenisches Megaron
7 Westviertel
8 Königliches Megaron
9 Töpfereien und Lager
10 Agora
11 Bastion

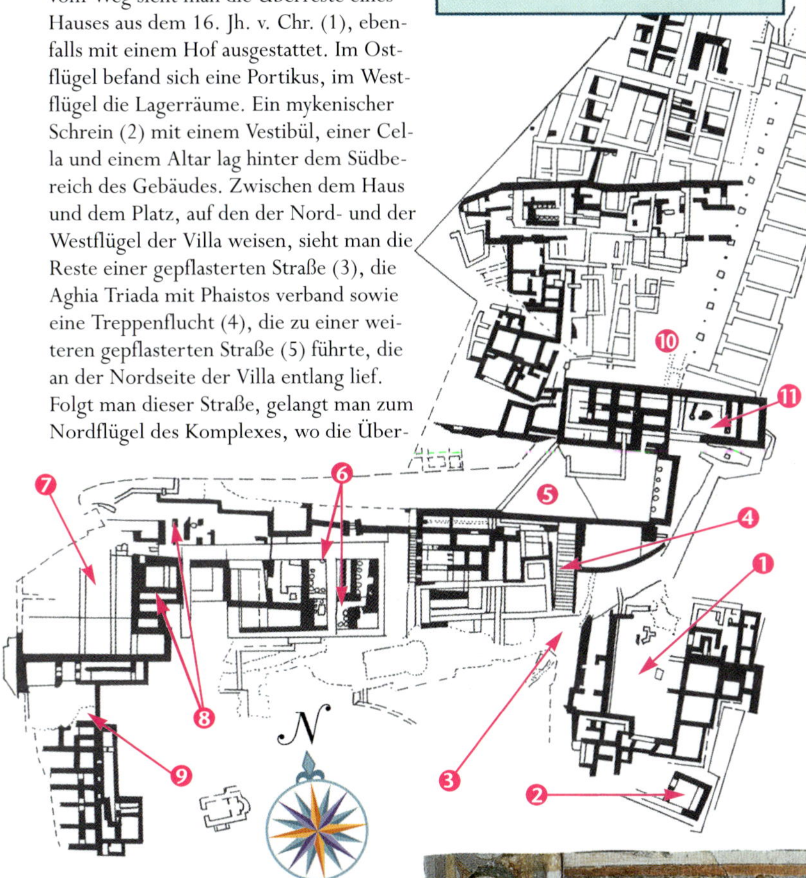

199 oben rechts Blick über die Agora von Aghia Triada. Rechts auf dem Foto ist deutlich die mit einer Portikus versehene Front der Läden zu erkennen.

199 unten links Die Treppe zur minoischen „Villa“ von Aghia Triada von der gepflasterten Straße aus gesehen. Die niedrigen Stufen erleichterten Lasttieren den Aufstieg.

199 unten rechts Ein Meisterwerk minoischer Malerei: Dieser bemalte Sarkophag wurde in Aghia Triada gefunden. Er zeigt religiöse Ritualszenen, die von Priestern überwacht werden (Iraklion, Archäologisches Museum).

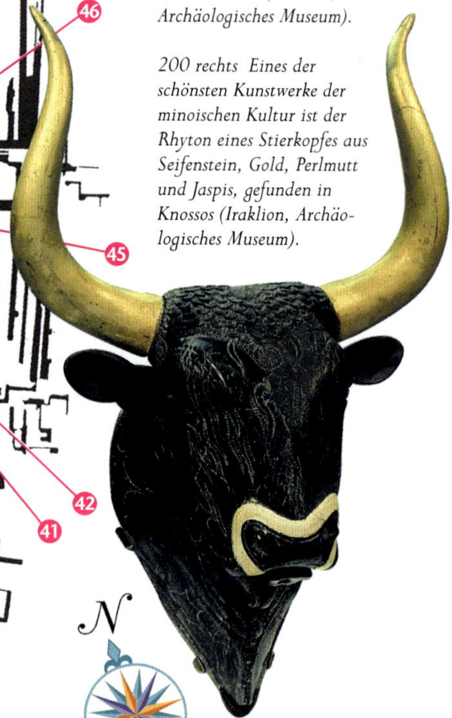

200 links Die „Schlangengöttin", eine Fayencestatuette aus dem 17. Jh. v. Chr. Sie stellt vermutlich eine Vorgängerin der hellenischen „Herrin der Tiere" dar (Iraklion, Archäologisches Museum).

200 rechts Eines der schönsten Kunstwerke der minoischen Kultur ist der Rhyton eines Stierkopfes aus Seifenstein, Gold, Perlmutt und Jaspis, gefunden in Knossos (Iraklion, Archäologisches Museum).

In **Iraklion** sollte man nicht versäumen, das Archäologische Museum zu besuchen, dessen Kollektion von unschätzbarem Wert für das Verständnis der kretischen Zivilisation ist. Fahren Der nächste Halt ist **Knossos,** der wichtigsten archäologischen Ort der Insel. Hier lebte der legendäre König Minos und hier soll sich auch das Labyrinth befunden haben, das Daidalos entwarf, um darin den Minotaurus einzusperren.

Die attraktivsten und atemberaubendsten Anblicke der teilweise rekonstruierten Palastanlage sind das Ergebnis einer äußerst umstrittenen Restaurierung. Zudem wirkt die absichtliche Nichtvollendung der Aufbauarbeiten manchmal wie die Hinterlassenschaft eines zerstörerischen Erdbebens.

Das, was gegenwärtig von der „Palaststadt" Knossos sichtbar ist, stammt fast ausschließlich von dem Wiederaufbau des Gebäudes im 17. Jh. v. Chr. (Neo-Palastperiode) und zeigt die außergewöhnlichen Fähigkeiten kretischer Architekten, die einen steinernen Palast mit über 100 Räumen auf einem Holzrahmen mit hölzernen Stützen erbauten. Die Räume waren auf zwei oder drei Ebenen

Knossos

1 Westlicher Platz
2 Kornspeicher
3 Gepflasterte Strasse
4 Westlicher Propylon
5 Prozessionskorridor
6 Korridor des Lilienprinzen
7 Grosse Propyläen
8 Treppe der Grossen Propyläen
9 Heiligtum der Drei Säulen
10 Thronsaal
11 Treppe des zentralen Innenhofes
12 Zentraler Innenhof
13 Kleinerer Hof
14–16 Dreigeteiltes Heiligtum
17 Korridor der Lagerräume
18–34 Lagerräume
35 Korridor
36–37 Archiv
38 Treppe zum Ostflügel
39 Lichtschacht
40 Königliche Wachstube
41 Nordost-Korridor
42 Raum der Zweischneidigen Axt
43 Megaron der Königin
44 Badezimmer der Königin
45 Steinmetzwerkstatt
46 Lagerraum
47 Säulengestützter Raum
48 Nördlicher Propylon
49 Heiligtum ausserhalb der Mauer
50 Theater

201 oben links Eine enthusiastische Rekonstruktion, manchmal willkürlich selektiv und oftmals mit wenig philologischem Respekt vor Materialien und Techniken, macht die Interpretation des Palastes von Knossos zumindest sehr einfach.

verteilt, die über Treppen, Korridore, Portiken und Rampen zugänglich waren. Den Kern der Anlage bildete ein riesiger, rechteckiger Innenhof. Überraschenderweise gibt es so gut wie keine Befestigung, ein Hinweis für die Überlegenheit und Macht von Knossos. Die Anordnung der Räume wirkt auf den ersten Blick zwar chaotisch, sie folgt jedoch in den verschiedenen Flügeln und Ebenen einer logischen und funktionellen Reihenfolge. Die Palaststadt war gleichzeitig ein administrativer, wirtschaftlicher, produktiver und privater Residenzkomplex, in dem nicht nur der König lebte, sondern

201 oben rechts Das Theater an der Nordostecke des Palastes von Knossos war überraschend groß. Vermutlich diente es auch als Versammlungsort.

201 unten links Die Hörner eines Stieres, Symbol für Wohlstand und Fruchtbarkeit, erscheinen oft in Knossos als Elemente mit magischer Bedeutung.

201 unten rechts Die nördliche Zugangsrampe zur Palaststadt von Knossos verband das Theater mit dem Nordraum (mit Hypostylos) und mit dem zentralen Innenhof. Bei der Portikus rechts im Bild handelt es sich um eine Rekonstruktion.

auch Verwaltungsbeamte und Funktionäre Man vermutet, dass auch die Priesterschaft hier lebte, deren Aufgabe es war, die privaten und öffentlichen Rituale der tiefreligiösen Gemeinschaft zu überwachen. Das Dekor in der Palaststadt diente nicht nur der künstlerischen Manifestation von Lebensfreude und fundamentaler gesellschaftlicher Werte, sondern zeugt auch von den zahlreichen religiösen Zeremonien, die hier stattfanden.

Man sollte sich dem Palast vom westlichen Platz (1) her nähern und dabei einen kurzen Blick auf die drei großen, eingesunkenen Kornspeicher (2) aus der Proto-Palastperiode werfen sowie auf die gepflas-

202–203 Die Fresken an den Wänden des Palastes von Knossos sind exzellente Kopien aus den 1930er- und 1940er-Jahren. Diese Szene zeigt eine religiöse Prozession mit Opfergaben in Form von Nahrung.

202 oben Die Wohnbereiche in der Palaststadt von Knossos waren oft über mehrere Stockwerke verteilt. Erhellt wurden die Räume durch Lichtschächte, niedrige Galerien und kleine Fenster.

202 unten Eine weitere Ansicht der Palaststadt von Knossos. In der Mitte erkennt man einen rekonstruierten Raum, der mit Kopien von Fresken ausgestattet wurde, die Prozessionsszenen zeigen.

203 oben Kopien der Fresken mit naturalistischen – oftmals maritimen – Szenen findet man an den Wänden der Galerien in den Gemächern der Königin, dem Kernbereich des Ostflügels.

203 unten Wie viele der Fresken in Knossos stammt auch der berühmte „Lilienprinz" aus dem 15. Jh. v. Chr. Dargestellt ist jedoch vermutlich eine Priesterin, die eine Prozession anführt (Iraklion, Archäologisches Museum).

terte Straße (3), die zu dem etwas abgelegenen Theater führt. Man betritt den Palast durch den westlichen Propylon (4). Hier gab es auch eine Wachstube. Man erkennt, dass die Kreter eine Vorliebe für axiale Grundrisse mit vielen rechten Winkeln und häufigen Richtungsänderungen hatten. Der Eingang zum Prozessionskorridor (5) befindet sich an der Südostecke des westlichen Propylonen. Der Korridor ist völlig überdacht. Seine bemalten Wände zeigen über 800 Figuren, die Geschenke für den König tragen (von einer Priesterin symbolisiert). Parallel dazu verläuft ein weiterer Gang, der auf Grund seines Wandfreskos (eine Kopie) als Korridor des Lilienprinzen (6) bezeichnet wird, wobei es sich bei dem Prinzen vermutlich eher um eine Priesterin handeln dürfte.

Bei den Großen Propyläen (7) angekommen, steigt man die Treppe (8) hinauf, die dem Eingangsbereich ein feierliches Flair verleiht und zur Hauptetage des Palastes führt. Unter den verschiedenen Vestibülen und Räumen auf dieser Etage befindet sich das Heiligtum der Drei Säulen (9). Über die kleine Dienstbotentreppe gelangt man zum Thronsaal (10) mit dem Alabasterthron, der dem König gehört haben soll, vermutlich jedoch für religiöse Rituale verwendet wurde. Der Saal wirkt eher wie ein Ort der Anbetung. Die Fresken (Kopien), die auf rotem Hintergrund Himmelssymbole und Greife zeigen, die zwischen Lilien kauern, scheinen diese These zu untermauern.

Wenn man sich auf dem Rückweg in Richtung Süden wendet, kann man die große Treppe (11) bewundern und das dreigeteilte Heiligtum (14–16) besuchen, in das man über die kurze Treppe gelangt, die vom zentralen Innenhof (12) in einen kleineren Hof (13) führt. Von hier aus kann man den Kultbereich zur Rechten erkunden. Dazu gehört ein Raum (14), in dem sich noch immer ein sehr hoher, ty-

pisch kretischer Krug *(pithos)* befindet sowie eine Cella (15), in der man zwei bedeutende Votivgabenlager freilegte. Unter anderem wurden in den Lagern hochwertige Kunstwerke entdeckt, die noch aus dem älteren Palast stammen und beim Neubau unter dem Fußboden begraben wurden.

Zum Kultbereich gehört aber auch der Teil westlich der Lagerräume mit der Krypta. Die Pfeiler dieser Krypta sind mit dem allgegenwärtigen Symbol der königlichen Macht gekennzeichnet, der zweischneidigen Axt (16).

Nur von hier aus gelangt man zu dem langen Korridor der Lagerräume (17). Links kommt man an rechteckigen Lagerräumen (18–34) vorbei, in denen große Vorratskrüge mit Nahrung unter der direkten Aufsicht des Königs aufbewahrt wurden. Man hatte hier Vertiefungen in den Boden gegraben, um die Aufnahmekapazität der Räume zu erhöhen. An den Überresten einer Treppe ist zu erkennen, dass noch ein weiteres Stockwerk existierte haben muss. Ein weiterer gewundener Korridor (35) schlängelt sich zum Archiv (36–37) mit Fresken in leuchtenden Farben und Tafeln, die in Linear B beschrieben sind.

Überquert man nun den zentralen Innenhof (12), betritt man den Ostflügel, der sich an einen Hügel anlehnt. Hier befinden sich die königlichen Gemächer, angeordnet nach einem eleganten, sehr komplexen Grundriss.

Eine eindrucksvolle Treppe (38), beleuchtet von einem Lichtschacht (39), verband die beiden unteren Etagen mit dem Stockwerk, das sich auf derselben Ebene befand wie der Hof, und mit dem Stockwerk darüber. Im ersten Stock be-

204 Der zentrale Innenhof in Knossos führt zum berühmten Thronsaal, der jedoch vermutlich ausschließlich für religiöse Zeremonien bestimmt war. Hier sieht man den Eingang von Osten.

204–205 Der Thronsaal ist mit Kopien der Originalfresken geschmückt, die Greife und Lilien zeigen. Sofort fällt einem der Thron aus Alabaster auf, der vielleicht für göttliche Erscheinungen verwendet wurde.

205 unten links Diese Nahaufnahme der Fresken im Thronsaal zeigt einen der schönen Greife, der zwischen den Lilien liegt. Die fließenden Linien sind typisch für die minoische Kunst und erzeugen den Eindruck von Volumen und Dynamik.

205 unten rechts Seltsame Schilde aus Stierfell in Form einer Acht, die wohl eher rituellen Zwecken dienten und weniger für den Kampf geeignet waren, wurden auf die Wände eines der größten Empfangssäle in Knossos gemalt.

206 oben *Dieses Fresko im zentralen Innenhof zeigt eine schwierige Übung namens* taurokathapsia. *Gleiche Darstellungen findet man auch im Ostflügel des Palastes, der hauptsächlich für den König reserviert war.*

206 unten *Die so genannten „Damen in Blau" sind eigentlich drei elegant gekleidete Tänzerinnen mit zeitgenössischem Schmuck und Frisuren, die dem Geschmack jener Zeit entsprachen (15. Jh. v. Chr.; Iraklion, Archäologisches Museum).*

206–207 *Man vermutet, dass der gefährliche Sport, über den Rücken eines rasenden Stieres zu springen, Teil eines Rituals war, das mit der Opferung des Tieres endete (Iraklion, Archäologisches Museum).*

findet sich die königliche Wachstube (40), deren Wände mit seltsamen Schilden aus Büffelhaut in Form einer Acht bemalt sind. Im Erdgeschoss kann man über einen Kolonnadenhof und den schmalen Nordost-Korridor (41) schlendern. Einer der Räume in dem Korridor ist der so genannte Raum der Zweischneidigen Axt (42), der vermutlich eine Art königliches Audienzgemach darstellte. Er wurde ebenfalls durch einen Lichtschacht erhellt und war im Süden und Osten mit einer Veranda verbunden, von der aus man den Garten überblicken konnte (heute nicht mehr vorhanden).

Die nächste Tür führte zum Megaron der Königin (43), das aus einem zentralen Raum mit einer Portikus bestand, der direkt in den Garten führte, sowie einem privaten Badezimmer (44) mit einer Bank, einem Lichtschacht und einer Vorrichtung zum Heraufholen des Wassers.

207 unten *Bei der Rekonstruktion der Palaststadt von Knossos gelang es, beinahe wieder die originalen Licht- und Schattenverhältnisse herzustellen, die von den Kolonnaden und den verschiedenen Lichtquellen erzeugt wurden.*

Die Privatgemächer befanden sich alle im Obergeschoss (daher die Treppen in einigen der Räume). Die herrlichen Fresken, die die Wände schmücken, sind allerdings nur Kopien.

Im Nordostteil des Palastes, zu dem man anschließend gelangt, waren die Werkstätten untergebracht. In der Steinmetzwerkstatt (45) warten die Blöcke aus grünem Marmor noch immer auf ihre Bearbeitung. Im Lagerraum (46), der Teil des älteren Palastes war, stehen große Vorratskrüge.

Der Streifzug durch Knossos endet mit der Erforschung des Nordflügels. Hier wurden in dem großen säulengestützten Raum (47) eingehende Waren überprüft und verzollt.

Der nördliche Propylon (48) scheint neben einem Heiligtum (49) zu stehen, das sich außerhalb der Palastmauern befindet. Die königliche Straße verlief vom Propylon zum Hafen und war vollständig gepflastert, ebenso wie der zentrale Innenhof.

Das Theater (50) befindet sich in der Nähe der nordwestlichen Ecke des Palastes. Es handelt sich dabei um einen rechteckigen Platz, der im Süden und Osten mit monumentalen Sitzreihen sowie einer Rednertribüne ausgestattet war, deren Überreste man noch in der südöstlichen Ecke erkennt.

208 oben Dutzende von Terrakottakrügen in perfektem Zustand wurden in den vielen Lagerräumen im Westflügel des Palastes von Knossos gefunden.

208 unten links In ganz Knossos findet man keinen einzigen Bereich, der von Arthur Evans' – dem Entdecker der Palaststadt – begeisterter (und umstrittener) Rekonstruktion verschont blieb.

208 unten rechts Einen ähnlichen Thron wie den im Thronsaal entdeckte man im Raum der Polythyra, *einem offiziellen Bereich der Palaststadt, in dem der König vielleicht sein Amt ausübte.*

208–209 Die Ruinen von Knossos liegen inmitten einer üppigen mediterranen Vegetation, die den Palast vermutlich bereits zu Zeiten von König Minos umgab.

209 Eines der berühmtesten minoischen Fresken von Knossos zeigt Delphine vor einem lebhaften maritimen Hintergrund. Es befand sich in dem Bereich, der als die Gemächer der Königin bekannt ist.

210 oben links Blick auf den Raum mit Hypostylos im Palast von Malia. Massive Pfeiler stützen das Dach, auf dem sich Empfangs- und Bankettsäle befand.

210 unten links Dieser enorme rekonstruierte pithos *aus Terrakotta stand im Nordhof des Palastes von Malia. Sein Schmuckrelief zeigt Wellen- und Spiralmotive.*

210 rechts Das berühmteste Objekt im Palast von Malia: der Kernos, *ein runder Tisch mit einer zentralen und 33 kreisförmig angeordneten Vertiefungen für Früchte, die den Göttern geopfert wurden.*

Die nächste Station auf der Reise durch Kreta ist **MALIA** an der Nordküste. Hier wurde ein weiterer imposanter Palast errichtet, der die gleichen Phasen von Zerstörung und Wiederaufbau durchlebte wie Phaistos und Knossos, der aber nicht wieder besetzt wurde, als die Mykener die Insel eroberten. Französische Archäologen haben hier ein zweistöckiges Gebäude freigelegt, das den beiden anderen Palästen in Bezug auf Grundriss und Höhe in etwa ähnelt.

Vor dem Komplex befindet sich auf der Westseite eine große freie Fläche (1). Man sollte der gepflasterten Straße (2) zur südwestlichen Ecke folgen, wo acht Kornspeicher stehen (3), die alle mit einem zentralen Pfeiler versehen sind, der das Dach stützte (heute nicht mehr vorhanden). Das öffentliche Heiligtum (4) liegt in unmittelbarer Nähe zu den Speichern und in der Mitte der Südseite findet man auch das Eingangsvestibül (5), das zum zentralen Innenhof (6) führt, der von Balustraden und Toren umgeben ist. In seiner Mitte steht ein kleiner Altar mit einer Opferquelle (für den unblutigen und rituellen Stierkampf der Kreter). Im Bereich des Vestibüls gelangt man in die Lagerräume (7–9), aber auch zu einem Schrein (10) mit dem berühmten *Kernos,* dem runden Steintisch mit einer großen mittleren und 33 kleineren, kreisförmig angeordneten Vertiefungen, in denen seltene Früchte geopfert wurden.

Der Ostflügel ist der Bereich der Dienstgebäude. An der südöstlichen Ecke befand sich das Lager für Luxuswaren (11), während in den zwei rechteckigen Lagerräumen (13–14) auf der anderen Seite der Ostportikus (12) Nahrung aufbewahrt wurde. Vielleicht dienten die kleinen Räume in der Nordostecke des Hofes als Küche (15).

Die Räume im Nordflügel waren wohl für Empfänge gedacht. Die Bankettsäle im oberen Stockwerk konnten über das Vestibül (17), einen Raum mit Hypostylos, und über eine Treppe erreicht werden.

Der Westflügel, dessen oberes Stockwerk über eine monumentale Treppe (18) zugänglich war, muss sehr beeindruckend gewesen sein. Auf der linken Seite lag der Audienzsaal (19), dessen eine Seite sich zu einer Portikus öffnete, umgeben von Diensträumen. Er war aber auch mit den

MALIA

1 Westlicher Platz
2 Gepflasterte Strasse
3 Kornspeicher
4 Öffentliches Heiligtum
5 Vestibül
6 Zentraler Innenhof
7–9 Lagerräume
10 Schrein des Kernos
11 Lagerraum
12 Ostportikus
13–14 Lagerräume
15 Küche
16 Raum mit Hypostylos
17 Vestibül
18 Treppe
19 Audienzsaal
20 Lagerräume
21–23 Privatgemächer

Lagerräumen auf der Westseite (20) verbunden, die sich dahinter befanden. Die Privatgemächer des Königs (21–23) erstreckten sich über den gesamten Nordwestbereich des Gebäudekomplexes.

Setzt man seinen Weg entlang der Ostküste fort, erreicht man **GOURNIA**, ein seltenes Beispiel für eine minoische Stadt. Die Siedlung entstand um einen kleinen Palast, der noch im Zentrum des Wohnviertels sichtbar ist. Ein gepflastertes Straßennetz legte ein Gittermuster über die ganze Stadt.

Reise endet mit einem Besuch des Palastes von **KATO ZAKROS**, der sich in einer herrlichen Lage und in unmittelbarer Nähe zu den berühmten Palmenhainen von Vai befindet. Sein Grundriss unterscheidet sich kaum von den anderen, bereits besichtigten Palästen.

Man sollte auch einen Besuch des Archäologischen Museums in **AGHIOS NIKOLAOS** einplanen, das sich auf die Archäologie des östlichen Kreta spezialisiert hat.

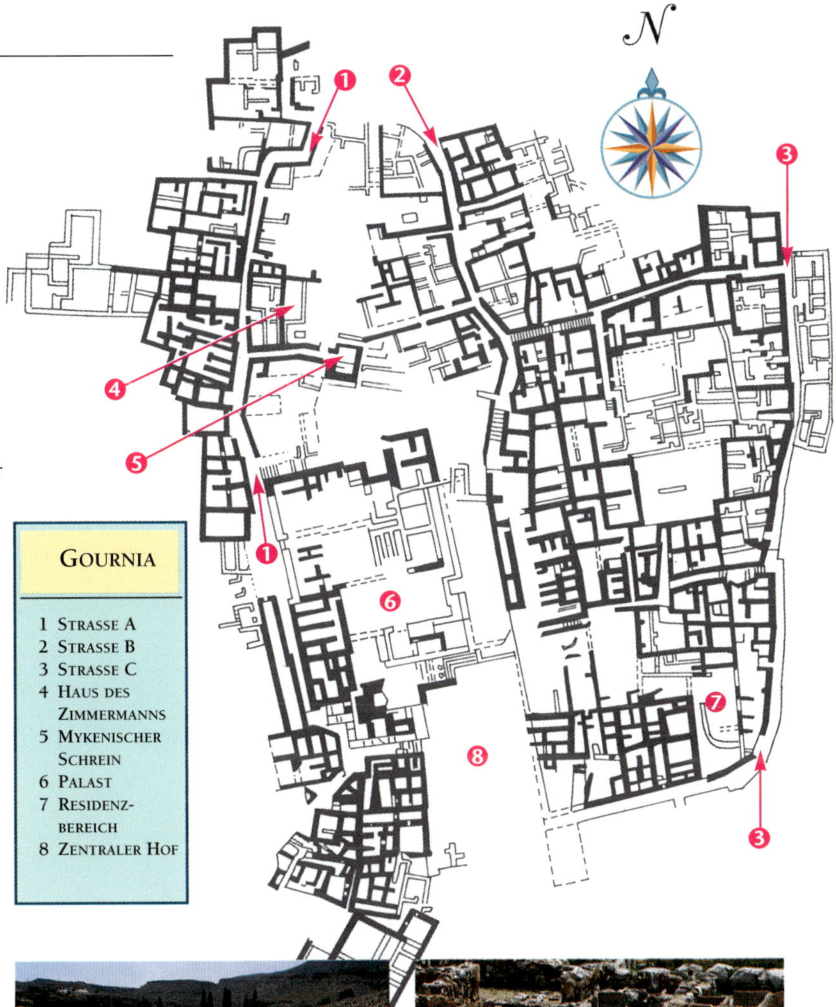

GOURNIA

1 STRASSE A
2 STRASSE B
3 STRASSE C
4 HAUS DES ZIMMERMANNS
5 MYKENISCHER SCHREIN
6 PALAST
7 RESIDENZBEREICH
8 ZENTRALER HOF

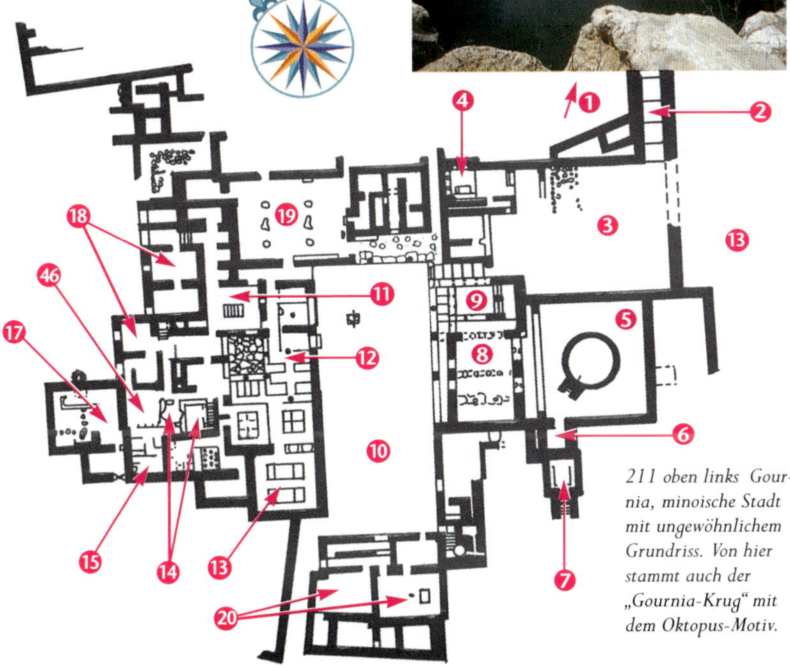

KATO ZAKROS

1 STRASSE ZUM HAFEN
2 HAUPTEINGANG
3 KLEINERER HOF
4 WASSERBECKEN
5 HOF MIT UNTERIRDISCHEM SCHWIMMBAD
6 QUELLE
7 BRUNNEN
8–9 EMPFANGSSÄLE
10 ZENTRALER HOF
11 VESTIBÜL
12 RAUM FÜR RITUALE
13 BANKETTSAAL
14 HEILIGTUM
15 VOTIVGABEN
16 ARCHIV
17 LÄDEN
18 LAGER
19 KÜCHE UND BANKETTSAAL
20 LÄDEN

211 oben links Gournia, minoische Stadt mit ungewöhnlichem Grundriss. Von hier stammt auch der „Gournia-Krug“ mit dem Oktopus-Motiv.

211 unten links Noch immer füllt eine Quelle das Wasserbecken im Palast von Kato Zakros. Vermutlich war es Teil eines Kultgebäudes.

211 unten rechts Auf diesem Foto erkennt man die Ruinen des inneren Wohnbereiches im Palast von Kato Zakros.

GLOSSAR

ABAKUS flacher, quadratischer Abschlussstein eines dorischen Säulenkapitells
ADYTON unzugängliche Kammer in der Cella eines Tempels
AGORA öffentlicher, zentraler Platz in einer antiken griechischen Stadt
AKROTERION dekoratives Element (zum Beispiel eine Figur) am Tempeldach
AMBULACRUM überdachter Korridor
AMPHIPROSTYLOS Tempel mit Säulen an der kurzen Seite
ANAKTORON Mykenischer Königspalast
ANALEMMA Stützmauer
ANATHEMA Kunstwerk zu Ehren einer Gottheit
ANDRON Bankettsaal nur für Männer
ANTHEMION florales, dekoratives Element
APODYTERIUM Umkleideräume in öffentlichen Bädern
ASTYLOS ohne Säulen
BULEUTERION Versammlungsraum des Stadtrats oder des Parlaments
CAPITOLIUM Tempel, der dem Jupiter geweiht war
CARDO MAXIMUS von Norden nach Süden verlaufende Hauptstraße einer römischen Stadt
CAVEA halbrunder Zuschauerraum im Theater
CELLA zentraler Schrein in einem Tempel, das „Allerheiligste"
CHRYSELEPHANTIN aus Gold und Elfenbein bestehend
CRUX COMMISSA T-förmig
DÄDALISCH auf den Richtlinien früharchaischer Bildhauerkunst basierend
DECUMANUS MAXIMUS von Osten nach Westen verlaufende Hauptstraße in einer römischen Stadt
DIAZOMA Horizontal verlaufender Durchgang in einer Theatercavea
DIPTERAL mit doppelter Peristasis
DISTYLOS mit zwei Säulen
DROMOS Eingangskorridor
ECHINUS wulstartiger Teil des Säulenkapitells unterhalb vom Abakus
EKKLESIASTERION Sitz der Bürgerversammlung
ENTASIS optisch korrigierende leichte Schwellung des dorischen Säulenschafts
EPISTYLOS Architrav auf Säulen
EXEDRA halbrunder oder rechteckiger Raum mit offener Front
FRIGIDARIUM Kaltwasserbereich in öffentlichen Bädern
GEBÄLK Stützelemente eines Daches, zu denen auch Architrav und Fries gehören
GENS Adelsgeschlecht
GYMNASION Schule, in der außer literarischer, philosophischer und musischer Erziehung auch die körperliche Ertüchtigung eine große Rolle spielte
HEKATOMPEDON Tempel, der 100 attische Fuß lang ist
HEROON Monumentalgebäude zu Ehren eines toten Helden
HEXASTYLOS mit sechs Säulen
HYPETRAL unbedeckt
HYPOSTYLOS mit Säulen im Inneren
IMPLUVIUM Marmorbecken im Atrium eines römischen Hauses zum Auffangen von Regenwasser
ISODOMISCHE TECHNIK Bauweise mit gleichmäßigen Reihen großer, parallelflacher Steinblöcke
KALDARIUM Heißwasserbereich in öffentlichen Bädern
KARYATIDEN architektonische Stützen in Frauengestalt
KATAGOGION Herberge
KENOTAPH Mahnmal für eine Person
KERAMOGRAPHIE Malerei auf Vasen
KORE Statue einer jungen Frau im archaischen Stil
KOROS Statue eines jungen Mannes im archaischen Stil
LARNAX Urne
LOUTRON Bad
MAGOULA niedriger Hügel
MANTEION Ort, an dem die Antworten eines göttlichen Orakels gehört werden
MEGALITHISCH aus riesigen Steinblöcken bestehend
MEGARON rechteckiger Kern eines antiken Wohnhauses mit Vestibül, zentralem Raum mit Feuerstelle und kleiner Kammer
METOPE mit Platten verschlossenes, offenes Feld in einem dorischen Fries, oft mit Figuren geschmückt
MONOLITHISCH aus einem einzigen Steinblock bestehend
MONOPTEROS kleiner runder Tempel oder Schrein mit Säulen
NARTHEX Vestibül in frühchristlichen Kirchen
ODEION überdachte, kleine Konzerthalle, ähnlich dem Theater
OIKOS kleines, rechteckiges Sakralgebäude
OKTASTYLOS mit acht Säulen
OPISTHODOMOS Kammer hinter der Cella eines Tempels, symmetrisch zum Pronaos, mit ungeklärter Funktion
ORCHESTRA runder oder halbrunder freier Platz im Theater (zwischen Bühne und Cavea) für Chor und Tänzer
PALÄSTRA Sporthalle mit vierseitiger Portikus
PANATHENISCH Athen und ganz Attika betreffend
PANHELLENISCH ganz Griechenland betreffend
PARASCENIUM hervorspringender Teil der Bühne
PARODOS Seiteneingang zur Orchestra eines Theaters
PENTELISCHER MARMOR Marmor vom Berg Penteli
PERIPTEROS Tempel, der von einer einfachen Säulenringhalle umgeben ist
PERISTASIS Kolonnaden an allen vier Seiten des Tempels
PERISTYL Säulenringhalle am Tempel oder um den Hof eines Wohnhauses
PLATEIA breite Straße in einer griechischen Stadt
POLEISCH die Polis betreffend
POLIS autonomer Stadtstaat im antiken Griechenland
POLYGONALE TECHNIK Bauweise mit großen, unregelmäßig geformten Steinblöcken
POROS eine Art poröser Kalkstein
PRAEFURNIA Heizräume in öffentlichen Bädern
PROEDRIA die erste Sitzreihe im Theater
PRONAOS Halle vor der Cella eines Tempels
PROPYLÄEN Eingangsgebäude
PROPYLON Vorhof
PROSTYLOS Tempel mit Säulen an der kurzen Frontseite
PROSZENIUM vorderer Bühnenbereich
PROTOMA Skulptur mit Kopf und Brust eines Tieres
PRYTANEION Sitz des höchsten Magistrats einer Polis
PSEUDODIPTEROS Tempel mit einfacher Peristasis, die jedoch doppelt so weit als nötig von der Tempelmauer entfernt ist
PSEUDOISODOMISCHE TECHNIK Bauweise mit unregelmäßigen Reihen großer, parallelflacher Steinblöcke
PSEUDOMONOPTEROS kleiner Rundtempel oder Schrein mit Halbsäulen
STOA Säulenhalle
STYLOBAT oberste Stufe des Unterbaus eines Tempels
SUSPENSURAE Stützen aus Terrakotta, die den (beheizbaren) Fußboden in öffentlichen Bädern trugen
SYNTHRONON Sitzreihe der Priester
TEMENOS Tempelbereich
TEPIDARIUM Warmwasserbereich in öffentlichen Bädern
TETRARCHIE Periode der römischen Kaiserzeit von 305 bis 395
TETRASTYLOS mit vier Säulen
THALASSOKRATIE kommerzielle oder militärische Oberherrschaft auf See
THESAURUS (SCHATZHAUS) kleines Gebäude zur Aufbewahrung von Votivgaben
THOLOS rundes Kultgebäude
THOLOSGRAB Kuppelgrab
TRIGLYPHE dekoratives Element mit drei vertikalen Rillen in einem dorischen Fries
TRIKLINIUM Esszimmer in einem römischen Haus
TRISTYLOS mit drei Säulen
TROMMEL eines der zylinderförmigen Elemente, aus denen der Säulenschaft gebildet wird
TYMPANON dreieckiges Feld im Giebel eines Tempels oder über einem Portal
VOLUTE spiralförmiges Schmuckelement
XENON Gasthaus, Herberge
XYSTOS überdachte Rennbahn für das Training

Register

A

Abdera, 82
Achaia, 46, 102, 118, 148, 153,
Achäer, 66
Achaiischer Bund, 148
Acheloos, 84, 85, 87
Acheron 46
Achill, 12, 17
Admiräle, Monument der, 90
Aetoliko, 85
Ägäisches Meer, 5, 8, 77, 104, 170, 172, 184, 216
Ägäisches Pompeji, siehe Santorin
Agamemnon, 134, 136, 137
Agamemnons Maske des, 44, 130,
Agatharchos, 17
Aghia Deka, 196, 198
Aghia Irini, 166
Aghia Triada, 198
Aghiades, 194
Aghios Charalambos, 82
Aghios Dimitrios Lombardiaris, 41
Aghios Dimitrios, 50, 57, 70, 73
Aghios Georgios, 73, 82
Aghios Ilias, 130
Aghios Ioannis, 186
Aghios Ioannis Prodromos, 46, 47
Aghios Nikolaos, 56, 211
Aghios Nikon, 165
Aghios Pavlos, 186, 192
Aghios Stefanos, 192
Aghios Titos, 196, 197, 198
Ägina, 5, 6, 11, 14, 114, 116, 117
Ägisth, 132, 137, 139
Aglochartos, 186, 188
Agora, 22, 38, 39, 40, 41, 48
Agorakritos, 16, 27, 107, 111
Agoramuseum, 40, 41
Agoranomion, 22, 38
Agrigent, 186
Agrileza, 105
Agrinion, 84
Agrippa, 23, 26, 40
Ägypten, 8, 20, 50, 84, 183, 190
Aiakes, 194
Aiakos, 66
Aigai, 18, 19, 63, 65
Aigeira, 148
Aigosthena, 105, 112, 113
Akandia, 188, 189
Akanthos, 95
Akarnanien, 50
Akrokorinth, 122, 123, 126,
Akropolis, 16, 22, 23, 25, 26, 27, 28, 32, 34, 37
Akrotiri, 9, 44, 167, 183, 184
Aktia, 50
Aktion, 84
Albanien, 70
Alexander der Große, 18, 19, 20, 21, 60, 61, 65, 66, 68, 69, 77, 100, 155
Alexander IV., 65
Alexandrupoli, 82
Ali Pascha, 48
Aliakmon, 63
Alkamenes, 16, 41
Alkinoos, 54
Alkmaioniden, 42, 43, 94
Alkyonidon, Golf von, 113
Alkyson-Basilika, 50
Alpheios, 150
Altis, 150, 153, 156
Amazonen, 12, 91
Ammoudia, 46
Amphiaraeion, 107
Amphiaraos, 107
Amphieion, 100
Amphilochia, 84
Amphipolis, 76, 77, 82
Anaxagoras, 17
Anavyssos, 42, 43
Andornikos M., 64
Andronikos von Kyrrha, 38
Annia Regilla, 34
Anoghia, 196
Antenor, 11, 11, 44, 97
Antigoniden, 172
Antigonos Gonates, 172, 173
Antikythira, Ephebe von, 44
Antiochos III. von Syrien, 20
Antiochos Philopappos, 40, 41
Antiochos IV. von Syrien, 37, 41
Antonius Pius, 191
Anubis, 62, 178
Anytos, 163
Apella, 164
Apelles, 19, 69, 190
Aphrodisias, 197
Aphrodite, 30, 52, 62, 175, 178, 188, 192
Aphrodite Hypolimpidia, 61
Aphrodite Peitho, 128
Aphrodite, Tempel der, 51, 122
Aphrodite von Doidalsas, 188
Aphrodite von Milos, 20
Apollo, 12, 14, 50, 50, 87, 88, 89, 90, 91, 116, 123, 126, 126, 129, 150, 163, 169, 169, 170, 171, 171, 172, 173, 173, 174, 176, 182, 190
Apollo Daphnephoros, 102
Apollo Delios, 192
Apollo Epikourios, 16, 158, 158
Apollo Ismenios, 100
Apollo Karneios, 183, 185
Apollo Laphrios, 87
Apollo Ptoios, 99
Apollo Pythios, 84, 88, 89, 90, 92, 188, 189, 198
Apollo Sitalkas, 89, 92
Apollo , Tempel des, 91, 92, 93, 94, 96, 125, 127, 159, 170, 172, 182
Apollo Thermios, 84, 85
Apollodor, 17
Apolonas, 182
Archea Kassopi, 48
Archokrates, 186
Areopagitou, Dionisiou, 37
Areopagus, 22, 40
Areosweg, 39
Ares, Tempel des, 40, 41, 105
Arethusa, 150
Arghirokastro-Platz, 189
Argolis, 6, 114, 118, 130
Argos, 12, 14, 89, 90, 130, 138, 140, 141
Ariadne, 70, 72, 182
Aristarchos, 194
Aristides, 41
Aristoteles, 18, 66
Arkadien, 16, 158, 160, 161, 162, 163
Arkadier, Mahnmal der, 90
Armenien, 73
Armeni, 196
Arne, 99
Aroania, 148
Artemidoros von Perge, 185
Artemis, 87, 123, 125, 126, 145, 163, 169, 170, 171, 174
Artemis Brauronia, 23, 27, 106, 106
Artemis Laphria, 86, 87
Artemis Mesopolitis, 162
Artemis Orthia, 165
Artemis Propylaia, 108, 109
Artemis, Tempel der, 55, 143
Artemision, 54, 86,
Asia Minor (Kleinasien), 13, 116, 185, 186, 190, 196, 197
Asien, 18, 173
Asklepiades von Arados, 178
Asklepieion, 161, 190, 191
Asklepios, 56, 142, 143, 144, 145, 147, 160, 161, 163, 190, 192, 198
Astarte-Aphrodite, 174
Atargatis, 178
Athen, 7, 12, 13, 16, 18, 22, 25, 28, 31, 34, 41, 89, 90, 92, 99, 100, 102, 103, 104, 105, 107, 112, 113, 114, 116, 164, 170, 198
Athen, Akropolismuseum, 11, 14, 22, 31, 33, 42, 43, 44
Athen, Nationalmuseum, 7, 9, 42, 42, 43, 105, 107, 130, 131, 135, 137, 143, 145, 162, 164, 165, 175, 183, 184, 185
Athena del Varvakion, 29
Athene, 25, 30, 31, 33, 116, 166, 175, 188
Athene Alea, 162
Athene Aphaia, 5, 11, 14, 114, 115, 117
Athene Chalkioikos, 165
Athene Kameiras, 189
Athene Lindia, 186, 187
Athene Nike, 16, 23, 26, 27
Athene Parthenos, 16, 27, 29, 29
Athene Polias, 32
Athene Poliouchos, 164, 165
Athene Promachos, 26
Athene Pronaia, 94, 95, 96, 146
Athener, 27, 77, 89, 98, 106, 107, 170
Ätolier, 94
Ätolischer Bund, 84
Atriden, 133, 134, 136, 137
Attaliden von Pergamon, 169, 171
Attika, 6, 8, 30, 33, 104, 105, 106, 107, 113, 114, 118
Auge, 162
Augustalen, 124
Augustus, 23, 26, 32, 50, 78, 79, 84
Auriga von Delphi, 14, 15
Avdira, 82

B

Bacchanten, 162
Bacchus, 122
Barbaren, 73
Basileus, 8
Beirut, 174
Benaki-Museum, 42
Boulé-Tor, 23, 25, 26
Billienus, Gajus, 173
Bithynien, 94
Böotien, 6, 8, 98, 112
Brancusi, 8
Brasidas, 77
Brauron, 106
Bronzezeit, 8, 111, 114, 148, 166, 167, 194
Bruce, Lord of Elgin, 28
Bryaxis, 18
Byron, 104
Byton, 96, 97
Byzantinisches Museum, 42
Byzantion, 70
Byzanz, 154

C

Cerdone, 169, 177
Chaironeia, 18, 98, 99, 155
Chalkidike, 60
Chalkis, 102
Chalkotheke, 23, 27
Chania, 196
Chares aus Lindos, 189
Chariestratos, 107
Chariten, 98, 99
Chavos, 130
Chersikrates, 54
Chios, 82, 92
Chora Trifylias, 159
Chrysaor, 54
Cicero, 194
Claudius, 77
Commagene, 41
Concordia, 185
Cybele, 79

D

Damophon, 161, 163
Daochos II., 97
Dardanellen, 92
Deler, 172
Delisch-attischer Seebund, 92, 170, 194
Delos, 5, 6, 10, 92, 168, 169, 171, 172, 173, 174, 175, 177, 178, 180, 181, 186, 216
Delphi, 10, 84, 88, 89, 90, 93, 95, 96, 97, 146
Delphi, Archäologisches Museum, 14
Demeter, 108, 111, 122, 163, 163
Demetrias, 57, 58
Demetrios I. Poliorketes, 57, 58, 172
Demokrit, 17, 82
Demosthenes, 41, 98, 104
Derveni, Krater, 70, 72
Despoina, 163
Dexileos, 44
Diadoumenos von Polykleitos, 42, 169, 175
Diana, 78, 79
Dimini, 8, 58
Dimitsana, 163
Dion, 61, 62
Dione, 30, 52
Dionysos, 23, 37, 70, 72, 98, 102, 103, 106, 123, 125, 142, 151, 155, 157, 162, 166, 169, 177, 178, 182, 183
Dionysos, Haus des, 67, 68, 180, 181
Dionysos, Theater des, 22, 23, 34, 35
Dionysos, Villa des, 61, 62
Dioskuren, 169, 180, 181, 185
Dipylon-Amphore, 42
Dirke, 98, 101
Distos, 103
Dodekanes, 8, 186, 190
Dodona, 46, 51, 52, 84
Dorier, 8, 130, 164, 190
Droysen, J. G., 20
Dyrrachion, 70

E

Echohalle, 151, 154
Edessa, 66, 67
Edikt von Theodosius I., 28, 142
Eghinio, 62
Eghira, 148
Egnatia, Via, 70, 73, 78, 80,
Elektrai-Tor, 100
Eisenzeit, 8, 148
Eleftherias-Platz, 189
Eleusis, 16, 26, 33, 34, 97, 104, 108, 109, 110, 111, 113
Eleusinische Mysterien, 108, 111
Eleutherai, 112, 113
Elipdios, Bischof, 57
Elis, 148, 149, 158, 163
Emathia, 62
Epaminondas, 160, 162
Epano Englianos, 158
Ephebe, 14
Epheben, 183
Ephesus, 19
Ephoren, 164
Ephyra, 47
Epidamnus, 154
Epidaurus, 44, 142, 143, 144, 145, 146, 147
Epikur, 62, 194

Epiroten, 52
Epirus, 6, 46, 50, 56, 84
Erassinos, 106
Erechtheion, 16, 23, 32, 33, 110
Erechtheus, 32, 33
Eretria, 102, 103
Ermou, Straße, 39
Erymanthos, 148
Eteokles, 98
Etrusker, 88, 92
Euböa, 42, 103
Eupalinos aus Megara, 194
Europa, 8, 78
Eurotas, 164
Eurydike, 63, 64
Eurymedon, 90
Evans, Arthur, 208
Evros, 77
Exekias, 12

F
Farsala, 56
Fili, siehe Phyle

G
Galater, 92, 94
Galerius, 70, 73
Gea 51, 52
Gela, 154, 186
Gelon, 92
Gerusia, 164
Gheneleos, 194
Ghermeno, 113
Ghe-Temis, Tempel der, 51
Gigantomachie, 31, 105
Gitiadas, 165
Gla, 99
Glyptothek, München, 114, 115, 117
Gnosis, 69
Golf von Kissamos, 96
Goniès, 196
Goritsa, 58
Gortyna, 163, 196, 197
Goten, 60, 160
Gournia, 211
Gräberrund A, 132, 134, 135, 136, 137
Gräberrund B, 141
Granikos, 61
Griechische Zeit, 20
Grota, 182
Gythion, 196

H
Hades, 47, 66
Hadrian, 22, 25, 36, 37, 38, 39, 40, 122
Hageladas, 15, 157
Hagesandros, 186, 188
Hagia Sophia, 81
Harpokrates, 178
Haus der Ratte, 193
Haus des Töpfers, 59
Heiliger See, 174, 175
Hektor, 12
Helena, 165
Helena, Haus der Entführung der, 67, 68, 69
Helikon, 93
Helios, Heiligtum des, 189
Hellas, 150
Hellenen, 8
Hellenismus, 20
Heloten, 165
Hephaistos, 16, 32, 40, 40, 105
Hera, 118, 138, 151, 154, 155, 178, 194
Hera Akraia, 54, 118
Hera Limenia, 118,
Heraion, 169, 178, 194, 195
Herakles, 41, 51, 52, 64, 70, 77, 91, 150, 157, 158, 162, 174, 192
Hermaisten, 169
Hermes, 66, 77, 151, 155, 157, 169, 175, 176, 177
Hermes Propylaios, 173
Herodes Attikus, 25, 34, 36, 37, 169, 175, 176, 177
Herodot, 171
Heruler, 26
Hesiod, 98
Hestia, 30, 172
Hieron, 92
Hippodamos aus Milet, 13, 74
Hippokrates, 18, 190
Heiliger Leonidas, Bischof, 127
Heilige Lydia, 78
Heiliger Paulus, 78, 79, 80, 81
Hierothytheion, 189
Hygieia, 45, 161, 196
Hyperboreer, 97, 150, 171

I
Ialysos, 186, 189
Iblea, 154
Ideon, Höhle von, 196
Igoumenitsa, 46
Iktinos, 16, 28, 158
Ilyssos, 30
Imbrasos, 194
Indus, 18
Inopos, 169, 178
Ionisches Meer, 149
Iraklion, 196, 199, 200, 203, 207
Isis, 61, 62, 178, 178
Ismaros, 82
Istanbul, 70, 81
Isthmia, 120, 121
Isthmische Spiele, 121
Itea, 88
Ithaka, 54
Ithomi, Berg, 160, 161

J
Jerusalem, 73
Julianische Basilika, 124
Julius Cäsar, 56
Jupiter, 79, 122
Justinian, 50, 77, 81, 120

K
Kadmos, 100, 101
Kaiafas, 158
Kaikos, 162
Kalamata, 163
Kallichoron, 108
Kallikles, 66
Kallikrates, 16, 26, 27, 28, 158, 159
Kallimachos, 16
Kalydon, 86, 87, 111
Kameiros, 186, 188, 189
Kanalaki, 48
Kanellopoulos-Museum, 42
Kap Artemision, 15, 42, 44
Kap Sunion, 16, 104, 105, 106, 107
Kapama, 192
Karakonero, 189
Karditsa, 56
Karneiai, 185
Karthaia, 166
Karyatiden, 13, 33, 91, 110
Karyes, 33
Karystios, 177
Karystos, 103
Kaspisches Meer, 19
Kassander, 63, 70
Kassope, 48
Kastalia, Heilige Quelle von, 95, 96
Kastelli, 196
Kastri, 47
Katagogion, 48
Katara-Pass, 56
Kato Zakros, 211
Katochi, 85
Kavala, 76, 78, 82
Kea, 6, 166
Kefalovrisso, 85
Kekrops, 30, 32, 33
Keloboulos, 186
Kenchreai, 120, 121
Kepheus,162
Kephisodotos, 18
Kephisos, 30, 98
Keraton, 169, 170
Kerkyra, 54, 90
Kiato, 129
Killini, 129
Kimissis tis Theotokou, 98, 163
Kimon, 28, 40, 41, 90
Kladios, 150, 153, 157
Kleobis, 96, 97
Kleopatra VII. von Ägypten, 50, 84
Kleopatra, 19, 65, 169, 180, 181
Klytämnestra, 132, 137, 139
Knossos, 8, 182, 200, 202, 203, 204, 205, 207, 208, 209, 210
Kokitos, 46
Kokoretsa, 130
Kolona, 116
Kolonos Agoreos, 40
Koloss von Rhodos, 189
Komotini, 82
Kompitaliasten, 169, 171
Konstantin, 165
Konstantinopel, 77
Kopais, 98, 99
Kopanos, 66
Koren, 10, 11, 33, 44, 115, 182
Kore-Persephone, 108, 122
Korfu, 6, 54, 54, 90
Korinth, 12, 113, 114, 118, 120, 121, 122, 123, 125, 126, 148
Korinther, 98
Koroi, 10, 11, 33, 97, 99, 101, 105, 111, 182
Kos, 6, 190, 192, 193
Krateia, 86
Krateros, 69
Krenides, 78
Krestena, 158
Kreta, 6, 8, 165, 170, 196, 197, 208, 210, 211
Kreter, 8, 203, 210
Kritios, 14
Kroisos, 42, 43
Kykladen, 166, 182
Kymis, 103
Kynos Kephalai, 56
Kynthos, 169, 170, 176, 178
Kyrene, 184

L
Labyrinth, 170, 182
Lakmos, 56
Lakonien, 6, 158, 164
Laomedon von Mytilene, 76, 77, 116
Laphria, 87
Larissa, 58, 59
Lebena, 198
Lechaion, 121, 124, 125, 126,
Lefkadia, 66
Lefkandi, 102
Lelas, 102
Leochares, 18, 155
Leon, 86
Leonidaion, 151, 153
Leonidas, 98, 153, 16S
Lerna, 140, 141
Lerna-Quelle, 124, 125, 126
Leto, 88, 173, 174
Letoon, 169, 173
Leukippos, 82
Libon aus Elis, 156
Lygdamis, 182
Limani Litochoron, 60
Lindos, 186, 187
Linear A, 167
Linear B, 101, 158, 204
Lissos, 196
Livia Augusta, 80
London, Britisches Museum, 12, 28, 30, 33, 158
Loutra Ädipsou, 103
Loutraki, 118
Louvre, 20
Lucius Emilius Paulus, 89, 92
Lycossoura, 163
Lykurg, 36, 164
Lysikrates, 22, 37
Lysippus, 18, 19, 20, 69, 97, 128
Lyson, 66

M
Machaon, 161
Maia, 169
Makedonien, 6, 19, 56, 59, 60, 62, 66, 72, 74, 77
Makedonier, 56, 66, 77, 98, 186
Makedonisches Reich, 18, 20, 21, 46, 67, 92
Malia, 210
Mänaden, 70
Mandraki, 189
Mantineia, 162, 163
Marathon, 90, 91, 106, 107, 152
Marcus Antonius, 50, 78, 84
Marcus Cossutius, 37
Mark Aurel, 79, 80, 82, 108,
Markou-Avriliou-Straße, 38
Maroneia, 82
Mars, 50
Mater Mantua, 192
Mavrommati, 160, 161
Medusa, 54, 66, 72, 103, 116
Megalopolis, 162, 163
Megara, 104, 113, 154
Megarier, 98
Meidias, 17
Melanes, 182
Melantios, 69
Meleagros, 86
Melite, 85
Menalon, 162
Menekrates, 54, 55
Menelaos, 165
Mesopotamien, 18, 73
Messene, 160, 161, 163
Messenia, 158
Messenier, 151, 157, 161
Messolongion, 85, 86
Messopotamos, 46, 48
Metapontium, 154
Meteora, 56
Metroon, 40, 41, 154
Metsovon, 56
Michalitsi, 50
Midea, 141
Mieza, 66
Milos, 6, 167
Miltiades, 90, 152
Minerva, 79
Minos, König, 8, 196, 209
Minotaurus, 170
Minyas, Schatzkammer des, 98, 99
Mitropoleos-Platz, 182
Mittelmeer, 5, 6, 90, 190
Mnesikles, 16, 26, 27
Modigliani, 8
Molosser, Dynastie, 46, 48
Monastirakiou-Platz, 39
Moschophoros, 43
Mouria, 154
Mouseion, 34, 41
Mummius, 122
Musen, 62, 88, 93, 98
Museum für kykladische Kunst und das antike Griechenland, 42
Mykene, 7, 8, 9, 44, 99, 130, 130, 132, 133, 134, 136, 137, 138, 141
Mykonos, 169, 181

N
Navpaktos, 88
Nafplion, 130, 138, 140, 141
Naupaktier, 151, 157
Naxier, 169, 170, 171, 174, 182
Naxos, 6, 89, 91, 92, 153, 170, 174, 175, 182
Nea Anchialos, 56
Nea Pleuron, 86, 87
Neapel, Nationalmuseum, 14
Nedas, 149, 158
Nekromanteion, 46, 47, 49, 52

Nemea, 128, 129, 130, 145
Nemeische Spiele, 128, 129
Nemesis, 105, 106, 107
Neolithikum, 8, 57, 58, 140, 167
Neoptolemos, 54
Neorion, 172, 172
Neptun, 50, 123
Nereiden, 121, 172
Nero, 191, 192
Nessus, 158
Nestor, 135, 158
Nike, 20, 157
Nikias, 65, 171
Nikopolis, 49, 50, 51
Nymphäum, 192
Nymphen, 66, 188

O
Odeion des Agrippa, 40, 41
Odeion des Herodes Attikus, 22, 23, 34
Odeion des Perikles, 22, 23, 34
Ödipus, 98
Odysseus, 54
Oinomaos, 150, 157
Oiniadai, 85
Oligyrtos, 129
Olymp, 59, 60, 173
Olympia, 10, 12, 13, 16, 145, 150, 151, 152, 154, 157, 158
Olympia, Archäologisches Museum, 12
Olympieion, 36, 37
Olympische Spiele, 36, 37, 121, 150, 154
Olynt, 74, 75
Orchomenos, 99, 162
Oropos, 105, 106, 107
Orpheus, 77
Orthagoriden, 128

P
Paionios von Mende, 157
Palaimon, 120
Paläolithikum, 8, 46,
Paleopolis, 54
Palaststadt, 8, 198, 199, 200, 201, 202, 204, 207, 208, 211
Palati, 182
Palatitsia, 63, 65
Palea Episkopi, 163
Pamissos-Ebene, 158
Pamphilidas, 186, 188
Pan, 175
Panachaikon, 148
Panainos, 16
Panathenäen, 25, 31, 36
Pandroseion, 33
Pantheon, 123
Parga, 46, 50
Parnassos, 88
Parnon, 164
Paros, 107, 111
Parrhasios, 17
Parthenon, 16, 17, 22, 23, 26, 27, 28, 29, 30, 31, 40, 158
Parther, 124
Pathos, 18, 19
Patras, 128, 148, 149
Pausanias, 6, 27, 33, 88, 91, 128, 155, 165
Pefkakia, 57, 59
Pegasus, 54
Peisistratos, 109, 170
Pella, 19, 66, 67, 68, 69
Pelops, 150, 157
Pelopion, 151, 155
Peloponnes, 8, 118, 148, 150, 156, 158, 164
Peloponnesischer Krieg, 16, 18, 26, 27, 77, 90, 106, 167
Penthesilea, 12
Perachora, 118, 119
Pergamon, 41, 141, 169, 171, 190
Pergamus, 21
Perikles, 16, 25, 30, 37, 41, 104, 109
Peristeria, 158
Persephone, 47, 64, 65, 185
Perser, 12, 13, 18, 26, 27, 33, 66, 95, 105, 107, 116, 194
Perserkriege, 98, 120
Persien, 73
Petra, 59
Phäaken, 54
Phaidriades, 88
Phaidyntai, 151
Phaistos, 198, 199, 210
Phalasarna, 196
Pharsalos, 97
Pherai, 59
Phidias, 16, 17, 26, 29, 30, 33, 44, 152, 153, 157
Phigaleia, siehe Vasses
Philipp II. von Makedonien, 18, 19, 60, 63, 64, 65, 66, 70, 72, 74, 78, 98, 99, 154, 155
Philipp V., 52, 56, 86
Philippeion, 151, 154, 155
Philippische Stoa, 163
Philopappos, 22, 23, 34, 40
Philopappos, Gajus Julius Antiochos, 40, 41
Phlegetontes, 47
Phokier, 98
Phönizien, 178
Phthiotides Thebai, 56
Phylakopi, 167
Phylakos, 95, 96
Phyle, 107, 112
Pidna, 92
Pindosgebirge, 46, 51, 56
Piräus, 13
Pirithous, 157
Plaka, 37, 38, 167
Plato, 18, 104
Plutarch, 98
Pluto, 65
Pnyka, 34, 41
Podalirius, 161
Polis, 9, 10, 12, 13, 18, 20, 21, 46, 59, 90, 140, 148, 150, 194
Polygnotos der Jüngere, 17
Polykleitos der Jüngere, 142, 143, 144, 145, 146, 147
Polykleitos, 14, 15, 16, 120, 122, 138, 177
Polykrates, 178, 194
Polymedes von Argos, 97
Polyrrhenia, 196
Polyzelos von Gela, 14, 15, 97
Pompejus, 56, 177
Portara, 182
Poseidon, 16, 17, 30, 32, 33, 42, 104, 105, 120, 174, 185, 188
Poseidoniasten von Berytos, 169, 174, 175
Praxiteles, 18, 20, 151, 155, 157
Priamos, 55
Propyläen, 16, 23, 25, 26, 27, 108, 109, 110, 117, 203, 208
Prosymna, 138
Protagoras, 82
Prusias, 92, 94
Ptoion, 99, 101
Ptolemäer, 172, 183, 184, 185
Ptolemaios II. Philadelphos, 190
Ptoos, 99
Pylos, 158, 159, 159
Pyrasos, 56
Pyrgos, 150
Pyrrhus, 52
Pythagoras, 194
Pythagorio, 194
Pythia, 88, 91, 95, 96
Pythische Spiele, 88, 93
Pythokritos, 188
Python, 88, 89, 91, 172, 158

R
Ravenna, San Vitale, 81
Rethymnon, 196
Rhadamanthys, 66
Rhamnus, 105, 106, 107
Rhodos, 6, 13, 20, 186, 188
Rhoikos von Samos, 194
Rhomaios-Grab, 64
Rhombos, 43
Rodopi-Gebirge, 60, 77
Rom, 54, 62, 80, 167, 186, 192
Rom, Nationalmuseum, 14
Roma, Göttin, 23, 32, 174, 175
Rom, Templus Pacis, 39
Rotunde, 68, 73
Roxane, 65

S
Sakkara, 101
Salamina, 108
Saloniki, 63, 65, 67, 70, 72, 74
Saloniki, Archäologisches Museum, 19
Sammicheli-Loggia, 196
Samos, 6, 178, 194
Samothrakeion, 178
Samothrake, 20, 82, 178, 188
Santorin, 6, 8, 9, 44, 167, 183, 184
Sara, 130
Sarapis, 62, 178
Saronischer Golf, 114, 118
Satyrn, 70
Schatzhaus der Athener, 88, 89, 91
Schatzhaus des Atreus, 99, 132, 137, 138, 140, 147, 170, 173, 198, 200,
Scheria, 54
Schliemann, Heinrich, 130, 135
Schwarzes Meer, 77
Sebasteion, 78, 80, 160
Seevölker, 8, 130, 166
Seleukos I. Nikator, 41
Selinos, 154
Septimius Severus, 124, 125
Serapeion, 169, 178
Sesklo, 8, 58
Sikyon, 89, 91, 118, 123, 128, 154
Silen, 35
Silenus, 193
Silla, 34
Silvanus, 78
Simis-Platz, 189
Simonides, 166
Sindos, 70
Siphnos, 89, 91, 96
Skardana, 169, 177
Skopas, 18, 44, 162, 163
Soughia, 196
Sparta, 12, 18, 77, 89, 90, 95, 160, 162, 164, 165, 167
Sphinx, 91, 92, 178
Stadion des Herodes Attikus, 22
Stefanovikio, 59
Stephanos, Architekt, 57
Stoa Attalos' II., 22, 40, 41
Stoa der Athener, 89, 91, 92
Stoa der Attaliden, 169
Stoa der Naxier, 171
Stoa des Antigonos Gonates, 169,
Stoa des Zeus Eleutherios, 40
Stoa Eumenes' II., 22, 23, 34, 34
Stoa Philipps V., 169
Stratos, 84
Struma, 76, 77
Stymphalischer See, 129
Susa, 69
Sybaris, 154
Sylanion, 44
Syrakus, 89, 92, 150, 154
Syrien, 19, 20, 37, 178, 211
Syrische Gottheiten, 169, 178

T
Tanagra, 101
Tanit, 178
Tarent, 14
Taurokathapsia, 207
Taygetos, 158, 164
Tegea, 45, 162
Telchines-Straße, 183, 184
Telephos, 163
Telesterion, 34, 108, 109
Tempe, 59, 60
Thasos, 78
Thebaner, 98, 99
Theben, 18, 57, 98, 99, 100, 101, 102, 113, 162
Themis, 52, 107, 145
Themistokles, 39, 41
Theodoros von Samos, 194
Theodoros, 96, 97
Theodosius, 70, 73
Theokrit, 190
Theophrastos, 172
Therme, 70
Thermopylen, 98
Thermos, 84, 87
Thersileion, 163
Thesaurus, siehe Schatzhaus
Theseion, 40
Theseus, 37, 39, 41, 68, 69, 91, 103, 170, 182
Thessalien, 8, 56, 59, 98
Thissio, 40
Tholo, 158
Thorikos, 106
Thorvaldsen, Bertel, 116
Thrakien, 6, 77
Thrakischer Ritter, 79
Thrasybolos, 107
Timotheos aus Tegea, 18, 44, 143, 145
Trajan, 37
Trianda, 189
Triarius-Mauer, 169, 177
Trichonis, 84, 85
Trikala, 56
Tripiti, 167
Tripolis, 162, 163, 164
Tritonen, 175, 176
Troja, 31
Trojaner, 66, 114, 116
Türkei, 70, 141
Türken, 39, 48
Turm der Winde, 38, 39
Tyche, 183
Tylissos, 196
Tiryns, 138, 140, 141

V
Vafaika, 82
Vafio, 164, 165
Vai, 211
Valerian, 34
Vassilospitos, 49
Vasses, 16, 158
Velestinon, 59
Venus,123
Vergina, 19, 63, 65, 70
Veria, 66
Verres, Gajus, 194
Vistonidabucht, 82
Volimidia, 159
Volos, 56, 57, 58
Vourkari, 166
Vrana, 107

X
Xanthi, 82
Xerxes, 92
Xeste, 183, 184, 185

Z
Zagoria-Vikos, 56
Zalongo, 48
Zanes, 154
Zentauromachie, 12, 28, 31, 41, 66, 105, 157, 158
Zeus, 30, 33, 37, 42, 52, 55, 60, 61, 103, 150, 154, 185, 194, 196
Zeus Agoraios, 40
Zeus, Heiligtum des, 62
Zeus Hypatos, 32
Zeus Olympios, 13, 22, 36, 37, 151, 152, 153, 156, 157
Zeus Soter, 163
Zeus Stratios, 84
Zeus, Tempel des, 12, 15, 16, 51, 52, 128, 129, 157
Zeuxis, 15, 19

Fotonachweis

Antonio Attini/Archivio White Star: Seiten 1, 2–3, 8, 52, 52–53, 75 unten, 106 oben und unten, 106–107, 107 unten links, 160 oben, 160–161, 170, 170–171, 172 unten, 172–173, 173 unten, 174 unten links, 174–175, 175 unten rechts, 178 oben rechts, 178 unten, 179, 180–181, 181 unten links, 182, 186–187, 188 unten, 190 oben, 190 links, 194, 194–195, 200, 201, 202 unten, 204, 205 unten links, 208 unten links, 208–209, 216.
Marcello Bertinetti/Archivio White Star: Seiten 16–17, 28–29.
Alfio Garozzo/Archivio White Star: Seiten 9 links, 22–23, 24 unten, 26–27, 29 oben, 32–33, 34 unten rechts, 35 unten links und rechts, 36 oben und unten, 37 oben und unten, 38, 3 9, 40, 4 1, 46, 47, 48, 49, 50, 50–51, 53 unten, 54 oben, 54–55, 56, 57, 58, 59,60, 61, 62, 63 oben, 64, 66, 67, 70 unten rechts, 74 oben, 75, 76, 77, 78, 79, 80, 81, 82, 83, 84, 85, 86, 87, 90–91, 91, 92 oben, 93 unten links, 97 unten, 98 unten, 98–99, 99 oben und unten, 104, 105, 106 Mitte, 107 unten rechts, 108, 109, 110, 111, 112, 113, 118, 119, 120, 121, 122, 123, 124, 125, 126 oben rechts und Mitte, 126–127, 128–129, 129 unten, 130, 133 unten, 136 oben, 140, 141, 148, 149, 151, 152–153, 153 oben und unten, 154 Mitte und unten, 154–155, 155 unten, 153 oben links, 156–157, 158 unten links, 158–159, 159 unten, 161 unten, 162 links, 164 links, 164–165, 165 unten rechts, 166 oben, 166–167, 168, 171, 172 oben, 174 unten rechts, 175 oben und unten links, 176, 177, 178 oben links, 180, 181 unten rechts, 183, 184 oben links, 186, 187 unten, 188 oben und Mitte, 188–189, 189 oben, 190–191, 191, 192, 193, 195, 196, 197, 198, 199 oben und links, 200 links, 202–203, 203 oben, 204–205, 208 oben und unten rechts, 209 unten, 210–211.
Giulio Veggi/Archivio White Star: Seiten 26 oben, 28 oben und unten, 32 oben und unten, 32 rechts, 34 oben, 34 unten links, 34–35, 36–37, 88, 88–89, 92 Mitte und unten, 92–93, 93 unten rechts, 94–95, 95 unten, 114–115, 115 unten, 117 oben, 126 unten, 128 oben und unten, 132 oben rechts, 136–137, 137 Mitte, 138 oben, 139 unten, 142 oben links, 144, 144–145, 156 oben rechts, 158 oben links, 158 rechts, 162 rechts, 162–163, 163 oben, 164 unten links.
Agenzia Double's, Milano: Seiten 9 rechts, 16 oben, 22 unten, 31 Mitte, 99 Mitte, 184 oben rechts, 145 rechts.
Agenzia Luisa Ricciarini, Milano: Seiten 11, 12, 43 links, 45, 72 unten, 136–137 unten, 150, 152 unten, 157, 184 unten, 184–185, 185 links, 203 unten, 199.
Agenzia Luisa Ricciarini, Milano/Photo Nimatallah: Seite 29 unten.
Agenzia Luisa Ricciarini, Milano/Emilio F. Simion: Seiten 132 oben links, 206 unten, 206–207.
Agenzia Luisa Ricciarini, Milano/Foto W. P. S: Seite 68 unten.
AKG Photo, Berlin: Seiten 130, 156 unten.
Giovanni Dagli Orti: Seiten 6–7, 14 links und rechts, 15 rechts, 18, 18–19, 19, 20, 27 oben und unten, 43 rechts, 44 links und Mitte, 44 rechts, 54 unten, 58–59, 63 unten, 64–65, 65 unten, 68–69, 71, 72 oben, 72–73, 73 oben rechts, 87 unten links, 88 oben, 91 unten, 95 rechts, 96, 96–97, 100 oben und unten, 101 unten rechts und links, 101 oben links, 114, 135, 137 oben, 138 unten, 138–139, 146, 146–147, 147, 164 links, 166 unten, 189 unten
Mauzy Photography: Seiten 142–143, 145 oben.
Musee Louvre Paris, ASAP/The Bridgeman Art Library: Seite 21.
Vor Ort/V. Constatineas: Seiten 150–151, 152 oben.
Vor Ort/Loukas Hapsis: Seiten 102 oben und unten, 103.
Vor Ort/Vehssarios Voutas: Seite 154 oben.
SCALA Group, Firenze: Seiten 14–15, 42–43, 142 oben rechts, 199 unten rechts.
SIME/Johanna Huber: Seiten 205 unten rechts, 206 oben, 207 unten,
Henri Stierlin: Seite 4 unten.
Studio Kontos/Photostock: Seiten 69, 70 unten links, 73 unten, 102–103.
Studio Koppermann/Staatliche Antikensammlungen und Glyptothek München: Seiten 116–117.
The British Museum, London: Seiten 10, 13, 30 oben, 30–31 oben.
The British Museum, London/The Bridgeman Art Library: Seiten 30–31 unten.

216 Vom Gipfel des Berges Kynthos genießt man einen atemberaubenden Blick auf die Ruinen von Delos und das tiefblaue Ägäische Meer.